한국근대사산책 2권

한국 근대사 산책 2
ⓒ 강준만, 2007

초판 1쇄 찍음 2007년 11월 12일 • 초판 9쇄 펴냄 2020년 1월 9일 • 지은이 강준만 • 펴낸이 강준우 • 편집 박상문, 김소현, 박효주, 김환표 • 디자인 최진영, 홍성권 • 마케팅 이태준 • 관리 최수향 • 펴낸곳 인물과사상사 • 출판등록 제 17-204호 1998년 3월 11일 • 주소 서울시 마포구 서교동 392-4 삼양E&R빌딩 2층 • 전화 02-325-6364 • 팩스 02-474-1413 • www. inmul.co.kr • insa@inmul.co.kr • ISBN 978-89-5906-072-6 04900 [978-89-5906-070-2(세트)] • 값 13,000원 • 이 저작물의 내용을 쓰고자 할 때는 저작자와 인물과사상사의 허락을 받아야 합니다. 파손된 책은 바꾸어 드립니다.

한국 근대사 산책

2권

개신교 입국에서 을미사변까지

강준만 지음

차례

제1장 갑신정변의 유산

앨런의 민영익 치료, 『한성순보』의 폐간 •9   한성조약과 톈진조약 •16
쌀의 품귀, 담배의 확산 •20

제2장 개신교의 활약, 거문도 사건

언더우드·아펜젤러의 입국 •29   제중원 설립과 선교사들의 갈등 •35
영국 함대의 거문도 점령 •41   유길준의 한반도 중립화론 •51

제3장 근대화를 향한 움직임

전신 개통, 『한성주보』창간 •59   배재학당·이화학당 개교 •66
경복궁 건청궁을 밝힌 전기 •77   주미한국공관 설립 •81

제4장 근대화에 대한 공포와 저항

외국인이 조선 아동을 잡아먹는다 •91   박문국 폐지, 『한성주보』 폐간 •98
1880년대 후반의 민생고 •102   위안스카이의 횡포, 앨런의 도전 •109

제5장 동학농민전쟁

동학교도의 보은·원평 집회 •117   동학농민군의 정읍 고부 봉기 •125
김옥균 암살 사건 •131   김옥균·홍종우 평가 논쟁 •141

동학농민군의 고창 무장 기포 ●152　동학농민혁명 기념일 논쟁 ●159
　　　동학농민군의 전주성 점령 ●166

제6장 청일전쟁과 갑오개혁

　　　일본군의 경복궁 점령 ●181　조선의 재앙이 된 청일전쟁 ●188
　　　자율과 타율 사이에 선 갑오개혁 ●198　동학농민군의 제2차 봉기 ●213
　　　공주 우금치 전투의 비극 ●221　김홍집·박영효 연립내각 수립 ●234

제7장 동학농민혁명의 좌절

　　　홍범 14조 제정 반포 ●241　망명 유학 10년 만에 귀국한 윤치호 ●249
　　　일본 『한성신보』의 창간 ●255　전봉준·손화중 처형 ●259
　　　동학농민혁명 논쟁 ●266

제8장 3국 간섭·을미사변·단발령

　　　러시아·독일·프랑스 3국 간섭 ●285　명성황후를 시해한 을미사변 ●294
　　　실패로 끝난 춘생문 사건 ●312　미국에 망명한 서재필의 귀국 ●319
　　　태양력 도입·변복령·단발령 ●328　운산금광 채굴권 양여 ●345
　　　전신과 우편의 발달 ●351

주 ●357　참고문헌 ●5권 338　찾아보기 ●5권 369

제 **1** 장

갑신정변의 유산

01

앨런의 민영익 치료, 『한성순보』의 폐간

실질적인 개신교 입국

1884년 12월 4일에 일어난 갑신정변 때 수구파의 실력자인 민영익은 칼을 맞아 얼굴과 목 그리고 등에 치명적 상처를 입고 생명이 위독한 상태였다. 이때 민영익의 치료를 맡은 사람이 의료선교사 앨런이었다. 앨런은 여기서 실패하는 날에는 한국에서의 선교가 영원히 끝장 날 수도 있다는 압박을 받고 기도하면서 민영익을 수술했다.[1]

민경배는 "이 극적인 장면"을 "과학과 기독교 그리고 미국의 이상이 한국에 그 피와 골수 속에서 새 활력을 환기시키는 역사의 동력으로 환영받기 시작한 때의 모습"으로 보면서 한국 근대사에서 "상상할 수도 없는 묵시록적 의미"를 부여했다.[2] 그 의미는 근대사를 넘어서 먼 훗날에 나타나게 되지만 바로 이때가 실질적인 개신교 입국이 이루어진 순간이었다고 해도 과언은 아니다.

의료선교사였던 앨런은 조선의 의료 근대화에 큰 역할을 했다.

앨런의 수술은 성공적이었다. 민영익은 점차 회복하여 그다음 해인 1885년 3월 완전히 건강을 되찾았다. 앨런은 정부로부터 1000량의 사례금까지 받았다. 또 그는 민영익을 살려낸 덕분에 국왕과 왕비의 시의(侍醫)로 임명돼 외국인들 중 고종과 왕비와 가장 많은 시간을 보냄으로써 조선 조정에 미국공사를 능가하는 영향력을 행사하게 되었다. 앨런은 1884년 9월부터 1905년 미국공사관 폐쇄로 서울을 떠날 때까지 처음 5년간은 의료선교사, 이어 7년간은 미국공사관의 서기관으로, 마지막 8년간은 공사로 지내게 된다.[3]

『한성순보』의 폐간

갑신정변이 실패로 돌아가자 사후 보복에 적극 나선 건 청군보다는 조선 수구파와 군중이었다. F. H. 해링튼은 "원세개는 흡족해했지만 서울 사람들은 그렇지가 않았다"며 다음과 같이 말했다.

"이들은 청군이 손을 떼자 행동을 개시했다. 그들은 일본인들과 같이 도망하려 하지 않은 허영에 찬 재상 홍영식을 죽이고 공사관을 향해 사투를 벌이며 도망치는 일본 병사들에게 돌을 던졌다. 그들은 개화당 인사들의 집을 부수고 우정국 건물을 파괴하였고 일본공사관의 병사를 불태워버렸다. 그리고도 그들은 또 이 역사적인 12월 6~7일 사이의 밤에 세 번이나 일본공사관을 습격했다."[4]

또한 수구파와 군중은 박문국사를 습격하여 인쇄기와 활자 등 일부를 소각했고 이로써 『한성순보』도 폐간의 운명을 맞고 말았다. 『한성순보』는 창간돼 갑신정변으로 발행이 중단되기까지 총 41호가 발간되었다.(총 41호 가운데 현재 확인된 건 36호뿐이다)

『한성순보』가 갑신정변의 희생물이 된 건 이 신문이 개화파의 아성으로 여겨졌기 때문이었다.[5] 게다가 창간 초기부터 일본인 이노우에 가쿠고로가 박문국에서 숙식을 하면서 신문의 실무작업에 참여한 데다 이노우에는 김옥균과 내통하여 정변 시에 사용된 도검·소총·화약 등을 일본으로부터 들여다 한성순보사 옥내에 비축하고 있었다.[6]

『한성순보』와 청국의 갈등

박문국의 소실과 『한성순보』의 폐간엔 보도를 둘러싼 감정도 적잖이 작용했다. 청국은 발간 초기부터 『한성순보』를 못마땅하게 보고 있었다. 예컨대 청의 『상하이신보』 1884년 3월 10일자는 "조선은 지난 10월부터 일본인의 말을 듣고 박문국을 세워 순보(旬報)를 발간하고 있다"며 "필법이 친서구적인 반면 중국을 경시하고 있으며 또 일본인에게 번역을 많이 맡기고 있어 조선에 거주하는 중국인이 몹시 분개하고 있다"고 했다.[7]

특히 1884년 1월 3일자에 실린 '화병범죄(華兵犯罪)'라는 기사가 청국 군인이 약값 외상 시비로 약포 주인을 살해한 내용을 다룬 게 문제가 되었다. 중국의 북양대신(北洋大臣) 리훙장(李鴻章)은 그 기사가 청국에 대하여 무례를 범했다며 정부와 박문국에 항의서를 보냈고 청국인들이 박문국을 습격하는 사건마저 일어났다. 이는 최초의 언론기관 피습 사건이기도 했다.[8]

'화병범죄' 기사를 둘러싼 사건의 주역은 이노우에였는데 그는 훗날 이 사건에 대해 "이홍장의 이와 같은 편지를 받은 조선 정부와 박문국의 직원들은 크게 우려했다. 나는 그 기사가 이노우에 가쿠고로 한 사람의 생각을 기사화한 것이기 때문에 실제로 책임은 나 한 사람에게 있으므로 혼자 책임을 지겠다고 이홍장에게 해명했다. 그리고 스스로 그 직에서 물러났다"고 회고했다.[9]

1884년 5월 서울을 떠난 이노우에는 1884년 8월에 다시 서울로 돌아왔다가 갑신정변 실패 후 다시 일본행, 그리고 또다시 서울로 돌아오는 등 내내 양국을 들락날락했다.

광인사의 출판 활동

박문국 설립 1년 후인 1884년 3월엔 민간인이 참여한 출판 인쇄소가 설립되기도 했다. 합자회사 형태로 설립된 광인사(廣印社)는 근대식 인쇄기와 연활자를 도입해 활판인쇄 시설을 갖추고 『충효경집주합벽』(1884), 『농정신편』(1885), 『고환당집』(1886) 등을 발간했다. 광인사는 1880년대 말까지 존속했다. 『충효경집주합벽』은 우리나라 최초의 민간 출판사에 의한 최초의 단행본, 『농정신편』은 최초의 국한문 혼

용 서적으로 꼽히고 있다.[10]

1884년 3월 『한성순보』 제15호는 기사를 통해 "시내에 광인사라는 곳이 있는데 민간인의 자본을 모아 세운 곳으로 장차 서적을 출판하여 이익을 얻는 한편 문화창달에도 기여할 것"이라고 보도했다. 광인사가 최초의 출판사로서 신문의 취재대상이 된 것이다. 정부에서는 관영 인쇄소 박문국이 갑신정변 때 파괴되어 『한성순보』를 찍을 수 없게 되자 광인사의 시설로 인쇄를 하려 했던 적이 있었다고 하는 걸로 미루어 보아 광인사는 규모가 꽤 큰 출판사였던 것으로 보인다.[11]

김홍집이 『조선책략』과 함께 들여온 『이언(易言)』의 한글 번역본도 광인사에서 발행했다. 중국인 정관잉(鄭觀應)이 지은 이 책의 제목은 "쉽게 이야기하지 말라"는 『시경』의 구절에서 나온 것인데 정관잉은 이런 격언에도 불구하고 자신은 잘 알지도 못하는 지식을 저술한다는 뜻으로 쓴 말이었다. 『이언』은 국가 경영의 여러 분야를 다룬 책으로 인기가 높아 1884년에 한글 번역본이 나오게 된 것이나. 이때 쓰인 한글 자모는 나중에 『한성주보』에 사용된 한글 자모와 동일한 것이다.[12]

사진의 수용과 부작용

서양에서 사진의 발명은 1830년대에 이루어졌고 중국과 일본은 사진을 1840년대에 도입했지만 한국은 쇄국정책으로 사진의 수용이 늦어졌다. 1863년 중국에 사신으로 갔던 이의익이 러시아인 사진관에서 초상사진을 촬영한 후 이것을 사진이라고 지칭한 게 '사진'이란 말이 사용된 최초였다.[13]

부산에서는 1880년부터, 서울에서는 1882년부터 일본인 사진사들

초창기 사진관의 모습.

이 진출해 영업을 하기 시작했다. 1882년 4월 김옥균은 일본을 방문하고 귀국할 때 일본인 사진사인 가이 군지를 데려와 남산 부근에서 사진관을 개업하게 하기도 했다. 1883년엔 김용원이 일본인 기술자를 초청해 촬영국, 즉 사진관을 설립했다. 1884년엔 지운영도 사진관을 여는 등 한국인 사진관도 점차 늘어갔다. 또 1884년 3월엔 고종이 최초로 사진을 촬영함으로써 사진에 대한 거부감을 없애는 데 일조했다. 1885년부터는 많은 일본 상인이 남산 기슭인 진고개 부근에 자리잡고 아무런 제한 없이 사진관 영업을 할 수 있게 되었다.[14]

사진의 본격 수용은 『한성순보』 창간을 계기로 이루어졌지만 수구파가 청군의 도움을 받아 박문국을 습격했을 당시 갑신정변과는 관계가 없는 사진관까지 공격의 목표가 됨으로써 사진 산업도 큰 타격을 받았다.[15] 이는 사진을 일본 문물로 오해한 데에도 그 원인이 있었지만 "일반인들 사이에는 사진이 수명을 단축하고 어린아이들을 잡아다 삶아서 사진 약으로 쓴다는 배외세력의 유언비어가 하나의 원성으로 깊이 잠재해 있었기 때문이기도 했다."[16]

1880년대 일본인 사진관들은 '일그러진 조선'의 모습을 서양인들에게 판매하는 데에 열을 올렸다. 얼굴은 가리고 가슴은 내놓은 여자들, 국운이 기우는 마당에 장기놀이에 몰두하는 남자들, 생업에 바쁜 어머니의 무관심으로 위험한 환경에 방치된 아이들 등과 같이 편향되고 부정적인 풍경이 담긴 사진이 서양인 사이에서 유통되면서 조선은 문명의 계몽이 필요한 미개 사회의 이미지로 굳어져갔다.

이와 관련 박평종은 "19세기 후반 서양인들의 방문이 시작되면서 이들에게 이국의 풍물과 문화를 소개할 엽서사진이 본격 제작됐다"며 이런 사진은 개항 이후인 1880년대부터 한국 영업을 시작한 일본인 사진관에서 생산됐다고 말했다.[17]

조선을 세계에 알리는 데에 있어서 사진은 결코 우호적이거나 중립적이지 않았다. 카메라는 자주 폭력적이었다. 사진에 대한 민중의 저항에 그런 폭력성에 대한 자각이 작용했는지는 알 수 없지만 늘 피사체가 되어야만 하는 처지에선 사진을 결코 좋게 볼 수 없었으리라. 조선의 운명도 그와 같지 않았을까?

02

한성조약과 톈진조약

한성조약과 온건개화파의 득세

갑신정변은 한일 간의 외교문제이기도 했다. 일본은 이노우에 가오루(井上馨, 1836~1915)를 선두로 2개 대대의 병력과 일곱 척의 군함을 즉각 동원하여 갑신정변 때 일본공관이 소실되고 일본인이 사상(死傷)을 당한 것에 대해 조선 정부에 피해보상을 요구했다. 피해보상을 받아도 시원치 않을 판에 피해보상을 하라니 한마디로 적반하장(賊反荷杖)이었다.

그러나 조선은 일본의 요구에 굴복하여 1885년 1월 9일 서울에서 한성조약(漢城條約)을 체결했다. 그 주요 내용은 일본에 대한 사죄, 배상금 지불, 공사관의 부지 제공 등 굴욕적인 것이었다.[18]

갑신정변은 임오군란 때부터 의견 차이를 보이던 급진개화파와 온건개화파의 노선 차이를 극명하게 드러내 보여주었다. 급진개화파는 갑신정변이 일어난 다음 날 조직한 신내각에 온건개화파인 김홍집을 한성부판윤, 김윤식(1835~1922)을 예조판서로 임명했지만 이들은 정변에 가담하지 않았다. 오히려 김윤식 등은 청국에 정변을 진압해줄 것을 요청했으며 정변이 진압된 다음 김홍집·김윤식·어윤중은 정부의 중책을 맡았다.[19]

김홍집은 1884년 10월 19일 미국공사에게 통지한 정부의 갑신정변 해명서에서 김옥균 등 급진개화파를 '간신', '간인'으로 불렀고 그들의 행위를 '역모'로 규정했다. 김윤식도 갑신정변을 아무런 실(實)도 없이 성급하게 벌인 화란(禍亂)으로 간주하면서 김옥균 등의 조급함을 비판했다. 다만 그는 김홍집과는 달리 정변의 동기에 대해서는 어느 정도 긍정적인 반응을 보였으며 어윤중은 정변에 대한 개인적인 평가를 유보했다.[20]

김윤식의 시무론

온건개화파의 갑신정변에 대한 태도는 개화에 대한 인식의 차이에서 기인하는 것이기도 했다. 온건개화파의 대표적 이론가라 할 김윤식은 개화를 '시무(時務)'로 이해했는데 시무란 "곧 당시(時)에 당연히 힘써야 될 일(務)"을 뜻하는 것이었다.[21]

이완재는 "급진개화파의 개화사상은 민족의 자주독립과 근대화로 요약될 수 있는 데 비해, 김윤식의 개화론은 개화=시무(時務)로 요약되고 그의 시무에 대한 인식은 동도서기(東道西器)론적인 전통 유자(儒者)의 것이며 육경(六經)을 중심으로 한 유학(儒學), 즉 동양적 정신문화에 대한 강고한 집착과 자부심을 내포하고 있는 것이었다"며 "김윤식의 개화론이란 '염치를 높이고 탐욕을 내치어 백성을 삼가 구휼하고 조약을 준수하여 우방에 해를 끼치지 않는 것'으로 파악한 것으로서 전통적 유자(儒者)의 조선 사대부(士大夫)의 정치관을 그대로 답습하고 있는 논조이었다"고 평가했다.[22]

톈진조약의 두 얼굴

갑신정변은 청일 간의 문제이기도 했다. 1885년 4월엔 청의 리훙장과 일본의 이토 히로부미(1841~1909) 사이에, 청일 양국 군대가 조선으로부터 모두 철수할 것과 앞으로 조선에 군대를 파병할 경우에는 서로 통고할 것을 내용으로 하는 톈진조약이 체결되었다. 톈진조약은 일본이 청나라와 정면으로 충돌할 경우 아직은 승산이 없다고 판단해 타협한 결과였다. 그렇지만 2개 중대 병력으로 2500여 명의 청나라 군대를 철수시켰고 언제든지 조선 문제에 다시 개입할 수 있는 명분을 문서로 보장받은 일본 측이 사실상 승리한 외교였다.[23]

이 조약으로 인해 조선에서 청의 우월권은 사라졌고 일본은 청과 대등한 관계로 조선을 넘보게 되었다. 그렇지만 아직은 청이 더 큰 힘을 쓰고 있었다. 강성학은 "이 조약은 조선에 개입할 일본의 권한을 중국이 인정했다는 의미에서는 일본의 승리였다"며 다음과 같이 주장했다.

"그러나 이 조약은 조선의 운명을 좌우하려는 일본인들의 노력이 좌절되었다는 의미에서 일본의 패배였다. 또한 조선 군대 훈련고문들을 제3국에서 충원해야 한다는 규정은 러시아가 개입할 수 있는 문을 열어주는 계기가 되었다."[24]

조선을 먹잇감으로 삼는 열강들의 이해득실을 따져야 하는 건 서글픈 일이지만 이는 개화기 내내 지속되는 조선의 처지였다. 어느 쪽의 입지가 더 강해졌느냐에 따라 국내 정치마저 큰 영향을 받는 상황이 한 세대 기간 동안이나 지속되었으니 '기회주의'는 그 누구도 비난하기 어려운 처세술의 기본이 되어갔다고 해도 놀랄 일은 아니다.

03

쌀의 품귀, 담배의 확산

1884년 방곡령 실시

병자수호조약 이후 일본으로의 쌀 유출이 문제가 되자 조선 정부는 1883년 7월 조일통상장정(1876년 체결)을 개정해 일정 지역에서 곡물이 유출되지 못하게 하는 방곡령(防穀令)을 실시할 수 있도록 법적 근거를 마련했다. 유일한 단서 조항은 조선 정부 또는 지방관이 방곡령을 실시하기 1개월 전에 사전예고를 한다는 것이었는데 이게 나중에 논란을 낳게 된다.[25]

방곡령은 1884년부터 1901년까지 전국적으로 27회, 1884년부터 1904년까지 모두 100여 회 단행되었다.[26] 이 가운데 한일 간 심각한 외교 분쟁을 일으키고 손해배상 문제까지 생겨난 것이 1889년 5월 황해도 방곡령과 10월 함경도 방곡령, 1890년 3월 황해도 방곡령이었다.[27]

그런 와중에 우리나라 최초의 정미소가 탄생했다. 미국 상인 타운센트는 일본인들이 인천항을 통해 질 좋은 쌀을 반출하자 1892년 인천에 정미소를 지어 큰 이익을 남겼다. 당시 조선인들은 타운센트를 제대로 발음하지 못해, 이 정미소를 발음되는 대로 '담손이 방앗간'이라고 불렀다.[28]

그러나 민중의 고통은 계속되었고 『독립신문』 1899년 9월 21일자는 "흉년이 아니건만 곡가는 고등하여 실업한 백성들이 더구나 살 수가 없게 되니 이것도 또한 개화인가"라고 개탄했다.[29]

연초제조소 · 판매소의 집중 설립

쌀은 품귀인 반면 담배는 풍성해졌다. 개항 이후 연초의 종류도 다양해졌다. 품질이 좋은 담배를 만들기 위해 1883년과 1884년에 집중적으로 권연국 · 금화연무국 · 연무국 · 손화국 · 연화연무국 등 많은 연초제조소 및 판매소가 설립되었다. 수입 제조연초와 국내산 제조연초 간 판매 영역을 둘러싸고 경쟁이 치열했다.[30] 이미 이 시절 조선은 소문난 '골초 국가'였다.

남아메리카 중앙의 고원지대가 원산지인 담배가 유럽에 전파된 것은 1558년, 한반도에 들어온 것은 광해군 시절(1608~1623)인 1616년이었다. 담배는 조선에 들어온 지 5년 만에 대중적으로 확산돼 기름진 토지마다 이익이 높은 담배를 심는 폐단이 생겨날 정도였다.[31]

1653년(효종 4년) 네덜란드 동인도회사의 상인인 하멜은 표류하여 제주도에 기착한 뒤 14년간 조선에서 살다가 1666년 9월 조선을 탈출하여 네덜란드로 돌아가 『하멜표류기』를 썼다. 이 책에 따르면 "현재 그들 사이에는 담배가 매우 성행하여 어린아이들이 너덧 살 때 이미 배우기 시작하며 남녀 간에 담배를 피우지 않는 사람이 매우 드물다"고 할 정도였다. 이에 대해 오종록은 "하멜의 기록은 당시 담뱃값이 매우 비싸 한 근에 은 한 냥이나 되었던 것에 비추어보면 크게 과장되었다고 생각되나 보급 속도가 매우 빨랐던 것만은 분명하였다"며 다음과 같이 말했다.

"이처럼 남녀노소와 귀천을 막론하고 담배를 애용하는 상황이 되다 보니 옛날에는 호랑이도 담배를 피웠으리라는 말도 나오게 되고 옛날이야기의 첫머리에는 으레 '호랑이 담배 피우던 시절'이라는 말이 붙게 되었던 것이다. '호랑이 담배 피우던 시절'이라는 말은 한편으로는 짐승조차도 마음대로 담배 피우던 시절에 대한 향수를 담고 있다. 즉 신분에 따른 담배 예절이 갖추어지기 전의 그리움을 담고 있는 것이다."[32]

지금 들으면 기가 막힐 속설들이 담배의 인기를 높이는 데 크게 기여했다. 서양에서도 그런 적이 있었지만 조선에서 담배는 상처를 치료하는 건 물론 충치 예방에까지 쓰였다. 조선 후기 학자 성호 이익(1681~1763)의 『성호사설』을 보면 당시 담배가 만병통치약으로 인식돼 필수품으로 대접받았다는 걸 알 수 있고 이수광의 『지봉유설』엔 "병든 사람이 그 연기를 마시면 능히 가래를 제거한다"고 쓰여 있다.[33]

조선의 르네상스기로 일컫는 정조 때(18세기 말기) 우리나라 사람들은 니코틴이 많은 독한 담배를 즐겼다. 전체 인구 1839만 명 중(조선왕조실록 등 근거로 신용하 교수 추산) 360만 명 이상이 담배를 피웠다. 흡연율 20퍼센트로, 신윤복 등의 풍속화에도 담배를 문 여자 기생이 자주 등장할 정도였다.[34] 이때엔 담뱃가게가 청중을 대상으로 소설을 읽어주는 장소로도 이용되었다. 1802년 심노숭은 그 풍경을 다음과 같이 묘사했다.

"『임경업전』은 서울 담뱃가게 · 밥집의 파락악소배(擺落惡少輩)들이 낭독하는 언문소설로 예전에 어떤 이가 이를 듣다가 김자점이 장군에게 없는 죄를 씌워 죽이는 데 이르러 분기가 솟아올라 미친 듯이 담배 써는 큰 칼을 잡고 낭독자를 베면서 '네가 자점이더냐' 라 하니 같이 듣던 시장 사람들이 놀라 달아났다고 한다."[35]

담뱃대 사용금지령

이미 대원군도 담뱃대 길이를 제한하는 시도를 한 바 있지만 1890년대에도 다시 담뱃대가 문제가 되었다. 1894년 김홍집 정권은 거리에서 담뱃대 사용을 금지하는 법령을 공포했다. 왜 담뱃대 사용을 금지했을까? 긴 담뱃대를 물고 길을 가다 넘어지기라도 하면 목이 꺾이는 등의 사고가 생기기 쉽다는 등, 술에 취한 채 길을 가다 넘어져 담뱃대에 볼을 꿰이는 사고가 일어났다는 기사도 있었다. 궐련을 피운다면 이런 사고가 없을 것이라고 했지만 문제는 그리 간단치 않았다.

권보드래는 "이런 선전의 효과는 무엇이었을까? 당연히 외국 담배가 들어올 시장을 개척하는 것이었다. 긴 담뱃대가 구시대의 악습인 반면, 담뱃대를 대신할 새로운 상품은 문명과 개화를 상징하는 것일 수 있었다. 미개 대 개화, 야만 대 문명이라는 대립항은 여기서도 예외 없이 관철되고 있었다"며 다음과 같이 말했다.

"그리하여 히이로(hero)니 호오니(honey)니 하는 담배가 유행하고 애급 궐련이 사치품으로 인기를 누리는 가운데 장죽(長竹)을 사용하는

놋 제품을 판매하는 상인이 긴 담뱃대를 물고 있다.

사람은 점점 사라져갔다. 새로이 유행하게 된 궐련의 생산과 판매를 장악한 것은 물론 일본이었다. '한반도' 같은 한국산 담배가 값이 싸고 품질도 괜찮으니 애용해야 한다는 계몽이 때때로 있었지만 일본의 담배산업 장악은 신속하고도 철저했다. 경품권을 넣어 팔아 판촉 계기로 삼기도 하고 광고를 대대적으로 벌이기도 하면서 이미 국가가 전매권을 장악한 일본의 담배산업은 한국이라는 새로운 시장을 성공적으로 개척하고 있는 참이었다. 궐련이 신문명의 기호로 각광을 받는 한편에서 담뱃대는 점차 자취를 감추어가고 있었다. 긴 담뱃대로 상징되는 문화 또한 마찬가지였다."[36]

실제로 담뱃대 규제로 인해 재래의 엽연초 사용은 줄어들고 제조연초의 수요가 증가했다. 제조연초의 수요가 증가하자 1896년 이후 외국인들은 자본을 투자하여 조선에 직접 연초제조회사를 설립하고 그 제품을 판매하기 시작했다.[37] 『독립신문』엔 창간호(1896년 4월 7일자)부터 서양 술과 담배를 판매하는 회사의 광고가 실렸다.[38]

담배 수입은 1891년부터 증가세를 보여 1897년에는 9만 달러어치에 이르렀다. 수입 담배의 80퍼센트가 궐련이었으며 미국은 고급제품, 일본은 하급제품을 주로 공급했다.[39] 궐련과 더불어 수입이 크게는 건 석유였다. 석유를 쓰는 남폿불이 신식 생활의 상징으로 유행했기 때문이다. 그래서 "궐련에 맛들려 서 마지기 논 팔아먹고 남폿불 눈호사에 초가삼간 살라먹을 놈"이라는 말이 생겨났다.[40]

조선인들의 지극한 담배 사랑

그러나 긴 담뱃대가 사라지기까진 오랜 시간이 걸렸다. 1901년 조선을 방문한 독일인 기자 지그프리트 겐테는 "담뱃대 길이를 줄이는 법령도 효과를 거두지 못했다"며 다음과 같이 말했다.

"조선 토착민들이 피우는 담뱃대는 적어도 50센티미터가 된다. 때로는 너무 길어서 물부리를 입에 대고 있으면 팔이 긴 원숭이조차 대통에 손이 닿지 않을 정도다. 오랜 관습이 된 진정한 애연가의 대통은 절대 꺼지지 않는다. 이런 조선의 담뱃대는 사실 문화적 장애 요소다. 조선인들이 담뱃대와 그 길이를 고집하는 한 결코 서양처럼 일을 할 수 없으며 '시간은 금'이라는 격언의 의미를 짐작할 수도 없을 것이다."[41]

겐테는 독일 광산에서 담뱃대 문제 때문에 일어난 조선인 노동자들의 '파업'에 대해 다음과 같이 말했다.

"작업 시간 동안 긴 담뱃대로 담배 피우는 행동을 금지시켰기 때문이다. 다른 조선인들처럼 이들도 긴 담뱃대를 너무 좋아해서 늘 입에 달고 다녔다. 보통 길이가 30~50센티미터 정도로, 구식인 경우에는 더 길기 때문에, 갱이나 펌프에서 일을 할 때 매우 거추장스러울 뿐 아니라 일의 능률도 현저히 저하시켰다. …… 동료들 간에 인기도 있고 사람 좋은 장사꾼이기도 한 약삭빠른 사람이 나서서 양쪽 다 만족시킬 만한 기발한 아이디어를 내놓았다. 광부들이 일할 때도 방해가 되지 않는 짧은 담뱃대를 사용하도록 허락하는 것이었다. 조선에는 짧은 담뱃대가 없어서 광산 관리는 외국에서 수입해 인부들에게 풀어 놓았다. 환호성이 터져나왔다. 물론 외제 담뱃대를 갖고 싶어 했던 광부들을 상대로 담뱃대는 불티나게 팔렸고 작업도 성공적으로 진행되었다."[42]

개화기에 조선을 방문한 서양인들은 이구동성으로 조선인들의 지극한 담배 사랑에 놀라곤 했다. 독일인 에손 서드는 1902년에 발표한 글에서 "대한제국의 남자들이 얼마나 골초인가 하면 그들이 50여 년 일생 동안 피우는 담배 연기만으로도 우리나라 베를린의 국립보건소 인원 전체를 그 자리에서 쓰러져서 죽게 할 만하다. 그런데도 조선 남자들은 모두가 괄괄하고 건강하게만 보인다"고 썼다.[43]

당시 조선인들의 지극한 담배 사랑은 그만큼 스트레스가 많았기 때문이라고 이해해야 하는 건 아닐까? 조선 남자들은 골초이면서도 모두가 괄괄하고 건강하게만 보였다니 그 숨은 뜻이 무엇이건 그리 듣기 나쁜 말은 아니다. 그러나 이제 곧 흡연을 죄악시하는 막강 세력이 등장하게 되니 그건 바로 개신교 선교사들이었다.

제2장

개신교의 활약 거문도 사건

01

언더우드·아펜젤러의 입국

1885년 4월 5일 부활절

앨런에 이어 1885년 4월 5일 장로교 목사 호러스 언더우드(Horace G. Underwood, 한국 이름 원두우·元杜尤, 1859~1916)와 감리교 목사 헨리 아펜젤러(Henry G. Appenzeller, 1858~1902)가 일본 상선 비쓰비시호를 타고 인천 제물포항에 상륙했다.[1] 1884년 12월 미국을 출발한 지 5개월 만의 일이었다.

김수진은 "비쓰비시호는 한국의 관리를 비롯해서 일본 승객들로 초만원을 이루었다. 언더우드와 아펜젤러가 서로 경쟁이나 하듯 누가 먼저 제물포 땅을 밟고 당당하게 한국 선교에 헌신할 것인지에 관심이 쏠렸다. 그러나 두 사람은 경쟁했을 듯도 한데 언더우드가 양보했다"고 말했다.[2]

여성이 먼저 한국의 대지를 밟는 것이 좋겠다는 언더우드의 배려로 아펜젤러 부인이 먼저 발을 내디뎠다. 아펜젤러 전기를 쓴 그리피스는 "1620년 미국에 처음 이민한 사람들 중에 메리 칠튼이 플리머스 바위 위에 첫발을 내디딘 것처럼 한국 땅에 첫발을 내디딘 사람은 아펜젤러의 부인이었다"고 회고했다.[3] 아펜젤러는 제물포항에 도착한 뒤 다음과 같이 기도를 드렸다.

"우리는 부활절 아침 여기에 도착했습니다. 이 아침에 사망의 권세를 깨뜨리시고 부활하신 주께서 이 백성을 얽어맨 결박을 끊으시고 하나님의 자녀가 누리는 광명과 자유를 주옵소서."[4]

함태경은 "1885년 4월 5일 부활절은 한국기독교사에서 영원히 기억돼야 할 역사적인 날"이라며 "이 땅의 젊은이들은 이들 서구 선교사의 의료 및 교육 선교를 통해 서양 문화와 기독교에 대해 새롭게 눈을 떴다"고 했다.[5]

1985년 4월 5일 한국 기독교 100주년 기념행사의 일환으로 언더우드 · 아펜젤러가 인천 앞바다로 입항하던 모습을 재현하는 행사가 열린 것도 바로 그런 의미 때문이었을 것이다.

언더우드와 앨런

당시 서울은 갑신정변의 여파로 매우 혼란한 상태였다. 미국대리공사 폴크(G. C. Foulk)는 이들이 서울로 들어가는 걸 만류했다. 아펜젤러 부부는, 아펜젤러 부인이 만삭인지라 잠시 제물포에 머물다 4월 13일 일본 나가사키로 잠시 돌아갔다. 그러나 언더우드는 혼자였기에 제물포에서 이틀을 지낸 후 폴크의 안내를 받아 서울에 입성했으며 이미 자리를 잡고 있던 앨런 의료선교사의 사역장인 광혜원에서 첫 사역을

시작했다.[6]

언더우드는 교육선교사였지만 오지의 선교사가 되기 위한 준비의 일환으로 미국에서 1년 정도 의학 수련을 쌓았다. 그래서 그는 제중원에서 치료보조자·약제사·간호사로서의 역할을 했는데 환자의 과도한 출혈 상태를 보고 수차례 졸도하여 실려 나온 사례가 있는바 결코 의사 체질은 아니었던 것 같다.[7]

언더우드는 곧 앨런과 갈등을 빚게 되었다. 앨런은 조선 정부의 방침에 순응하여 의사는 진료활동, 교사는 교육활동의 역할을 수행하는 것으로 초기 선교활동을 제한해야 한다는 입장이었던 반면, 언더우드는 가능한 한 비밀리에라도 조선인들에게 복음을 전하고자 했기 때문이다.[8]

정동제일교회의 창립

조선의 국내 사정이 안정되었다는 사실이 알려지면서 선교사들이 속속 서울로 들어왔다. 1885년 5월 3일 미국 감리교회의 목사이며 의사인 스크랜턴(W. B. Scranton)이 입국했으며 6월 26일에는 아펜젤러 부부가 재입국하고 스크랜턴의 모친 메리 스크랜턴(Mary Scranton)이 입국했다. 일본 요코하마에서 언더우드와 같이 이수정으로부터 한국어를 배운 미국 북장로교 의료선교사 헤론(J. W. Heron)도 이들과 함께 한국에 도착했다.[9]

1885년 이른 여름에 주일예배가 시작되었고 10월에는 앨런의 집에서 처음으로 개신교 성찬의식이 거행되었다.[10] 아펜젤러는 서울 정동의 조선인 집을 사들여 내실의 방 하나를 지성소로 꾸며 첫 예배처로

1887년 아펜젤러가 세운 정동교회.

삼았는데 이것이 그 유명한 '정동예배처'로, 나중에 한국감리교와 정동제일교회의 태동지가 되었다. 또 이곳에서 한국선교회가 창시됐으며 배재학당이 시작되었다. 1885년 10월 11일 외국인과 한국인이 함께한 한국 개신교 최초의 성찬예배가 드려졌는데 정동제일교회는 이 날을 창립일로 지키고 있다.[11]

세례의식은 1886년 4월 5일 부활절에 이루어졌다. 첫 번째로 세례를 받은 사람은 앨런의 딸 앨리스로서 한국에서 태어난 최초의 백인 아이였다. 두 번째는 그로부터 며칠 뒤에 태어난 스크랜턴 박사의 아이, 세 번째 사람은 아펜젤러가 일본에서 개종시킨 사람으로서 당시 서울주재 일본공사관의 통역으로 근무하고 있었다. 물론 이런 의식은 조미조약에 의해 예배를 볼 권리가 주어진 외국인들만을 대상으로 행해진 것이었고 조선인들을 대상으로 한 선교는 은밀하게 전개되었다. 1886년 7월 18일에는 조선인 최초로 앨런의 어학 선생인 노춘경이 언더우드의 집례하에 개신교 세례를 받았다.[12]

1887년 9월 24일 언더우드는 서울 정동장로교회(현 새문안교회)를 세웠다. 황해도 장연 서해안에 위치한 소래마을은 선교사가 들어오기 전부터 개신교회가 설립된 곳으로 유명한데 이곳 출신들이 정동교회 설립 시 주축이었다.[13]

1888년 3월 아펜젤러는 정동교회에서 한용경과 과부 박 씨의 결혼식을 주례했는데 이것이 최초의 신식 결혼으로 기록되고 있다. 이는 '예배당 결혼'으로도 불렸다. 목사가 신랑신부 앞에서 결혼에 관련된 성경구절을 읽고 결혼증빙서류에 결혼 당사자·친권자·주례·증인의 도장을 찍는 등의 절차를 거쳤다.[14]

성경 번역과 찬송가 전파

언더우드와 아펜젤러는 이수정이 일본에서 번역 출간한 『신약마가복음서언해』(1884)를 가지고 입국했다. 이만열은 "선교사가 번역된 성경을 가지고 입국하다니 그것은 세계 선교사상 거의 찾아볼 수 없는 현상이었다"고 말했다.[15] 그러나 이수정의 번역에 오역이 많고 문제와 맞춤법도 바르지 못해 이들은 1887년 『신약전서 마가복음서 언해』를 간행했다. 또 이때 선교사들이 합동으로 성서위원회와 성서번역위원회를 조직해 본격적인 번역 출판 활동에 돌입했다. 이것이 오늘날 대한성서공회의 출발이다.[16] 신약 번역은 1900년, 구약 번역은 1910년에 완료되는데 전택부는 "한글 성경은 한국 국어사에 있어서 가장 커다

란 사건"이라고 평가했다.[17]

선교와 함께 찬송가가 전파되었기에 1885년이 한국 양악(洋樂)의 시작이라는 주장도 있다. 양악의 시작에 대해선 1885년설 이외에 여러 설이 있다. 두 번째 설은 1900년 12월 19일 군악대(양악대)가 창설되고 1901년 2월 독일의 지휘자 프란츠 에케르트의 도착과 함께 양악이 본격 등장했다는 것이다. 세 번째 설은 1860년대 가톨릭의 전래와 함께 종교음악도 들어왔으리라는 추측에 근거한다. 네 번째 설은 370년 전 서양음악 이론이 수입되었다는 점을 강조하고 다섯 번째 설은 1810년을 기점으로 본다.[18]

양악의 기원을 언제로 보건 양악이 갖는 의미는 특별했다. 이소영은 "1881년 조선 정부는 부국강병책의 일환으로 신식군대 별기군을 창설하여 군제개혁을 감행하였는데 이 과정에서 궁정의 군악대는 기존의 전통악기인 나발 대신 서양악기인 나팔로 신호체계를 확립하였다"며 다음과 같이 말했다.

"군악대를 통한 서양음악 유입이 국가에 의해 군대에서부터 이루어졌다는 것은 서양음악이 '부국강병의 음악으로서의 힘을 가진 음악'이라는 의미체계로 전 조선 사회에 소통되는 발판이 마련되었다는 것을 의미한다."[19]

이후 서양음악은 부국강병은 물론 교양·품위의 지위까지 획득해 조선 전통음악을 압도하게 된다. 먼 훗날 한국인들은 "우리 것이 좋은 것이여"라고 외치게 되지만 그건 근대화 덕분에 이룩한 경제성장의 토대 위에서 할 수 있는 주장이었다.

02

제중원 설립과
선교사들의 갈등

백성을 구제하는 제중원

민영익을 치료한 앨런은 시의(侍醫) 사격으로 궁궐을 자유롭게 드나들게 되었는데 그 기회를 이용해 고종 황제에게 병원 설립을 요청해 뜻을 이룰 수 있게 되었다. 이 병원이 바로 1885년 4월 10일 문을 연 광혜원이었다. 광혜원은 4월 26일 고종으로부터 하사받은 제중원(백성을 구제한다는 뜻)이라는 이름으로 바뀌었는데 이게 오늘날 연세대 세브란스병원의 뿌리가 되었다.[20]

제중원은 갑신정변 때 개화파 인물로 타살당한 홍영식의 재동 집을 수리해서 만든 것이었다. 앨런은 훗날 "우리가 그 집을 인수했을 때는 방마다 핏자국이 있었다. 그 집을 잘 수리했더니 환자들이 수백 명씩 몰려왔고 최초의 한 해 동안에 1만 명 이상을 치료했다"고 썼다.[21] 당시 앨런의 보고서는 제중원 운영에 대해 다음과 같이 기록하고 있다.

앨런의 건의로 설립된 우리나라 최초의 근대 병원인 광혜원. 후에 제중원, 세브란스병원으로 이름을 바꾸었다.

"일 년에 약 300달러 상당의 약품이 소요되었으며 경상비는 정부에서 담당할 것이며 돈을 낼 수 없는 이들에게는 약과 치료를 무료로 해주었다. 약 40개의 침대를 놓고 공간이 있으면 간이침대도 놓았다. …… 그러나 고종 황제는 내가 선교사라는 사실을 알고 있다. 그럼에도 고종 황제와 황후는 문제가 있을 때마다 나를 불러 자신들을 치료해줄 것을 부탁하며 원하는 것이 있으면 서슴지 말고 말하라고 몇 번이고 다짐시켰다."[22]

신동원은 "앨런은 병원 설립이 민영익 치료에 대한 개인적 고마움 때문인 것으로 생각했지만 조선 정부 최초의 서양식 병원 설립에는 이보다 거창한 국내의 정치적 경제적 외교적 요인들이 복합되어 있었다"며 "국왕은 새 병원을 1882년에 폐지된 왕립대민의료기관인 혜민

서와 활인서를 대체하는 기관으로 생각했다"고 말했다.[23]

앨런은 병원을 개원한 지 얼마 안 되어 미 감리교의 스크랜턴, 장로교의 헤런의 도움을 받으면서 환자를 진료했다. 환자들 대부분이 장티푸스·천연두·이질·폐결핵·매독·한센병 등 악질 병을 앓고 있었다. 언더우드는 그를 도와 한국 의료인 양성을 위한 교육을 담당했다. 1886년 3월 앨런은 고종의 뜻을 받들어 5년 과정으로 의학을 훈련시킬 학생 열두 명을 선발했다.[24]

고종은 제중원에 설립된 의학부의 조선인 학생들을 훗날 군의관으로 임명할 포부까지 갖고 있었다. 제중원 부설 국립의학교에는 양반 자제들의 입학이 없어서 각 관아에서 차출해준 기녀들이 첫 번째 입학생이 되었는데 훗날 앨런은 이 아름답고 우수한 기녀들은 훌륭한 의학도였을 뿐만 아니라 파티석상에서는 권주가를 부르는 솜씨 또한 근사했다고 기록했다. 그러나 의학교육은 성공을 거두진 못했다.[25]

선교사들의 사치 이유

앨런은 스물일곱의 젊은 나이에 왕가(王家) 전체의 병을 돌봄으로써 막강한 권력을 갖게 되었다. 경제적으로도 풍요로웠다. 앨런 부부는 월 1200달러 수입으로 많은 하인들을 거느렸다. 보모·식모·시중군·수위·가마꾼들 외에도 다른 일군들이 여럿 있었다. F. H. 해링튼은 "사실이지 선교사들은 너무 잘살아서 사치롭다는 비판을 받았다"며 다음과 같이 말했다.

"그러나 이런 높은 수준의 생활을 유지하는 데는 이유가 있었다. 즉 일급 이유가 있었던 것이다. 앨런이나 그의 동료들이 선교 방면에서 얻은 바는 화려한 의식(儀式)으로 특징지을 수 있는 조정의 후의에 의해서 가능했던 만큼 그가 만일 보통 사람들과 같은 생활을 했다면 위신을 잃었을지도 모른다. 그 까닭은 양반들이나 대부분의 가난한 한국 사람들은 보잘 것 없는 가톨릭 신부들과 같은 사람으로 간주하였을 것이기 때문이다. 그리하여 그가 말하려는 데에 대해서 별반 흥미를 갖지 않았을지도 모른다."[26]

앨런의 한 동료 선교사는 선교사들의 '사치' 이유를 다음과 같이 설명했다.

"한국인은 외국사람 집을 방문하기를 좋아합니다. 그들은 외국인의 가정생활의 안락한 면을(그들에게는 이 안락이야말로 최고의 호사이다) 경탄해마지 않습니다. 집에 돌아가서 그들은 인간의 현재 생활을 좌우하고 그것을 좀더 즐겁게 해주는 종교에 대하여 깊이 생각에 잠기는 것입니다. 그들은 우리의 행복한 얼굴과 우리들이 생활을 즐겁게 누리고 있음을 보고 그 원인이 어디에 있는가를 알고자 합니다. 그들은 서양 과학의 성과에 대한 이야기에 귀를 기울이는 것입니다. …… 이 모든 것이 우리의 종교의 결실이요 또 그 발전이라는 것을 알았을 때 기독교의 실제적 가치는 그들에게 강한 매력을 느끼게 해줍니다. 그러므로 우리 선교사들이 때로는 안락한 집에서 살고 있다는 것이 사치가 될 수 없습니다."[27]

선교사들의 내부 갈등

조선에서 활동한 서양 선교사들은 모두 20대의 혈기왕성한 젊은이들이었기에 이들 사이의 치열한 갈등과 싸움이 없을 수 없었다. 게다가 각자의 선교관도 달랐고 조선 정치권과 연계되는 바람에 그쪽의 정파 싸움이 그대로 선교사들 내부에 옮겨온 점도 있었다.[28]

그런 복합적 요인이 겹쳐 이들은 서로 없는 곳에서 지독한 욕들을 퍼부어대곤 했다. 앨런 부부는 헤런 부인을 '교활하고 엉큼한 거짓말 쟁이', 언더우드를 '위선자요 수다쟁이'라고 욕했고 반면 헤런 부인은 앨런을 '선교사로서 부적합한 인물'로 보았다. 실제로 앨런의 잘못을 알리는 지독한 편지가 수없이 태평양을 건너 선교본부에 우송되었다.[29] 이와 관련 F. H. 해링튼은 다음과 같이 말했다.

"알렌의 결점으로 말하면 너무도 명확했다. 자만심, 성 잘 내는 성미, 기독교적인 사랑의 결여 등이 그것으로서 이런 것은 이미 이전에도 드러낸 바 있었다. 그는 자신을 서울 선교사의 책임자로 생각하고 있었고 또 연장자라는 이유로 통솔자로 생각하고 있었다. 그러나 언더우드와 헤론도 그와 똑같은 지위에 있었으며 또 알렌이 비록 현지에 당도한 최초의 선교사였다고는 하나 위 두 사람의 파송 임명이 난 날짜는 그보다도 사실은 더 앞서고 있었던 것이다. …… 헤론과 알렌은 함께 잘 지내지를 못했다. 그리하여 서울에서의 초기 선교사들의 싸움은 '제중원'의 이 두 의사 사이에서 비롯되었다고 말해도 과언이 아닐 정도였다."[30]

음주·흡연을 죄악시한 청교도주의

게다가 선교사들은 모두 청교도적인 인물들이었다. 때마침 선교사들이 미국을 떠나기 직전 미국에서는 청교도정신의 회복이라는 입장에서 흡연을 쾌락에의 탐닉으로 규정하는 대대적인 금연운동이 일어나고 있었다.[31] 선교사들은 조선인을 지독한 골초로 보고 금연을 강조했다. 아니 금연을 아예 교리화했다.[32] 미국 북장로교 외지선교회 총무로 있던 브라운은 1884년부터 1911년까지 한국에 온 선교사들을 이렇게 평했다.

"나라를 개방한 이후 처음 25년간의 전형적 선교사는 퓨리턴형이었다. 이 퓨리턴형 선교사는 안식을 지키되 우리 뉴잉글랜드 조상들이 한 세기 전에 행하던 것과 같이 지켰다. 춤이나 담배 그리고 카드놀이 등은 기독교 신자들이 빠져서는 안 될 죄라고 보았다."[33]

그러니 그들 자신도 낯선 환경에서 엄청난 스트레스를 받았을 것이다. 놀이 자체를 죄악시했으니 할 일이 무엇이 있었겠는가. 서로의 사생활을 들춰내며 비난하는 걸 스트레스를 풀기 위한 취미로 삼았다고 보는 게 타당할지도 모르겠다.

일부 선교사는 조선에 대해 사랑과 경멸의 모순된 감정을 느끼기도 했던 것 같다. 1887년 9월 제중원 원장으로 취임한 바 있고 1890년 7월 이질에 걸려 사망한 미국 북장로교 의료선교사 헤런이 그런 경우가 아니었을까?

헤런은 "한국의 가난한 환자를 진료하는 일이 예수의 사랑을 실천하는 것이란 신념을 갖고 임했"[34]지만 안식년으로 미국에 가서는 워싱턴 신문에 "한국의 왕은 300의 후궁을 거느리고 있는 색마요 그 나라의 멸망은 지척에 있다"고 주장했다.[35]

조선에서 받은 스트레스를 풀기 위해 그랬던 걸까? 사실 많은 선교사들이 조선에 대해 그런 이중적인 생각을 갖고 있었던 것으로 보인다. 바로 이 점이 그들에 대한 평가를 어렵게 만들고 오늘날의 사가들 사이에 논쟁을 불러일으키는 이유이기도 하다.

03

영국 함대의 거문도 점령

청 · 러시아 · 영국의 각축전

조선은 청의 압력이 점차 심해지자 청의 영향력을 견제할 수 있는 세력을 찾던 와중에 러시아에 접근하게 되었다. 이에 따라 1885년 양국은, 러시아가 영흥만을 조차하는 대가로 조선에 군사교관을 파견하여 군사훈련을 담당하게 한다는 소위 조러밀약을 모색했다. 그러나 세계 전략 차원에서 러시아에 대립하고 있던 영국이 방해를 함으로써 이 방안은 실패로 돌아가고 말았는데 영국의 방해공작은 '거문도 사건'으로 나타났다.[36]

1885년 5월 15일 영국 함대는 '동양의 지브롤터'라고 할 만큼 요충지인 거문도(전남 여수시 삼산면)를 점령하고는 포대를 쌓아 요새화했다. 항내에 수뢰(水雷)까지 설치했다. 영국은 점령 사실을 청과 일본에는 즉시 통고한 반면 조선 정부에는 한 달이 지나서야 알렸다. 아니

청국 정부를 통해 한국에 통보함으로써 청의 대한(對韓)종주권을 인정해준 것이다.[37]

조선 정부는 외교고문 묄렌도르프 등을 거문도에 보내 항의했지만 무시당했다. 묄렌도르프는 돌아와서 겁을 먹은 조신(朝臣)들에게 "조선 사람은 아편을 모르기에 영국이 엄두를 못 냅니다"라고 안심시킨 게 고작이었다.[38] 아편전쟁을 염두에 둔 풍자였겠지만 조선의 무력함을 말해주는 것이기도 했다.

영국이 청의 한국에 대한 종주권을 승인해준 대신에 청은 거문도의 점령을 승인했다. 이에 남하정책을 꾀하고 있던 데다 아프가니스탄 국경 문제로 영국과 대립하면서 극도의 긴장관계에 있던 러시아는 청에 항의하고 만약에 영국의 거문도 점령을 청이 승인한다면 러시아도 한국의 영토를 점령할지 모른다고 위협했다.[39]

청은 1885년 6월 조러밀약 시도에 가담한 묄렌도르프를 외교협판에서 파면했다. 청의 입장에서 볼 때 묄렌도르프는 배신자였는데 그의 변화 이유는 수수께끼다. 묄렌도르프가 러시아에 매수되었다는 주장도 있다.[40] 최문형은 "그가 청의 압제에 시달리는 한국인을 불쌍하게 여겨 러시아를 끌어들였다는 식의 감상적인 견해마저 있다"며 다음과 같이 주장했다.

"이보다는 보불전쟁(1870~1871)으로 비롯된 원한이 쌓여 머지않은 장래에 언젠가 반드시 있을 것으로 예상되는 프랑스의 보복에 대처해야 했던 당시 독일의 입장에서 그 원인을 찾아야 한다는 것이 저자의 생각이다. …… 보불전쟁 이후 프랑스 고립화정책을 추진한 비스마르크로서는 프랑스의 대러 접근을 막아야만 했고 그러기 위해서는 어떻게든 러시아의 동아시아 진출을 부추겨야만 했던 것이다. …… 묄렌도르프는 이홍장의 앞잡이였다기보다는 독일의 전직 외교관으로서 사실상 독일의 동아시아 정책을 최일선에서 담당하여 수행하고 있었다고 말할 수 있다."41)

후쿠자와의 악담

이 사건과 관련 갑신정변 실패 후 조선 정부에 야유와 저주를 보내던 후쿠자와는 『시사신보』 1885년 8월 13일자에 쓴 「조선 인민을 위하여 조선의 멸망을 축하한다」라는 제목의 사설에서 다음과 같이 주장했다.

"조선 국민으로서 살아가는 게 보람이 아니라면 러시아와 영국의 점령에 국토를 맡기고 러영의 인민이 되는 경우야말로 크게 행복할 것이다. 망국민(亡國民)은 즐겁지 않다고 하더라도 강대 문명국의 보호를 받아 적어도 생명과 사유만은 안전을 기할 수 있다는 점은 불행 중 다행이다. 가까운 곳에 한 증거가 있다. 영국이 거문도를 점령, 지배하고 영국법을 적용하고 있다. 일이 있으면 도민(島民)을 부려 임금을 지불하고 범죄인이 있으면 처벌한다. 거문도 인민 700여 명은 이미 행복한 사람들이라고 외부에 비추어질 정도이다."42)

이 사설에 당황한 일본 정부는 '치안 방해'를 이유로 『시사신보』에 대해 1주일간 발행정지처분을 내렸다. 이 때문에 후쿠자와가 준비한 속편 사설 「조선 멸망은 그 나라 대세로 보아 피할 수 없다」는 활자화되지 못했는데 이 글에서 그는 "조선의 부패는 극도에 달해 대세를 만회할 방법이 없다. 이는 우리의 막말(幕末) 실정과 똑같고 서양 열강들의 눈에는 이미 조선 왕국은 없다"고 주장했다.43)

후쿠자와의 논지는, 영국은 조선 독립의 보존을 원하지만 러시아는 조선을 병합하려 하기 때문에 조선이 영국의 거문도 점령을 환영해야 했다는 것이었다.[44]

대원군의 귀국

청은 1885년 10월 5일(음력 8월 27일) 바오딩(保定)에 납치 중이던 대원군을 갑자기 귀국시키는 동시에 조선에 대한 발언권을 강력히 행사하려 했다. 대원군의 환국은 김윤식이 왕실의 권력집중을 견제하기 위해 위안스카이(袁世凱, 원세개)에게 건의하여 성사시켰다는 설도 있다.[45] 김인숙은 대원군의 귀환 장면을 다음과 같이 묘사했다.

"제물포항구로 청나라 군함 비호(飛虎)와 진해함(鎭海艦) 두 척이 들어오고 있다. 바다 위로 내리비치는 해는 뜨겁고 강렬하지만 진해함 선창에 선 위안스카이(원세개)의 위세는 그를 압도할 만큼 거칠다. 갑신정변이 불러온 역풍(逆風)이었다. 정변을 뒤엎고 개화파와 일본을 하루아침에 패자(敗者)로 만들었던 스물여섯 살의 실력자. 정변 진압 후 청나라로 돌아갔던 위안스카이는 임오군란 때 중국으로 잡혀가 3년 동안 천진 보정부(保定府)에 억류돼 있던 대원군을 호송하고 돌아오는 길이다."[46]

대원군이 제물포에 상륙했을 때 환영 인파는 7000~8000여 명에 이르렀으며 운현궁에 도착한 이후 그 부근은 10여 일 동안이나 인파로 들끓었다. 그러나 남대문까지 나와 그를 맞이한 국왕은 돌아온 부친과 한마디의 말도 나누지 않았다. 민씨 척족은 대원군이 귀국한 다음 날 임오군란의 죄수 김춘영 등을 모반대역죄로 능지처참하는 '시

위'를 벌였으며 정부 관리와 일반인의 운현궁 출입도 금지시켰다.[47]

1886년 3~4월 세 차례에 걸쳐 갑신정변 잔당에 대한 숙청이 단행되는데 박은숙은 이게 대원군의 존재와 관련이 있는 것으로 보았다. 김옥균 재거설(再擧說)을 이용하여 대원군과 그 일파의 정치적 준동을 막고 대원군 세력과 김옥균과의 연결을 차단하기 위한 정치적 조치로 볼 수 있다는 것이다.[48] 대원군의 환국을 위안스카이에게 건의한 김윤식도 1886년 4월 박영효의 부친을 장사지내준 일로 탄핵을 받았는데 위안스카이의 적극적인 구명운동으로 겨우 복직되었다고 한다.[49]

조선 왕을 감독하는 총독이 된 위안스카이

청은 1885년 11월 17일(음력 10월 11일) 조선에 주재하는 청의 대표 진수당을 원세개로 교체하면서 위안스카이를 조선의 감국(監國), 즉 조선 왕을 감독하는 총독으로 임명했다. 그의 공식 직함은 '주차소선총리교섭통상사의(駐箚朝鮮總理交涉通商事宜)'였다. 조선에 주차 또는 주재하면서 외교와 통상 문제를 '마땅하게 처리' 하는 총리라는 뜻이었다.

위안스카이는 외교관의 특권을 이용하여 인삼을 밀수함으로써 엄청난 치부를 했고 인사(人事)에도 간여했다. 또 위안스카이는 조선과 서양 각국 간의 교제와 무역을 제한했고 해외에 나가 있던 유학생들을 소환해서 처형하거나 감금했을 뿐만 아니라 국내에서의 근대 교육의 길을 막았으며 조선의 국방력을 약화시키기 위해 애를 썼다.[50]

위안스카이는 '조러밀약 사건' 이후 고종에게 다음과 같은 오만의 극치를 보여주는 글을 보내기도 했다.

"러시아가 조선의 나약함을 이용하여 속이고 있으니 조선을 보호할 수 있는 나라란 오직 '상국(上國)'뿐이다. 조선은 못 쓰게 된 배와 같고 병이 골수에 들었으니 위안스카이는 배 만드는 장인의 임무로 조선을 위해 탄식하며 훌륭한 의사로서 반드시 좋은 약을 보내줄 것이다."[51]

또 위안스카이는 1886년 7월 29일 의정부에 보낸 「조선 정세를 논함」이란 글에서는 다음과 같이 주장했다.

"조선은 중국에 속해 있었는데 지금 중국을 버리고 다른 데로 향한다면 어린아이가 부모에게서 떨어져 다른 사람의 보살핌을 받으려는 것과 같다. 조선은 오직 중국에 의지해 있고 중국이 조선을 돕는다는 사실을 알면 (열국의) 호랑이 같은 야망도 사라질 것이며 누에처럼 먹어 들어가려는 생각도 없어질 것이다."[52]

청의 상인들까지 위안스카이의 그런 오만함을 흉내냈으니 1886년 청 상인들의 인천 해관 습격 사건이 좋은 예였다. 청상이 조선 홍삼을 밀수출하려는 것을 해관에서 적발했으나 이들은 검사를 거부하고 도리어 해관을 습격했다.[53]

베베르와 손탁의 입국

러시아는 위안스카이를 염두에 두었던 걸까? 1885년 10월 러시아공사 베베르(K. I. Waeber, 한자명 韋貝)가 서울로 부임했다. 최문형은 이건 결코 우연한 일이 아니라며 다음과 같이 말했다.

"웨베르와 그 부인의 외교관으로서의 예절 바른 자세와 친절은 왕과 왕후의 호감을 사기에 충분했다. 위안스카이와 달리 베베르는 궁궐 출입의 규정을 충실하게 지켰을 뿐만 아니라 다른 나라 공사들처럼 이권을 요구하지도 않았다. 오히려 국왕과 왕후를 도와 세계 정황을 설명해주고 조선의 안위를 걱정해주기까지 했다."[54]

베베르 부인은 자국에서 생산한 각종 화장품을 들고 들어와 손수 민비에게 양화장을 해주었으며 민비도 그 양화장을 한 자기 얼굴에 굉장히 흡족했다 한다. 그 후 베베르 부인은 계속 화장품을 댐으로써 황실을 친로(親露)로 기울게 하는 데 큰 역할을 했다.(이때 민비는 진주분(眞珠紛)을 애용했는데 여기에 연독(鉛毒) 성분이 있어 민비의 얼굴을 창백하고 파리하게 만들었다는 설이 있다)[55]

여기에 베베르와 같이 온 손탁(Antoinette Sontag)도 민비의 환심을 사는 데에 큰 몫을 했다. 손탁은 베베르의 처형으로 알려져 왔으나 처형이 아니라 처남의 처제였다. 손탁은 독일이 승전해 프랑스로부터 할양받은 알자스로렌 태생으로 서울에 들어왔을 때 나이는 서른두 살이었다. 그녀는 용모도 아름다운 데다가 태도가 세련되었고 뛰어난 사교술을 가진 여성이었다. 음악과 그림에도 조예가 깊었고 당시 서울주재 외교관들 사이에서는 상당히 인기가 높아서 사교계의 여왕으로 군림하기 시작했다.[56]

손탁은 5개 국어에 능통했으며 당시 친로파에 속했던 이범진이나 러시아공사 베베르 등과 함께 고종에게 직접 외교 및 국제 문제에 관해 의견을 내놓을 정도로 고종의 두터운 신임을 받았다.[57] 최문형은 "그녀의 존재는 서양인들과 접촉을 필요로 하고 있던 당시의 조선 정부로서는 더 바랄 수 없는 적임자였다"며 다음과 같이 말했다.

"궁내부의 외국인 접대 업무를 맡으면서 그녀는 왕후와의 친밀한 인간관계도 맺게 되었다. 미모에 세련미까지 갖추었을 뿐만 아니라 왕후보다 나이도 세 살이나 아래여서 대하기도 편했다. 그리고 그녀는 시간이 나는 대로 서양 각국의 풍속과 습관은 물론 세상 돌아가는 이야기도 들려주었다."[58]

거문도 사건의 역사적 의의

러시아는 영국이 철퇴한 후라도 거문도를 점령하지 않겠다고 약속해 영국은 거문도를 점령한 지 22개월 만인 1887년 2월 27일 거문도에서 철수했다. G. 렌슨은, 거문도 사건은 영국과 청의 밀월과 야합의 결과였으며 영국의 적극적인 지지에 편승한 청이 러시아로부터 "한국에 대한 영토적 야욕이 없음"을 구두합의(1886)를 통해 간접적으로나마 인정받은 것은 리홍장의 '이이제이(以夷制夷)' 외교의 성공이라고 평가했다.[59]

이광린은 "영국은 러시아의 거문도 선점(先占)을 막기 위해 부득이하게 점거하였다고 주장하였으나 그것은 한갓 구실에 지나지 않았고 오히려 영국 측은 러시아의 해군기지 블라디보스토크항을 공격하기 위해 점거하였던 것이다. 다시 말하면 거문도 점거는 영국의 대로방비책(對露防備策)에서 나온 것이 아니라 반대로 대로공격책(對露攻擊策)에서 나온 것이었다"고 평가했다.[60]

거문도 사건이 미친 영향은 컸다. 최문형은 "'민비' 중심의 당시 한국 정부로서는 청의 굴레를 벗어나기 위해 베베르에 접근, 러시아의 원조를 기대하는 것 외에는 다른 도리가 없었던 것이다"라며 "거문도 사건은 이처럼 한국의 정황을 바꾸어놓았을 뿐만 아니라 동아시아 역사의 수레바퀴도 크게 돌려놓았다"고 평가했다.[61]

거문도 사건의 세 가지 일화

거문도 사건은 보통사람들에게도 몇 가지 이야깃거리를 남겨놓았다.

영국 화보 주간지 『그래픽』 1886년 12월 11일자엔 '양담배에 욕심을 내는 거문도 촌장'이란 제목의 그림과 기사가 실렸다. 영국의 거문도 점령 당시 일어난 일인데 영국 군인 밀디유는 자신이 거문도 촌장에게 담배를 건넸을 때의 장면을 다음과 같이 묘사했다.

"촌장의 정원에서 선물용 꽃을 얻은 답례로 은제 담배 케이스에 담긴 담배를 권했을 때 양담배가 탐이 난 촌장은 우선 한 개비를 얼른 집어 뒤로 감춘 뒤 체면도 아랑곳하지 않고 마지막은 남은 한 개비마저 입에 물어버렸다."[62]

조선인의 담배 욕심이 그만큼 대단했다는 일화로 보면 되겠다. 영국군은 당시 섬 주민들에게 누구든지 일하러 오면 돈과 먹을 것을 준다고 했다. 이때의 인기 품목은 양담배와 더불어 통조림이었다. 거문도 주민이 생전 처음 보는 통조림을 받아들고 황당해하는 모습이 전해지는데 이게 아마 한국인이 최초로 통조림을 접하게 된 '사건'인 것으로 보인다.[63]

영국군은 주둔 중 죽은 병사 세 명의 유해를 거문도에 묻고 떠났는데 이게 조선인들 사이에서 논란이 되었다. 조선인들의 장례예법으론 이해하기 어려운 일이었기 때문이다. 특히 예법을 중시하는 양반들로선 도저히 용납하기 어려운 짓이었.

이규태는 "거문도의 시신 유기는 보수파의 서양 배척 논리를 합리화시켜주는 결정적인 계기가 되었으며 개화사상을 품었던 사람들도 이를 계기로 생각이 원점으로 되돌아오고 말았던 것"이라고 주장했다.[64]

거문도에서 죽은 영국 해군의 묘비.

자신이 살던 고향에 묻히는 걸 당연하게 여기는 조선인들의 수구초심(首邱初心)은 아름다운 습속이겠지만 이게 혹 조선인들의 진취성을 가로 막은 이유 중의 하나는 아니었을까? 과도한 정착성 기질이 새로운 문물의 수입에 장애가 된 점도 있을지 모르겠다.

04

유길준의 한반도 중립화론

유길준의 귀국

영국의 거문도 점령은 조선에겐 큰 충격이었다. 조선은 앞으로 서양의 저 사나운 오랑캐들의 불법적인 공격과 점령에 어떻게 대응해야 할 것인가? 이런 생각을 했음직하다. 유길준이 영국의 거문도 점령사건을 보고 「중립론」(1885)을 작성하여 조선의 당면 외교정책의 방향을 제안한 것도 바로 그런 불길함 때문이었을 것이다.

유길준의 「중립론」과 관련해 강만길은 "집권층의 비굴하고 독선적인 외세의존 때문에 19세기 후반기의 역사가 실패한 사실을 돌이켜보면 한반도의 중립화안이 대두되었던 1885년은 어떤 의미에 있어서는 병자수호조약이 체결된 1876년이나 미국과의 통상조약이 체결된 1882년보다 더 중요한 뜻을 가지는 해라 생각할 수 있다"고 평가했다.[65]

그런데 미국 유학을 갔던 유길준이 언제 돌아온 건가? 여기서 잠시 유길준 이야기를 하고 넘어가야겠다. 유길준은 미국 보스턴 교외 세일럼으로부터 서북쪽 내륙으로 약 50킬로미터 떨어진 곳에 있는 덤머 아카데미에 다니고 있었다. 입학한 지 4개월 만인 1884년 12월 유길준은 교실에서 친구가 전해준 신문을 통해 한국에서 갑신정변이 일어났다는 소식을 들었다. 그는 약 5개월 동안 학교를 더 다니다가 1885년 6월 귀국을 결심했다.

이런 결정의 배경에 대해 몇 가지 해석들이 있다. 첫째는 조국의 어지러운 현실로 인한 의욕상실이다. 둘째는 자신의 유학생활을 가능하게 해준 강력한 후견인 민영익이 칼을 맞아 더 이상의 학비지원 등 후원이 불가능하게 됐다는 것, 그리고 민영익과의 의리 문제(이광린의 주장) 등이다. 셋째는 김홍집이 궁중 내 통역관 등의 요직을 유길준에게 제의했을 가능성(유영익의 주장) 등이다.[66]

유길준은 『서유견문』을 집필할 생각에서였는지 곧장 귀국하지 않고 6개월가량 세계 여행을 했다. 그는 영국행 기선을 타고 미국을 출발, 런던에 들른 다음 다시 이집트의 세이드항을 거쳐 홍해를 통과, 싱가포르·홍콩·일본을 경유해 제물포항에 도착했다. 1885년 12월 16일(음력 11월 17일)이었다.[67]

유길준과 김옥균의 만남

유길준은 11월 일본에 들렀을 때 후쿠자와의 주선으로 망명 중인 김옥균을 만났다. 이때 김옥균이 유길준에게 자신을 비롯한 개화파 인사들이 그렇게 존경했던 후쿠자와도 변했다고 개탄했다는 게 흥미롭다. 후쿠자와가 변한 건 사실이었다. 1885년 3월에 발표한 '탈아론'이 그 좋은 증거다. 김옥균은 유길준에게 귀국을 만류했지만 유길준은 다음과 같은 답으로 거절하고 12월 2일 일본을 떠났다.

"형님께서 진심으로 걱정해주시는 생각은 정말로 고맙게 생각합니다. 그러나 나는 아무래도 귀국을 해야 하겠어요. 물론 들어가서 장차 어떤 일을 당할지 그건 알 수 없습니다. 그러나 그런 건 생각하지 않겠습니다. 그걸 생각하면 들어갈 수가 없겠지요. 또 나는 살기 위해서 형님들과 관련이 없다고 변명하러 들어가려는 것도 아닙니다. 변명이 될 일도 아니고 형님이나 나 내일의 일을 예측할 수 없는 것이 아니겠습니까. 그러나 나는 지금 형님의 처지와는 좀 달라요. 형님들은 어떻게 됐든 한번 일을 했지만 나는 아무것도 한 것이 없어요. 그런데 까닭 없이 일본에 앉아서 나라의 불행한 현실만 바라보고만 있을 수는 없는 것이 아니겠습니까. 어쨌든 들어가서 한번 부닥쳐볼 작정입니다. 요행히 살아남아 발붙일 곳이 마련된다면 나는 국민을 계몽하는 일부터 시작하겠습니다. 이렇게 해서라도 내가 국내에 교두보를 마련하는 것이 장차 형님에게도 재기하시는 데 절대 필요한 발판이 되지 않겠습니까."[68]

귀국한 유길준은 남대문 밖에서 체포되어 포도청에 구금됐다. 그는 1개월간 구금되었다가 포도대장 한규설(1856~1930)의 집과 백록동(오늘의 가회동)에 있는 민영익의 별장인 취원장에서 약 7년에 걸쳐 연금생활을 했다. 그는 그 기간 중에 『서유견문』을 비롯한 저술 작업에 몰두했다. 유길준이 그토록 오랫동안 연금생활을 한 것은 그가 갑신정변을 일으킨 개화당의 일원으로 지목되었기 때문이었다. 개화당의 일원이라면 마땅히 더 큰 벌을 받아야 했을 것이나 유길준은 국왕과 정부 요로에 줄을 대 혐의에서 벗어났기 때문에 그에 대한 연금은 당시 실권자로 '조선총독'이나 다름없었던 청의 위안스카이를 염두에 둔 타협책이었다.[69]

유길준과 부들러의 중립화안

유길준은 귀국하자마자 연금 상태에서 '중립론'을 쓴 것으로 보인다. 강만길은 "'중립론'의 제목 밑에 '을유(乙酉)'라고 씌어 있어서 그것이 1885년에 기초된 논문임을 나타내고 있으므로 양력으로 계산하면 귀국한 지 15일 이내에, 음력으로는 한 달 반 이내에 씌어진 것으로 추산된다. 연금 상태에 있던 그가 귀국 후 늦어도 한 달 반 이내에 쓴 글이라면 아마 최초의 것이라 생각되고 또 세계를 일주하고 돌아온 그에게 있어서 조선의 중립화 문제가 그만큼 시급하고 중요한 문제로 인식되었던 것이라 할 수 있겠다"고 했다.[70]

유길준은 「중립론」에서 미국에 대해 "혹자는 말하기를 '미국은 우리나라와 우의가 두터우니 의지하여 도움을 받을 만하다'고 하지만 그렇지 않다. …… 미국은 우리의 통상 상대로서 친할 뿐이며 우리의 위급함을 구해주는 우방으로 믿을 바 못 된다"고 말했다.[71] 그가 생각한 대안은 조선의 중립국화였다. 조선을 중립화하는 것만이 조선의 자주독립을 지키는 길이며 중국이 그 조약의 주창자가 되도록 요청해야 한다는 것이다.[72]

조선의 중립화는 유길준의 귀국 10개월 전 독일부영사 부들러(H. Budler)에 의해서도 제기된 바 있었다. 부들러는 프로이센·프랑스전쟁(1871) 때 스위스의 예를 들며 조선의 영세중립선언을 주장했다.

그는 이 중립화론을 총영사 젬부시(Zembush)의 뜻을 받들어 한성조약 체결을 위해 전권대신으로 조선에 온 이노우에게 제안했다. 이노우에가 동의하자 부들러는 외무독판 김윤식에게 중립론을 전달했다. 김윤식은 이 사실을 청에 알리고 원문은 부들러에게 반환했다. 당시 조선 정부에 외교자문을 해주던 독일인 묄렌도르프도 조선이 독립을 유지하기 위해선 벨기에 같은 영세중립국이 되어야 한다고 김윤식에게 권고했다. 그러나 중립화 방안은 조선 정부에 의해 묵살되었다.[73]

유길준이 부들러의 중립화안을 참고했는지는 알 수 없지만 두 방안엔 차이가 있었다. 부들러의 중립론은 청일의 충돌을 무마하려는 데 주안점이 있었던 반면, 유길준의 중립론은 '탐욕스럽고 포악한 나라'인 러시아의 남하정책을 저지하고 아시아 여러 나라의 세력균형을 이룸으로써 조선의 안전을 얻으려는 데에 초점이 맞추어졌다.[74]

햇빛을 보지 못한 중립화론

유길준은, 중국은 조선이 어느 강대국의 침략을 받는 것을 미리 방지하기 위해서 조선의 중립화를 적극 지지할 것이라고 보았다. 그는 '중립론'의 결론 부분에서 "지난날에는 그 기회가 없었으나 지금에는 적당한 시기라 할 수 있다. 우리나라가 이 기회를 놓치지 않고 중국에 청하면 가히 이루어질 수 있을 것이다"고 전망했다.[75]

그러나 유길준의 처지는 결코 '적당한 시기'가 아니었다. 연금 상태에 있었기 때문에 그의 중립화론은 햇빛을 보지 못했다. '우리나라 최초의 국제정치학 논문'이라는 기록만 남기고 말았다.[76] 다만 김옥균 등 개화파 인사들에겐 영향을 미쳤던 걸까? 「중립론」이 쓰인 지 약 7개월 후인 1886년 7월 김옥균은 망명지 일본에서 고종과 청의 리훙장에게 보내는 서한을 일본 신문에 발표해 조선의 중립화를 논했다. 그는 리훙장에게 다음과 같은 질문을 던졌다.

"각하는 어찌 대청국 황제폐하를 천하의 맹주로 추대해 구미 각 대국에 공론(公論)을 선포하고 이들과 함께 연속하여 조선을 중립의 국가로 만들어서 만전(萬全)하고 위험이 없는 지역으로 만들지 않습니까?"[77]

훗날의 역사가 말해주지만 조선이 처해 있는 독특한 지정학적 상황에선 중립국화도 어느 정도 힘이 있어야 가능한 프로젝트였다. 그러나 조선의 문제는 힘 이전에 그런 문제의식조차 없었다는 데에 있었다. 19년 후 러일전쟁이 일어나서야 중립화를 선언하게 되지만 그땐 이미 너무 늦은 시점이었다.

제3장

근대화를 향한 움직임

01

전신 개통,
『한성주보』 창간

경인 전신업무 개시

갑신정변의 실패는 우편제도와 신문뿐만 아니라 전신(電信) 매체의 도입에도 부정적인 영향을 미쳤다. 당시 전신기를 구입하기 위해 미국에 주문했으나 갑신정변의 실패와 함께 모든 게 다 무산되었기 때문이다.[1]

1885년 4월 톈진조약에 따라 청군과 일본군이 모두 철수하자 조선은 군사상 힘의 공백상태로 남게 되었다. 청이 그 보완책으로 생각한 게 인천-서울-평양-의주에 이르는 서로전선(西路電線) 가설이었다.[2] 이 군사전선은 유사시 북양함대의 육군수송과 압록강변에서의 육군 즉각 투입을 가능케 했다. 청일전쟁이 터지자 일본에 압도당하고 말게 되지만 말이다.[3]

1885년 7월 중순경부터 시작하여 11월 19일(음력 10월 13일)에 완공

서울과 청을 연결하는 서로전선 가설과 운영을 위해 서울에 설치된 한성전보총국.

된 서로전선의 주체는 조선이 아니라 청의 전신국이었다. 1885년 6월에 청과 '의주전선합동'을 체결한 조선 정부가 한 일은, 인천-서울-평양-의주에 이르는 1060리(420여 킬로미터) 대공사에 연변의 조선 농민들을 무상 또는 거의 무상으로 강제동원시키는 것과, 전봇대 때문에 전선이 지나가는 근처 산판이 벌겋게 드러나도록 남벌하는 것이었다. 청은 완공된 이후에도 전선 유지비를 수탈했고 전신기능이 마비되었을 때 수리 또는 복구노동에 인력을 강제동원했다. 청의 관리와 순찰병의 착취 횡포도 극심했다. 오죽하면 동학농민전쟁 때 농민들은 "전보국이 민간에게 제일 폐가 되기 때문에 없애버리자"고 외쳤

겠는가.[4]

　서로전선 건설 와중인 1885년 9월 28일(음력 8월 20일) 조선 정부는 한성전보총국을 설치해 10월 3일(음력 8월 25일)부터 서울-인천 간 전신업무를 개시했다. 우리나라 최초의 전신 도입이다.(그래서 9월 28일을 우리나라의 전신 개통일로 삼고 있다) 서로전선의 건설 이후 정부는 일본의 요구로 서울과 부산 사이에 전선을 건설하기로 결정하고 1887년 3월 13일 한성전보총국과는 별도로 조선전보총국을 창설했다. 이 서울-부산 간 남로전선은 여러 가지 사정으로 공사가 늦어져 1888년 6월 1일부터 개통되었다.[5]

　남로전선은 자주권 회복 차원에서 조선 정부가 인천에 와 있던 독일회사 세창양행의 차관을 도입해 자체적으로 건설한 것이며 이때 축적한 기술이 3년 후 북로전선 가설을 가능케 했다는 주장도 있다.[6]

　남로전선 건설을 계기로 국문 전신부호도 마련되었다. 한글을 모스부호화하는 작업은 1884년경 김학우(1862~1894)에 의해 이루어졌으나 최초의 '전보장정(電報章程)'이 제정, 반포된 건 그로부터 4년 후인 1888년 5월 27일이었다.

『한성주보』의 창간

갑신정변 뒤 권력을 주도한 민씨 척족 정권은 그 동안 정부가 펼쳐왔던 개화정책을 중단시키고 억압했지만 김홍집·어윤중·김윤식 등 시무개화파가 정변 뒤 청국의 후원을 받아 정부의 요직을 점하면서 민씨 척족세력의 권력독점에 제동을 가함과 동시에 자신들이 의도하던 개혁을 조심스럽게 펼쳐나갔다.[7]

그런 개혁 가운데 하나가 바로 박문국을 재정비하여 신문을 다시 발간하는 일이었다. 『한성순보』가 폐간된 지 14개월 만인 1886년 1월 25일(음력 1885년 12월 21일) 새로운 신문이 창간되었으니 그게 바로 『한성주보』다.

『한성주보』의 창간엔 이노우에 가쿠고로의 역할이 컸다. 당시 이노우에는 갑신정변 시 일본으로 돌아갔다가 그 후 일본 『시사신보』 통신원의 자격으로 들어와 전 박문국 직원들과 함께 폐간된 『한성순보』의 복간을 시도했다. 이때 신문 복간에 대하여 각별한 관심과 호의를 가진 외아문 협판(協辦, 차관) 김윤식의 주선으로 고종의 윤허를 얻자 이노우에가 일본에서 새로 기계와 활자를 구입하여 본격적인 활동을 시작했던 것이다.[8]

이와 같은 창간 배경이 시사하듯이 『한성주보』는 시무개화파의 '대변지' 역할을 맡게 되었다.[9] 『한성주보』 창간호에 나오는 창간 취지문은 당시 박문국의 실질적인 운영 책임자였던 김윤식이 집필한 것으로 알려져 있는데 이 글은 『한성순보』가 조선 사회에 끼친 영향력이 적지 않았다고 긍정적으로 평가하고 갑신정변으로 비롯된 정치적 혼란이 수습되자 신문의 발행을 바라는 여론을 수렴하여 창간을 추진하게 된 것이라고 밝혔다.[10]

『한성주보』는 『한성순보』를 복간한 것에 지나지 않으나 불과 1년여 되는 동안 서양 문물이 더욱 유입돼 양력을 인정하여 발행 단위를 열흘에서 일주일로 바꿨다는 것과 그 밖의 몇 가지 진일보한 차이점을 갖고 있었다. 국한문 혼용이었으며 극소수나마 민간인 구독자도 존재했다는 것, 그리고 보다 근대적인 활자와 인쇄시설을 사용했고 신문 제작진도 증가했다는 것을 들 수 있다.

『한성주보』는 국한문 혼용과 더불어 한글 전용 기사를 싣기도 했는데 이는 '문자정책의 혁신'을 의미하는 '일대 용단'이었다. 그러나 국한문 혼용과 한글 전용 기사는 호가 거듭할수록 점차 줄어들어서 1년쯤 지난 후에는 『한성순보』와 마찬가지로 한문만 사용하는 신문이 되고 말았다.[11]

신문 내용에서도 다소의 변화가 있었다. 관의 소식은 물론 물가변동 등과 같은 사회 소식과 아울러 외국의 발달된 과학·문화 등을 보도했다. 『한성주보』는 『한성순보』의 국민계몽사상을 이어받긴 했지만 근대 신문을 개화의 무기로 사용하려던 개화파의 세력이 약화됨에 따라 봉건 군주에 충성하는 것을 우선시한 보수적 성격이 두드러졌다.

그러나 동시에 몇 가지 진전된 인식을 보여준 것도 있었다. 산업의 진흥을 위한 구체적인 방안을 제시한 것과 현실적인 세계정세관을 보여준 것 등이 그것이다. 그 이전엔 만국공법이나 각국 사이의 신의에 막연히 기대를 걸었으나 『한성주보』는 서구 열강의 침략적 본질에 대한 날카로운 통찰을 보여주었던 것이다.[12]

그러나 『한성순보』와 마찬가지로 『한성주보』도 식민화의 책임을 약소국에게 돌리는 사회진화론적 자세를 보였으며 약소국의 저항을 비난하기까지 했다. 예컨대 『한성주보』 1887년 4월 1일자 기사는 영국제국에 저항하는 아일랜드 독립운동가들을 폭도로 몰며 그들이 저항하는 이유로 섬사람들의 표독한 성격을 들었다.[13]

한국 최초의 신문광고

한국 최초의 신문광고는 1886년 2월 22일에 발행된 『한성주보』 제4

호에 실렸다. 광고주는 독일 무역상사 세창양행(Meyer and C.)이었다. 세창양행은 함부르크에 본사를 둔 무역상으로, 동양 전담 사업부를 홍콩에 두고 중국의 상하이와 톈진, 일본의 고베, 한국의 인천에 지점을 설치했다. 세창양행은 조선에 파견된 독일인 재정고문관 묄렌도르프의 도움으로 처음에는 바늘·염료·면포 등 생활용품을 판매하다 나중엔 강철·약품·기계·무기 등을 중개무역했다. 1890년대엔 광산 채굴권·철도매설권 등 본격적인 이권사업에까지 손을 댔다.[14] 1884년 인천에 건립된 세창양행 사택은 건평 173평에 일부 이층으로 된 벽돌집이었는데 이 건물이 우리나라 최초의 양옥으로 기록되고 있다.[15]

최초의 광고 제목은 '덕상 세창양행 고백(德商 世昌洋行 告白)'이었다. 세창양행이 우리나라에서 사려는 물품은 호랑이 가죽을 비롯하여 수달피, 검은담비·흰담비·소·말·여우·개 등의 가죽과 사람의 머리털, 소·말·돼지의 갈기털, 꼬리·뿔·발톱, 조개와 소라, 담배, 종이, 옛날동전 등이었으며 팔려는 물품은 자명종·유리·서양 단추·서양 직물·의복의 염료 등이었다.[16]

'고백'이 아니라 '광고'라는 말을 사용한 광고를 처음 낸 건 일본 상인이었다. 1886년 6월 28일 『한성주보』(제22호)에는 오사카의 야마자키 쇼지로의 염색에 관한 책 광고와 인천·부산·원산에서 장사하던 하마다 상점의 광고에 광고란 말이 사용되었다.[17] 하마다 상점의 광고는 당시 외국 물건의 수입이 얼마나 활발했는지 짐작하게 해준다.

"일상광고(日商廣告). 양목(洋木) 양사(洋紗) 각색양은(各色洋緞) 성적분(成赤粉) 정동(丁銅) 화주동(和州銅) 백동(白銅) 미(米) 율(粟) 곡물(穀物) 차외(此外) 무론모빈도매산매(無論某貧都賣散賣). 폐점이 귀국에서 개시(開市)함으로부터 먼저 3항구(三港口)에 개점하여 점점 흥왕(興旺)하니 진실로 귀국 부인네 자주 돌아봄을 힘입으니 극히 감사하며……"

변신원은 "이처럼 수입물품이 다량 증가하고 이에 대한 홍보가 적극 이루어진 것은 조선의 근대화가 외압에 의해 이뤄졌다는 사실과 무관하지 않다"며 다음과 같이 말했다.

"일본이 조선 경제의 주도권을 잡으면서 조선의 자본 축적에는 무관심했고 다만 그들에게 알맞은 상품 판매 시장인 동시에 원료 공급지로 생각한 결과 구미제품의 중개상업에만 전념했던 것이다. 이와 같은 수입물품들이 여성의 삶에 끼친 영향은 무엇인가. 옷감의 예를 들어보자. 원래 삼베·모시·명주·무명의 직조는 여성들의 가내수공업으로 주요 수입원 중의 하나였다. 그러나 서양 면제품은 그 파급력이 대단해 1890년대에는 시골의 초동들까지 입게 됐다."[18]

『한성주보』는 조선과 같은 처지에 있는 아일랜드 독립운동가들이 영국에 저항하는 이유로 섬사람들의 표독한 성격을 들었다지만 당시의 조선에게 정작 필요한 건 바로 그런 표독성이었을 것이다. 늦게 개방하는 바람에 벌어질 수 있는 부작용은 이미 예견되었던 것이지만 그 부작용을 극복해낼 수 있는 역량은 관민(官民) 모두에게 없었던 것이다. 양반계급의 민중 착취로 인한 국가의식의 부재라고나 할까. 조선인들이 표독하지 못해 겪어야 할 시련은 앞으로 계속 거세게 밀려든다.

02

배재학당 · 이화학당 개교

육영공원의 설립

1886년 서울 정동에 한국 최초의 근대식 공립 교육기관인 육영공원(育英公院)이 설립되었다. 육영공원이 설립된 다음 해인 1887년 성균관은 교육제도의 개혁이 이루어져 경학원(經學院)이라는 새로운 교육기관으로 탈바꿈했다.

육영공원은 좌원과 우원 두 반을 두고 헐버트(H. B. Hulbert, 1863~1949) · 길모어(G. W. Gilmore) · 벙커(D. A. Bunker) 등 세 사람의 미국인 교사를 초빙해 신식 교육을 했다. 이들은 뉴욕 유니온신학교 출신으로 조선 정부의 요청과 미국 정부의 추천에 의해 내한했다. 좌원에는 젊은 문무관리를 뽑아 통학케 하고 우원에는 15~20세의 양반 자제 중 준재를 뽑아 기숙케 하면서 가르쳤다. 처음 총인원은 서른다섯 명으로 모두 양반 고관 자제들이었으며 교과서는 영어로 쓰인

것이었고 교사들은 영어로 강의했다.[19]

그러나 1회생 서른다섯 명은 영어를 몰라서 알파벳부터 배웠으며 강의는 통역을 두고 이루어졌다. 학교 측은 학생들이 영어를 잊지 않도록 여름방학에도 닷새마다 등교시켰다. 영의정의 아들이 시험을 보았는데 교사들에게 높은 점수를 매겨달라고 청탁했다가 거절당해 체면을 구겼다는 일화도 있다. 육영공원은 1894년 학생들의 불성실한 수업 태도로 말미암아 영어학교로 개편되면서 폐지되었다. 육영공원의 엄격한 교육 방법이 게으른 선비들의 생활습관과 일치하지 않은 데다 관직을 얻거나 승진을 하는 데에 직접적인 도움을 주지 못했기 때문이었다.[20]

근대 교육을 평가함에 있어서 조선인 스스로 세운 원산학사(1883)와 육영공원의 의미를 간과해선 안 되겠지만 사회적으로 큰 영향력을 행사한 건 미국 선교사들이 세운 교육기관이었다. 이와 관련 이주영은 근대사 교과서들이 미국 선교사와 개신교세력의 역할을 경시하고 있다고 지적했다.

"예를 들면 금성교과서의 경우 제중원을 언급하면서도 알렌의 이름은 빼고 배재학당과 이화학당을 언급하면서도 아펜젤러와 스크랜턴의 이름은 빼고 있다. 숭실학교를 세운 베어드, 경신학교를 세운 언더우드, 그리고 교육과 독립을 도운 호머 헐버트의 이름도 빠져 있는 경우가 대부분임은 물론이다. 그리고 그들이 세운 학교나 교회의 사회적 기여에 대해서도 아예 서술되지 않거나 설사 언급되었다 할지라도 그 중요성에 비해 소홀히 다루어진 것은 물론이다. 그와 같은 학교들이 배출한 인재들의 비중을 감안할 때 그와 같은 균형이 잡히지 않은 서술은 분명히 객관적인 것이라고 볼 수 없다. 그 대신 사회적 기여도가 확인되지 않은 원산학사가 한국인들에 의해 세워진 학교라는 이유만으로 교과서마다 빠짐없이 상세히 언급되고 있는 사실이 그와 같은 편파성을 잘 보여주고 있다."[21]

배재학당의 설립

개신교는 교육선교에 열을 올렸다. 아펜젤러 부부는 선교를 위해 교육의 필요성을 느끼고 헌 집 한 채를 매입해 작은 교실을 만들어 두세 명의 학생을 모아 영어를 가르치기 시작했다. 아펜젤러의 일기엔 "나는 지난 8월 3일 월요일에 이겸라와 고영필이라고 하는 두 한국인에게 교육을 시작하였다"라고 쓰여 있다. 이로써 배재학당은 비공식적으론 1885년 8월 3일 문을 연 셈이다.[22]

1885년 11월 아펜젤러는 조선주재 미국대리공사 폴크(George Foulk)를 통해 고종으로부터 학교 설립허가를 얻어내는 데에 성공했다. 1886년 2월엔 고종으로부터 '배재학당(培材學堂)'이라는 교명까지 하사받았다. '배재' 란 당시에 흔히 쓰이던 '배양인재(培養人材)'라는 말에서 따온 것이었다.[23] 배재학당은 1886년 6월 정식 학교로 개교했다. 처음에는 두 명이었지만 곧 영어를 배우고자 하는 학생들이 몰려들어 가을에는 학생 수가 서른 명가량으로 늘어났다.[24]

아펜젤러의 관찰에 따르면 "한국인들 사이에 영어를 배우려는 열정이 강합니다. 새로운 언어에 대한 부족한 지식이 출세의 걸림돌이 되어왔으며 지금도 그런 형편입니다. 한국인에게 '왜 영어를 배우려 하시오?' 하고 물으면 거의 공통된 대답이 '벼슬을 얻기 위해서요' 라고 합니다."[25]

배재학당 신축 공사 모습.

배재학당은 1887년 3월에 한국 최초의 르네상스 양식의 교사(校舍)를 신축했는데 그 비용은 미국 감리교 선교부가 보낸 4000달러로 충당했다. 아펜젤러는 이 새 교사의 반지하실에 산업부를 두어 가난한 학생들이 학비를 벌면서 공부할 수 있게 했다. 학생들은 처음에 붓을 매고 미투리 삼는 일을 했으나 곧 실패했다. 그해 12월에 올링거(F. Ohlinger) 목사가 부임하여 1888년 1월부터 삼문출판사(Trilingual press)라는 인쇄소를 경영하게 되면서 학생들은 그곳에서 일자리를 얻게 되었다. 이 출판사는 국문·한문·영문의 세 가지 활판시설을 갖추고 있었기 때문에 그렇게 이름을 붙인 것이었다. 이후 성서 번역이 진전됨에 따라 많은 부수의 성서를 인쇄하게 되고 주일학교용 교재나 일반 인쇄물도 주문을 받게 되어 학생들의 일거리가 많아졌다.[26]

당시 한국인을 상대로 전도하는 일은 법으로 금지되어 있었지만

1887년 12월 25일 배재학당 교실에선 성탄절 축하 예배가 열리기도 했다.[27] 아펜젤러는 배재학당의 첫 연례보고서(1888~1889)에서 "배재학당의 목적은 조선 학생들에게 서구의 과학과 문학, 교육과정에 대한 철저한 훈련을 제공하는 것이지만 현재의 조선의 학교체제의 본질적인 특성과 결합시킨 것이다. 이 목적에 따라서 비록 수업의 대부분이 영어를 전달매체로 삼고 있으나 중국 고전이 가장 중요한 비중을 차지하고 있으며 모든 학생은 의무적으로 중국 고전과목을 공부해야 한다"고 밝혔다.[28]

이화학당의 설립

배재학당 개교와 비슷한 시기인 1886년 5월 31일 미국 감리교 여성 선교부가 파견한 선교사 메리 F. 스크랜턴 부인이 조선 최초의 여자학교인 이화학당을 개교했다. 이듬해 고종은 '이화학당'이란 이름을 짓고 '이화(梨花)'라는 현판까지 내렸다. '이화'의 근거에 대해선 여러 설이 있지만 학교 주변에 배꽃이 많아 고종이 '배꽃 친 골에 세운 학당'이란 뜻에서 그리 명명했을 것이라는 설이 유력하다. 지금의 이화여대는 "1886년 5월 31일을 이화의 창립일로, 다시 말하면 한국 여성 근대 교육의 원년으로 기념"하고 있다.[29]

남자학교에 비해 여자학교는 비교할 수 없을 정도로 큰 난관을 뚫어야 했다. 무엇보다도 학생을 구하기가 어려웠다. 스크랜턴 부인은 한국에 온 지 1년이 지나도록 학생을 구할 수 없었는데 그 이유인즉슨 양반집 딸들은 내외가 심해 접근조차 할 수 없었고 가난한 집에서는 딸의 일손이 아쉬워 학생으로 내놓으려 하지 않았다. 그래서 이화학

당 개교도 단 한 명의 학생으로 출발할 수밖에 없었다.[30]

첫 학생인 김 씨는 양반의 소실로 영어를 배워 왕비의 통역을 맡겠다는 야심을 갖고 있었는데 3개월 후 병을 얻어 학교를 그만뒀다. 두 번째 학생은 너무 가난해서 어머니가 맡기고 간 열 살짜리 꽃님이였는데 스크랜턴 부인은 꽃님이 엄마에게 다음과 같은 서약서를 써줘야 했다.

"미국 예수교 선교사 스크랜턴 부인은 조선인 박 씨와 다음과 같은 계약을 맺고 이것을 위반한 경우에는 어떠한 벌, 어떠한 요구도 받아들이기로 한다. 우리는 당신의 딸 복순을 인수하여 기르고 교육하지만 당신의 허가가 없으면 서양은 물론 조선 안에서 10리도 데리고 나가지 않을 것을 서약한다."[31]

세 번째 학생은 호열자에 걸려 성 밖에 버려졌던 네 살짜리 별단이였다. 네 번째 학생 김점동은 서울 정동의 가난한 집안에서 태어났는데 그녀의 아버지가 외국 선교사를 돕는 일을 하는 관계로 이화학당에 입학했으며 훗날 미국 유학을 가 한국 최초의 여자 의사가 되었다. 바로 박에스더다.[32] 김점동은 나중에 스크랜턴 부인을 처음 만났을 때의 느낌에 대해 다음과 같이 말했다.

"내가 열 살 때 스크랜턴 부인을 만나러 가게 되었다. 매우 추운 날씨여서 부인이 나를 난로 가까이 오라고 했는데 나는 부인이 나를 난로에 잡아넣어 태워버릴 것만 같아 두려웠다. 그러나 부인의 친절하고 아름다운 얼굴이 그런 생각을 떨쳐버리게 하였다."[33]

이화학당은 개교 직후인 1886년 8월부터 학생들에게 교복을 입혔는데 첫 교복은 러시아제 무명의 붉디붉은 다홍색 치마저고리였다. 밖에선 도저히 입고 다니기 어려운, 당시로서는 엽기적인 색상이었다. 왜 그랬을까? 이규태는 "그 제복을 정한 이유가 눈물겹다"며 다음과 같이 말했다.

"당시 여학생은 구하기도 어렵고 또 애써 구해놓으면 도망치기 일쑤였다. 그래서 마치 죄수들에게 푸른 수복(囚服)을 입혀 도망칠 수 없게 하듯이 일단 학당에 들면 도망칠 수 없게끔 이질적인 복색으로 제복을 만들어 입혔다고 한다. 한국 최초의 제복은 이렇게 비극적으로 탄생되고 있다."[34]

그런 비극에 이어 희극도 벌어졌다. 그런 교복을 입혔을 때의 이화학당 학생 수라고 해봐야 네 명이었는데 그 교복 입은 모습을 구경하겠다고 구경꾼들이 학당 밖에 몰려들었다고 한다. 이어 더욱 희극적인 사건이 일어났다. 당시 정삼품 이상 종이품까지의 관복은 붉은색, 정승급인 정일품은 자색 관복이었던바 이화학당의 붉은 교복이 그 색을 침범했다 하여 양반사회에서 물의가 일어난 것이다. 이화학당의 감독관청인 한성판윤에게 "서양 오랑캐들이 금복(禁服)을 입고 존상(尊上) 위에 올라앉으려 하니 망국지조(亡國之兆)라 통탄하지 않을 수 없다"는 내용의 연판장이 들어왔다고 한다. 얼마 후 이화학당의 교복이 옥색 치마에 흰 저고리로 바뀌었던 걸로 미루어보아 그런 위협이 먹혀든 것 같다.[35] 시대에 뒤떨어져도 한참 뒤떨어진 양반들의 이런 행태야말로 진짜 '망국지조'가 아닐 수 없었다.

1886년 5월 11일 틈나는 대로 한글을 공부했던 장로교 선교사 언더우드는 정동에 고아들을 모아 기숙학교 형태의 '언더우드학당'을 설립했다. 학생 한 명으로 시작한 이 학교는 예수교학당·민로야학당·구세학당 등으로 불리다가 1897년 10월에 문을 닫은 뒤 1901년 1월에 종로5가 연동교회 부속건물에서 예수교중학교로 다시 태어난 뒤 1905

년에 경신학교로 개칭되었다. 언더우드학당의 초기 학생 중에는 우사 김규식이 있었고 나중에 도산 안창호도 이 학교에서 수학하게 된다.

또 1887년 6월 북장로회의 여선교사 엘러스(Annie J. Ellers)는 정동여학당을 설립했다. 정동여학당도 길 맞은편의 언더우드학당과 마찬가지로 처음에는 고아 한 명을 데리고 시작한 고아원학교였다. 1895년 10월 지금의 종로5가 연못골(연지동)로 교사를 이전해 연동여학교로 불리다가 1909년 정신여학교라는 이름을 갖게 되었다.[36]

당시 여성 교육을 위해 남성 교사를 채용하는 건 불가능했기 때문에 이화학당은 1889년 4월부터 국문 및 한문 교사로서 이경숙이라는 여성을 채용했다. 한국 최초의 여교사인 셈이다.[37]

기독교가 선도한 출판문화

개신교는 선교의 주요 방법으로 출판에 의존하면서 이 시기 출판문화의 발전에 크게 기여했다. 아펜젤러는 상하이에서 문서 선교 사업에 종사하고 있던 영국인 감리교 선교사 올링거 목사를 초빙해 1889년 배재학당 안에 인쇄시설을 갖추고 삼문출판사를 설립했는데 1893년 올링거가 한국을 떠나자 삼문출판사는 감리교 선교사 헐버트(Homer B. Hulbert, 1863~1949) 목사에게 맡겨졌다. 삼문출판사는 1900년까지 25만여 권의 서적을 인쇄·출판했으며 배재학당·이화학당 등 기독교 계통 학교의 교과서를 출판했다.[38]

또 삼문출판사는 1889년 격주간지 『교회』를 발간했으며 1892년 1월부터 영문 월간지 『코리언 리포지터리』를 발간했다. 『코리언 리포지터리』는 '한국에서 발행된 최초의 근대 잡지'였으며 발행 주체가 한국인인, '한국에서 발행된 최초의 근대 잡지'는 1896년 11월에 독립협회의 기관지 형식으로 발간된 격주간지 『대조선독립협회보』였다. 『코리언 리포지터리』는 1년 동안 발행되다가 일시 중단을 거쳐 1895년 1월에 속간, 1898년 12월 종간, 이후 소책자의 형태로 나오다가 1899년 6월에 완전히 사라졌다.

『코리언 리포지터리』의 부편집인을 맡았던 헐버트 목사는 1901년 영문 월간지 『Korea Review』(1906년 12월 폐간)를 창간했다. 삼문출판사는 정부의 박문국과 민간 인쇄소인 광인사에 이어 세 번째 인쇄소였으며 1900년 감리교출판사로 이름이 바뀌었고 1902년엔 배재학당에서 정동감리교회로 옮겨 사업을 확충했다.[39]

삼문출판사에 이어 1891년 4월 영국 성공회에 의해 성공회출판사가 설립되었다. 1900년 재정난으로 문을 닫자 책임을 맡았던 평신도 선교사 하지(J. W. Hodge)는 자신이 직접 '서울프레스하지회사'라는 출판사를 설립하여 성공회의 선교 간행물들을 계속 출판하는 동시에 『영한사전』 등 일반 서적도 적극 출판했다.[40]

천주교는 이미 1859년과 1864년 목판인쇄소를 설립해 비밀리에 천주교 교리서를 발간했으며 1880년대에 일본에 있는 활판인쇄소를 이용해 한글 교리서를 인쇄했다. 1886년 조불조약이 체결되면서 천주교의 활동이 자유롭게 되자 1888년 일본 나가사키에 있던 한글 인쇄시설을 서울로 옮겨왔다.[41]

천주교 · 개신교의 갈등

1882년 조미수호조약에선 기독교 포교권이 삽입되지 않았으나 1886

년 6월 조불수호조약에서 기독교 포교권이 인정되어 미국에게도 이 특권이 자동적으로 균점되었다. 그러나 정식 인정은 아니었고 천주교회가 조불수호조약에 '교회(敎誨)'란 글을 묘하게 삽입시킨 편법이었다. 즉, 제9조는 프랑스인이 조선에 와서 "학습을 하거나 혹은 교회(敎誨, 잘 가르쳐서 잘못을 뉘우치게 함)할 수 있다"고 한 것이다.[42]

조불수호조약 이후 신부들은 그동안 숨겨두었던 사제복을 입고 거리에 나서면서 공격적인 선교활동에 돌입했다.[43] 천주교와 개신교 간의 갈등은 불가피한 것처럼 보였다. 1886년 5월 프랑스 대표가 도착하자 고종의 통역은 앨런에게 천주교도들에 대해 여러 가지를 물었다. 앨런은 그것이 고종에게서 나온 질문이란 걸 알았다. 앨런은 자신의 일기에 "나는 이 문제를 다루는 것이 내 임무라고 생각했다. 그래서 중국·일본·멕시코·에스파냐 등지에서의 천주교의 활동을 알리고자 했다"며 다음과 같은 답을 주었다고 기록했다.

"미국 사람은 외부세력에 간섭받지 않는 독립된 국민입니다. 따라서 우리나라를 위축시키는 어떠한 것에도 불찬성입니다. 우리가 천주교를 믿는다면 우리 대통령도 교황의 권한에 들어가게 될 것이니 우리로서는 그따위 짓은 용서치 못합니다. 우리가 받아들일 수 없는 또 세 가지 다른 점이 천주교에는 있습니다. 첫째 우리는 우주를 창조하신 하나님밖에는 어떠한 사람이나 또는 우상에 대해서도 기도를 드리지를 않습니다. 그런데 천주교에서는 동정녀 마리아라는 여인, 즉 그리스도의 어머니에게 기도를 드리고 또 그를 예배하고 있는 것입니다. 둘째로 우리는 하나님밖에는 아무도 죄를 사할 수 없다고 믿는데 그들은 이 권능을 부패한 신부들에게 부여함으로써 천주교도는 누구나가 아무리 사적인 생각이라도 모두 그들에게 고해하지 않을 수 없게 하고 있습니다. 셋째로 신부들도 다른 사람들이나 마찬가지로 꼭 같은 신체와 감정을 가진 사람들이요 내시가 아닌 바에야 여인네들이 그들을 찾아가서 내밀한 생각과 죄과를 고해해야 한다는 것은 안전한 일이 못된다고 보는 것입니다."[44]

개신교의 선교 차별화 전략도 천주교와의 갈등을 잉태하고 있었다. 그 전략 중의 하나는 미국과 프랑스의 비교평가였다. 윤승용은 "개신교 선교부는 천주교와 개신교의 차별성을 의도적으로 강조하였다"며 다음과 같이 말했다.

"개신교 선교사들은 천주교가 제국주의 프랑스의 종교인 데 반하여 개신교는 한국 사회에 대해서 아무런 이해관계가 없는 미국의 종교라는 사실을 공공연하게 강조했을 뿐만 아니라 개신교는 천주교와는 달리 근본적으로 종교와 정치를 분리된 것으로 파악한다는 종교분리의 입장을 취한다는 점을 강조했다. …… 이로써 전통종교와의 경쟁이 문제가 된 것이 아니라 양자 간에 치열한 경합이 시작되었다."[45]

개신교 선교사들은 사치스럽거나 적어도 안락하게 사는 반면, 천주교 선교사들은 조선의 평민들 속에서 함께 사는 방식을 취했다. 이 또한 개신교에겐 불편을 초래할 수 있는 점이었는데 아더 브라운은 미국 선교사들의 안락한 생활을 변호하면서 프랑스 신부들은 미국 선교사들보다 더 낮은 계층 출신의 사람들이라고 지적했다.[46]

조선인들에게 그 점을 알려야 할 것인가? 아무래도 좋았다. 조선인들은 안락과 사치를 동경했지 결코 그걸 부정적으로 보진 않았다. 천주교회는 조불수호조약 이후 서울 명동에 엄청난 크기의 성당을 짓기 시작함으로써 위엄을 갖춰가기 시작했는데 이는 1888년 이른바 '영아 소동'의 한 빌미를 제공하게 된다.

03

경복궁 건청궁을 밝힌 전기

건청궁을 밝힌 100촉짜리 전구 두 개

최한기는 1866년에 쓴 『신기천험(身機踐驗)』에서 전기의 존재를 최초로 알렸지만 그걸 읽은 사람은 얼마나 될 것이며 읽었다 한들 그게 무엇인지 짐작이나 할 수 있었으랴. 전기는 1880년대에 들어서야 세인의 입에 오르내리게 되었다.

1883년 미국에 파견된 '보빙사절단'은 발전소와 전신국을 방문하면서 전기의 위력에 감탄했으며 에디슨전기회사를 찾아가 전기등에 대한 주문 상담을 벌이기도 했다. 그들은 귀국 후 고종에게 전기에 대해 보고하고 궁궐에 전등 설치 허가를 받아냈다. 에디슨사에 전등 설비 도입을 발주했으나 이 전등사업은 갑신정변으로 중단되었다.[47]

1887년 4월 경복궁의 건청궁(왕의 침전)에 처음으로 100촉짜리 전구 두 개가 점등되었다. 이는 경복궁 전체에 750개의 16촉짜리 전등을 설치하고 이에 필요한 발전설비를 갖추는 사업의 일환이었다. 한 상궁은 점등식의 경험을 기록으로 남겨두었다.

"향원정의 취향교와 우물 사이의 중간 연못에 양식 건물이 세워지고 건물 안에는 여러 가지 기계가 설치되었다. 그 공사는 서양인이 감독하였다. 궁내의 큰 마루와 뜰에 등롱(燈籠) 같은 것이 설치되어 서양인이 기계를 움직이자 연못의 물을 빨아 올려 물이 끓는 소리와 우렛소리와 같은 시끄러운 소리가 났다. 그리고 얼마 있지 않아 궁전 내의 가지 모양의 유리는 휘황한 불빛이 대낮 같이 점화되어 모두가 놀라움을 금치 못했다. 밖의 궁궐에 있는 궁인들이 이 전등을 구경하기 위해 어떤 핑계를 만들어서든 내전 안으로 몰려들었다."[48]

물불 · 묘화 · 덜덜불 · 건달불

그러나 상궁의 묘사보다는 아무래도 김인숙의 글이 더 실감나는 것 같다.

"수많은 대신들이 모여 잠시 후에 벌어질 '천지개벽'의 순간을 숨죽여 기다리고 있다. 곧 향원정 연못의 한가운데에서 물 끓는 소리가 들리기 시작하더니 천지를 진동하는 우렛소리 같은 게 울리고 믿을 수 없게도 깊은 봄밤이 눈부신 대낮으로 밝았다. 입을 벌린 채 허공을 바라보는 대신들의 모습 위로 더 이상은 어둠 속에 몸을 감출 수가 없게 된 봄꽃들이 축제의 한순간처럼 꽃잎을 흔든다. 향원정 연못의 물이 증기로 변한 후 놀랍게도 한밤중의 빛으로 솟아난 이 조선 최초의 전등 점화 순간은 경복궁의 밤을 밝힐 뿐만이 아니라 조선반도에 깃든 어둠마저 순식간에 깨어나게 할 듯했다. 그러나 이 놀라운 빛이 어디로부터 건너와 무엇을 밝히고 있는 것인지 알 수 있는 사람은 많지 않았다. 최첨단의 전등이 밝혀졌어도 난세는 여전히 그늘 속에 있었다. 그리고 그러한 사회의 청년들이란 시대를 비껴 걷는 방법을 알지 못한다. 그들은 시대의 정중앙을 걷는다. 벼랑에 서 있는 나라의 모든 것이 그들의 어깨에 옮겨져 있었으나 난세의 무게보다 더욱 무거운 것은 그들이 담당해야 할 미래의 무게였다."[49]

전기 불빛은 궁 밖으로 새나가기 마련이었으니 궁 밖의 백성인들 어찌 놀라지 않을 수 있었으랴. 그들은 궁중의 담벼락 근처로 몰려들었다. 유길준이 1883년 미국 뉴욕의 에디슨전기회사를 관람하고 나서 "우리는 인간의 힘으로서가 아니라 마귀의 힘으로 불이 켜진다고 생각했다"고 토로했듯이 전깃불을 본 사람들은 충격으로 할 말을 잃었다.[50]

에디슨전기회사는 향원정 연못의 물을 끌어올려 발전기를 돌렸다. 그래서 사람들은 물을 먹고 켜진 불이라 하여 '물불'이라고도 하고 '묘화(妙火)'라고도 불렀다.[51] 발전기 소리가 어찌나 시끄러웠던지 '덜덜불'이라고도 했다. 이 수력발전의 전등은 제멋대로 켜졌다 꺼졌다 한 탓으로 '건달불'이라는 별명도 얻었다. 왕과 민비는 이 '건달불'을 밤새도록 켜놓고 광대들을 불러다가 놀이를 벌였는데 이것을 '아리랑타령'이라고 불렀다. 연못의 물이 수력발전으로 뜨거워진 탓으로 물고기들이 떼죽음을 당하자 '증어망국(蒸魚亡國)'이라는 비난이 일어 전등 켜기는 한동안 중단되었다.[52]

『전기 100년사』의 재발견

1990년 한국전력이 발간한 『전기 100년사』에 따르면 당시 경복궁에 설치됐던 발전설비는 당시 동양에서 가장 우수했던 시설이었으며 16촉광의 백열등 750개를 점등할 수 있었다. 또 전등설비는 미국의 에디슨 전등시스템에서 제작한 것으로 1887년 설치 당시 동양에서 가장 훌륭한 시설이었으며 도입 가격은 당시 가격으로 2만 4500달러라는 사실이 밝혀졌다.

또 전등 발명자인 에디슨이 1884년 당시 뉴욕주재 조선명예총영사 역할을 하고 있었던 프레이저를 통해 조선에서의 전등 및 전화사업 독점권을 신청했다는 기록도 처음 발견됐다. 제2전등소의 설치, 운영도 새로 밝혀졌다. 경복궁 발전설비가 노후화함에 따라 1894년 5월 30일 구 국립중앙박물관 자리에 제2전등소를 설치, 창덕궁 등에도 전기를 공급했다는 것이다. 이때 설치한 설비는 16촉광의 백열등 2000개를 점등할 수 있는 것으로, 경복궁 설비보다 용량이 컸으며 도입 가격도 4만 7000달러였다고 한다.[53]

04

주미한국공관 설립

위안스카이의 방해공작

1887년 11월 12일(음력 9월 27일) 미 해군함정 오마하(Omaha)호는 조선의 주미전권대신 박정양 일행(이완용·이하영·이상재·이채연)을 태우고 인천항을 출발했다. 미국에 공사관을 설치하기 위한 임무였다. 고종은 미국에 가는 외교관들을 안내하도록 앨런에게 '공사관 외국인 서기관'이라는 직함을 주었다. 급료는 장로교에서 지급한 것의 2배가 넘는 3000달러였다. 다른 선교사들과의 싸움에 지친 앨런은 이를 수락하고 박정양 일행의 미국행에 동행했다.[54)]

위안스카이는 조선의 이런 독자적 외교에 강하게 반발해 50일 전 떠나려고 했던 박정양 일행의 미국행을 좌절시킨 바 있었다. 결국 미국 정부의 항의로 위안스카이가 물러서긴 했지만 여기엔 앨런도 모르는 굴욕적인 조건이 붙어 있었다. 이른바 영약삼단(約三端)으로, 외교고문 데니가 리훙장을 찾아가 얻어낸 승인 대신 조선 정부가 지켜야 할 세 가지 조건이었다.

그 조건은 첫째, 조선공사가 주재국에 가면 먼저 청공사관에 알려야 하고 둘째, 모든 외교모임에서는 반드시 청공사의 아랫자리에 앉아야만 하며 셋째, 중대 사안이 있을 경우 먼저 청공사와 의논해야 한다는 것이었다. 그런 식으로 위안스카이는 영국·독일·프랑스 등 유럽 5개국에 조선 외교관을 파견하는 계획을 방해하고 좌절시켰다.[55]

앨런의 일기에 나타난 박정양 일행의 모습

한국인 열 명을 데리고 배를 탄 앨런은 미국으로 가는 도상에서 쓴 일기에 한국인 일행에 대해 저주에 가까운 험담을 했다. 읽기에 민망할 정도다. 그는 "공사는 약하고 우둔한 친구"라고 했다. 그러나 그가 분노하는 건 주로 '매너'에 관한 것이다.

"그들은 일등석 티켓을 다섯 장만 가지고 있었지만 다 같이 일등석 객실에서 머물렀고 객실에서 식사도 같이했다. 나는 하는 수 없이 일등석 티켓을 두 장 더 구입해야 했다. 싸돌아다니기를 좋아하는 강진희와 더러운 사내 이상재는 하인에게 식사를 타오게 해서 박정양 공사와 함께 객실에서 식사했다. 번역관 이채연은 얼간이였고 영어를 한마디도 할 줄 몰랐다. 그나마 이하영과 이완용이 일행의 나쁜 인상을 상쇄해주었다."[56]

앨런은 모두가 '참을 수 없을 만큼 불결'하며 그들의 '씻지 않은 몸'에서 '무시무시한 냄새'가 난다고 불평하면서 다음과 같이 말했다.

"그들은 변을 볼 때에 변기에 서서 볼 것을 고집하여 항상 변기를

초대 주미공사 관원들의 모습. 앞줄의 가운데가 박정양 공사이다.

더럽히고 심하게 그들의 발자국을 남긴다. 방에서는 계속 더러운 냄새가 풍겼다. 그것은 연상 담배를 피우는 데다가 목욕을 하지 않음으로써 나는 몸 냄새, 담배 냄새 등이 코를 찌른다. 배에 있는 사람들은 대단히 친절했지만 그러나 내 자신도 그러했을 것이지만 그들을 쫓아버릴 수만 있다면 매우 고마워할 처지에 있었다. 나는 매일 아침 규칙적으로 공사를 보러 가서 그를 깨운다. 그들의 방에는 오래 머물러 있을 수가 없다. 그들의 옷에서 이를 지적해주어야 하기 때문이다. 옷에서는 이상한 냄새를 풍기고 있지만 그들은 별로 대수롭지 않게 여기는 것 같다."[57]

앨런의 일기는 계속된다.

"샌프란시스코에 있는 팰리스호텔에 도착하자 그들은 한 작은 방에 들게 되었다. 상당히 큰 일행에 대해서는 방이 작다고 그들은 생각했다. 그런데 놀랍게도, 그리고 두렵게도 방이 움직이기 시작했다. 그들은 몸을 떨었고 외국 땅에서 자기들을 괴롭히기 위하여 찾아온 지진이라고 소리쳤다. 승강기가 어떻게 운영되고 있는가를 설명했으나 그 뒤로 한국인들은 계단을 사용했다."[58]

앨런은 이렇듯 불평을 했지만 분노까지 한 건 아니었다. 그의 분노는 워싱턴에 도착해서 터졌다. 박정양 일행이 청국이 요구한 조건을 받아들였다는 사실을 비밀로 한 게 드러난 것이다. 미국에 도착해 박정양이 청국공사관을 먼저 방문하려고 하자 앨런은 사임하겠다고 협박하면서 그걸 반대했다. 미국 대통령에게 신임장을 바치기 전날인 1888년 1월 12일에 일어난 일이었다. 박정양은 앨런이 더 필요했기에 앨런의 말을 따랐다. 다음 날 클리블랜드(S. G. Cleveland) 대통령에게 신임장을 봉정했지만 박정양은 내내 청국의 보복에 대한 불안에 떨어야 했다.[59]

다시 앨런의 일기를 보자.

"백악관에서의 첫 번째 접견 때에도 똑같이 곤란이 있었다. 박정양은 제복을 입은 대미국 국왕 앞에서 엎드려 절할 것으로 생각하고 있었다. 그러나 클리블랜드는 평민적이고 거만을 떨지 않았고 또 수수한 옷차림을 했기 때문에 박정양은 그를 대통령으로 확인하지 못했었다. 그리하여 어쩔 줄 모르고 있는데 다시 두 번째로 당황하게 되었다. 즉 왕의 권위 앞에 당연히 해야 될 절이 허용되지 않았다. 한국에서 온 전권공사는 완전히 어리둥절해져 목소리를 내지 못했고 대사를 잃어 이야기는 요점에서 벗어나 있었다."[60]

박정양·이하영·이완용

6개월 후 『뉴욕 헤럴드』에 조선 외교관의 밀수 기사가 실렸다. 박정양은 앨런에게 "가장 천하고 비굴하면서도 비참한 상태에서" 부정행위를 고백했다. 그는 외교관의 면세권을 이용하여 세 상자의 면세 여송연을 갖고 들어갔고 링컨대학에 유학하고 있던 한국 학생 이계필이 그것을 가져가 필라델피아에서 몰래 팔았는데 이게 발각된 것이었다. 박정양의 수행원 중 한 사람이 저지른 일 정도로 사태는 간신히 수습되었다.[61]

그렇지만 아직 위안스카이의 보복이 남아 있었다. 그는 박정양의 귀국과 처벌을 요구했다. 결국 박정양은 위안스카이의 압력 때문에 1888년 10월 귀국했다. 고종이 박정양을 보호하려고 애를 썼지만 위안스카이의 집요한 보복 의지 때문에 박정양은 한동안 벼슬을 잃어야 했다.[62]

박정양이 소환되자 이하영(1858~1919)이 외교부 말단 직원으로 들어간 지 2년 만에 대리공사를 맡았다. 경주 농민의 아들로 태어나 아버지를 따라 이주해간 부산에서 영국인 병원의 '하우스보이'로 들어가 영어를 익힌 젊은이가 영어 하나로 나이 서른에 그런 중책을 맡았으니 이거야말로 '코리언 드림'이 아닐 수 없었다. 김태수는 "이하영은 영어를 '출세의 자본'으로 삼은 대표적 인물이다"라고 했다.[63]

이하영은 박정양이 추진하던 200만 달러 차관 건을 물려받아 백방으로 뛰어다닌 끝에 마침내 뉴욕은행을 통해 그 일을 성사시켰다. 그런데 한 가지 큰 문제가 남아 있었으니 그 돈으로 미국 병사 20만 명을 빌려오라는 고종의 밀명이었다. 이하영은 100만 달러를 인출해 그 돈의 일부를 펑펑 쓰고 다니면서 로비를 벌였지만 20만 병사를 원병으로 조선에 파견한다는 의안은 미 상원에서 부결되었다. 이미 16만 달러를 써버렸으니 이 일을 어찌할 것인가! 미국 정부는 그 돈은 안 받을 테니 남은 돈이나 내놓으라고 했다. 훗날(1925) 이하영은 "나는 미국의 관대한 태도에 감복하는 동시에 미국이라는 나라는 존경할지언정 믿고 따를 나라는 못 되는 줄 깨닫게 되었다"고 회고했다.[64]

이 거짓말 같은 이야기는 진짜 일어난 실화다. 이하영은 영어도 잘하고 춤도 잘 춰 워싱턴 사교계를 누비면서 금발 미녀들의 인기까지 얻었던 모양이다. 미국 어느 유명한 부호의 딸로부터 약혼을 해달라는 간청도 받고 그 금발 미녀의 어머니는 자신의 맏사위가 이탈리아의 현직 육군장관이라는 걸 뻐기면서 자기 딸과 결혼해달라고 졸라댔다니 어디까지 믿어야 될지 모르겠다.[65]

그러나 이하영의 꿈같은 미국 생활도 1889년 6월 본국 귀국 명령을 받으면서 끝이 났다. 이하영은 대리공사 자리를 이완용에게 물려주고 귀국한 후 내내 출세가도를 달리다가 1904년 외부대신의 자리에까지 오르게 된다. 을사늑약 직전 법부대신으로 자리를 바꿔 '을사5적'의 타이틀은 피했지만 '을사7적'으로 불리기도 한다. 이승만 정권 시절 육군참모총장을 한 이종찬은 이하영의 손자인데 당시 군의 정치적 중립을 지키던 이종찬이 마음에 안 들었던 이승만은 유엔군사령관 클라크에게 이종찬을 소개하면서 "이 사람 할아버지가 구한말 외무대신을 지낸 사람인데 그 사람이 바로 '한일합방' 때 도장을 찍어 나라를 팔아먹은 사람이오"라고 말했다고 하니 이 또한 '믿거나 말거나' 장르에 속할 이야기가 아닐 수 없다.[66]

한편 이완용은 어찌 되었던가? 이완용은 처음에 박정양 밑의 참찬관으로 임명돼 미국에 왔다가 병을 이유로 1년이 채 못 되어 귀국해

동부승리 벼슬을 했다. 그러다가 박정양이 귀국한 후에 다시 미국으로 가서 일하다가 이하영의 자리를 물려받았다. 이완용은 2년간 일하고 귀국하게 된다.[67]

데니의 『청한론』

묄렌도르프의 후임 외교고문으로 청이 파견한 미국인 데니(O. N. Denny)는 전임자인 묄렌도르프처럼 청의 노골적인 조선 내정 간섭에 반발해 위안스카이를 규탄함과 동시에 조선이 자주독립국임을 밝히는 『청한론』을 1888년에 발표했다. 이 책의 출판은 해외에서 큰 반향을 불러일으켰다.[68]

데니는 위안스카이를 어떻게 비판했던가? 데니는 "속국의 문제가 억지로 표면에 나타난 것은 조선의 왕과 그 고문들에 의해서가 아니라 청의 참칭과 억압에 의한 것이었으며 그러한 처사는 주로 위안스카이의 행동을 통해서 이루어졌다는 것은 너무나 자명한 사실이다"며 다음과 같이 주장했다.

"그 옹졸한 그릇·범죄성·부당성 그리고 잔혹성이라는 점에서 볼 때 국제관계의 역사에서 위안스카이 같은 인물은 거의 없었다. 그는 청국의 발굽으로 조선의 목을 짓누르기 위하여 국내의 발전을 지향하는 모든 노력을 반대했을 뿐만 아니라 …… 청국의 육군과 해군 그리고 조선의 관리들을 통해서 위협을 되풀이했을 뿐만 아니라 천박하기 짝이 없는 자신의 노복 마부까지 데리고 왕의 면전에 이르는 바로 입구까지 가마를 타고 입궐함으로써 조선의 유서 깊고도 성스러운 풍속을 더럽히는 등 왕실의 존엄성을 실추시키려 했다. …… 그 극에 이르렀던 행동은 조선의 국왕을 폐위, 축출시키고 나긋나긋한 왕을 세우려는 그의 음모에서 나타났다."[69]

실제로 위안스카이는 고종의 친러정책을 저지하기 위해 고종을 폐위하고 고종의 형인 이준용을 허수아비 왕으로 세워 조선을 완전 장악할 음모를 꾸민 바 있었다. 그 사연은 복잡하다. 1886년 8월 9일 총리내무부사 심순택이 러시아의 보호를 요청하는 국서를 작성해 민영익이 이를 러시아공사 베베르에 전달했는데 민영익은 동시에 이 사실을 원세개에게 폭로해 문제를 매우 복잡하게 만들었다. 고종 폐위 음모가 나오게 된 배경이다.[70] 어찌됐건 데니가 "밀수나 하고 폐위 음모나 꾸미고 외교적 범법행위를 하는 자가 이웃나라의 조정에서 자기 나라를 대표한다고 주장하는 정부의 도덕적 수준은 도대체 어떤 것인가?"라고 추궁하는 것도 무리는 아니었다.[71]

흥미로운 건 묄렌도르프가 보여준 또 한 번의 변신이다. 다시 조선에 복귀하고 싶었던 묄렌도르프는 조선이 청국의 속국임을 주장하는, 『청한론』에 대한 반박문을 작성해서 중국 측에 영합하려 했으며 데니가 비판한 위안스카이를 옹호했다.[72] 조선에서의 일자리가 너무 좋았기에 그래서 조선을 사랑하게 되었기에 묄렌도르프가 그런 무리를 범했다고 이해해야 하는 걸까?

제4장

근대화에 대한 공포와 저항

01

외국인이 조선 아동을 잡아먹는다

종두술을 보급한 지석영의 수난

지석영은 1880년 제2차 수신사 김홍집을 따라 일본에 가서 송누약 제조법 및 저장법을 추가로 배워왔으며 1882년에는 개화소를 올려 개화정책 추진을 적극 진언했다.[1] 지석영은 1883년 여름 전라도 암행어사로 내려갔던 박영교(박영효의 형)의 요청으로 전주 성내에 조선 최초로 우두국을 설치해 공식적으로 종두를 실시하고 종두법을 가르치는 한편 1885년 우두법을 다룬 『우두신설』을 저술하기도 했다.[2]

그러나 시련도 많았다. 지석영이 종두술 보급을 위해 서울에 설치한 사설 우두국은 1882년 7월 임오군란 때 습격을 받아 불타버렸다. 당시 우두에 대한 해괴한 인식 때문이었다. 우두를 맞으면 소처럼 온순해질 뿐만 아니라 우둔해지며 일본인들이 우두를 갖고 들어온 것은 바로 그 점을 노려 조선 사람을 지배하려는 저의가 있었다는 것이다.³⁾ 게다가 우두로 생계문제에 직면하게 된 무녀들이 대대적으로 들고 일어선 탓도 있었다. 훗날에 나온 『조선사상통신』(1928년 11월 24일)은 다음과 같이 이야기했다.

"종두술로 제사가 감소하는 조짐이 보이자 무녀들의 반대가 심해졌고 마침내 그들은 비밀스러운 연맹을 만들어 여러 가지 유언비어를 퍼뜨려 종두를 방해하고자 하였으며 …… 임오군란이 일어나자 평소 왜노(倭奴)에 접근했다고 여긴 일반의 반감과 종두술에 대한 무녀의 선동으로 맨 먼저 종두 시술장에 방화하였으며 지석영은 체포명령을 피해 몸을 숨겼다."⁴⁾

1885년 겨울 지석영이 우두교수관을 명받아서 충청도 순회에 나섰을 때에도 어린아이를 죽인다는 유언비어가 있었는데 이를 두려워하여 어린아이를 안고 산으로 도망치는 사람들도 있었다. 나중엔 우두 의사들이 아이들을 잡아먹는다는 유언비어까지 떠돌았다.⁵⁾

1887년 5월 18일 사헌부 장령(掌令)으로 있던 지석영은 붙잡혀 국문(鞠問)을 당해 1892년까지 6년간 전라도 강진 신지도에서 귀양살이를 해야 했다. 지석영은 갑신정변에 참가치 않았는데도 개화당 인사들과 가깝게 지냈다는 이유로 김옥균 잔당으로 의심받은 데다 우두를 실시했다는 반감이 작용한 탓이었다. 재판관은 지석영의 형 지운영이 사진 기구를 들여온다 하고 김옥균 등을 생포한다 말한 뒤 일본에 건너가 도리어 김옥균 등과 내통함으로써 매국(賣國)했다며 이를 지석영에까지 연계시켰다. 사진과 우두, 늘 새로운 문물이 문제였다. 지석영은 1894년 갑오개혁이 시작되면서 복권돼 형조참의로 일하게 된다.⁶⁾

종두법 보급에 대한 지석영의 기여와 관련해 그것이 과장되었다는 주장도 있다. 신동원은 "조선인 지석영이 일본의 도움을 받아 조선 최초로 우두법을 익혀 전국에 퍼뜨렸다"는 내용의 '지석영 신화'는 "1920년대 말 식민지 조선의 일본인 통치자가 '조선 우두법 도입' 50주년을 기념하기 위해 만들어냈다. 이는 일본이 조선의 우두법 도입에 결정적인 조력을 한 사실을 부각시켜 식민지 통치의 정당성을 선전하기 위해서 만들어낸 것이다"라고 주장했다.[7]

그러나 일제가 어떻게 이용해 먹었건 지석영의 공로가 컸던 건 분명하다.

1888년 영아 소동

이처럼 서양 의학에 대한 불신이 하늘을 찌르는 가운데 큰 변화가 일어나게 되었으니 그게 바로 제중원 설립이다. 그러나 제중원마저도 그런 불신을 피해가진 못했다. 1886년에도 서양 의술을 둘러싼 유언비어는 극성을 부렸다. 1886년 여름 전국에 콜레라가 만연해 죽은 사람의 무덤을 팔 시간도 없을 만큼 엄청난 수의 사람이 죽어나갔다. 사망자는 한 도(道)의 호구(戶口)가 없어진 것만큼 많았다는 설이 있다.[8]

죽어가는 환자들은 길이나 수구문 밖에 내버려졌다. 기독교 선교사들은 버려진 환자들을 병원에 데려와 치료해 생명을 건져내기도 했다. 이는 엉뚱하게도 선교사들이 어린아이들을 유괴하여 사진약을 만든다는 유언비어로 날조되어 퍼져나갔다.[9]

유언비어는 1888년에 최고조에 이르렀다. 1888년 6월 10일부터 25일까지 약 보름간에 걸쳐 일어난 이른바 '영아 소동'은 외국인 선교사들이 조선 어린이들을 납치하여 삶아 먹고 눈을 빼서 약이나 사진기 재료로 쓴다는 소문이 고조되면서 일어났다.

당시 유언비어의 주요 수법은 '글돌'이라는 민속(民俗)이었다. '서석(書石)'이라고도 하는 글돌은 넓적한 돌이나 기왓장의 표면에 글을 쓴 뒤에 사람들이 많이 다니는 길 복판이나 장바닥에 던져둠으로써 다른 사람들이 그 글을 읽게 하는 수법이었다. '영아 소동'을 일으키게 한 글돌이 서울 종로 종각·남대문·동대문 앞에 나타났는데 그 효과는 컸다.[10]

성난 군중 때문에 외국인들이 길거리에 나서지 못하고 심지어 미국 해병대의 호위 속에 외국인이 짐을 꾸려 항구로 도망칠 정도였다.[11] 일본인의 집이 투석을 당하는 일이 일어나기도 했지만[12] 프랑스공사관에 근무하던 오봉엽이란 자가 외국인들이 아이들의 살과 피를 먹는 걸 보았다고 소문을 퍼뜨리고 다녔기 때문에 선교사들이 주요 배척 대상이 되었다.[13]

배재·이화학당에 아이들을 보내던 부모들이 아이들의 등교를 막는가 하면 선교사들의 주택에 돌이 날아들었고 성난 군중이 이화학당으로 난입한 사건의 와중에서 조선인 고용인 두 명이 피살당하기도 했다. 배재학당 지하실이, 아이들을 죽여서 저장하는 비밀창고라는 소문이 떠돌아 어떤 사람이 뛰어와서 현장을 확인하는 일까지 벌어졌다.[14]

천주교회의 명동성당 건립이 빌미를 제공했다는 설도 있다. 성당 건립터는 궁정이 내려다보이는 장소일 뿐만 아니라 사당(祠堂)이 있는 곳과 가까워 조정과 주민들이 건축 중지를 종용했으나 천주교회 측은 이를 무시하고 공사를 강행했다는 것이다. 그 결과 1888년 4월 22일 외무아문의 조병식은 각국 공사에게 정식으로 '선교사들의 전도활동을 감독해줄 것'을 요청함으로써 분위기가 험악해졌다. 바로 이때부터 각종 유언비어가 유포되기 시작했다는 것이다. 민경배는 "이것은 대개 청국의 위안스카이가 비등하는 미국 선교사에 대한 인기를 격하시켜 다시금 청의 세력을 만회하려고 한 날조의 유언비어였다"고 보았다.[15]

조병식 등 수구파를 그 배후로 보는 의심도 제기되었다.[16] 서울 외교계에서는 조병식의 요청이 그 직전 언더우드·아펜젤러 "두 풋내기 선교사의 부질없는 내륙 전도 여행"으로 인해 촉발된 것이라는 비판의 목소리가 나오기도 했다.[17]

황해도 수안에서 가난한 농부의 아들로 태어나 머슴살이로 전국을 떠돌다 서울에 정착한 김창식은 1888년 여름 유언비어가 극성을 부릴 때 그 소문을 듣고 흥분해 사실 규명 차원에서 선교사 올링거의 하인으로 '위장 취업'을 했다. 그는 위장 취업 2년 만에 선교사들의 활동에 감복해 개종을 결심하고 올링거에게 세례를 받았다. 그는 1901년 5월 14일 서울 정동교회에서 개최된 미 감리회 조선선교회 연례회에서 '집사 목사' 안수를 받음으로써 한국 최초의 목사가 되었다.[18]

제중원이 영아 살해의 총본산?

유언비어는 제중원을 겨냥하기도 했다. "외국인이 아이를 죽이는 것은 약을 쓰기 위해서이고 제중원이 그것의 총본산"이라는 내용이었다. 서양인들이 아이를 훔쳐다가 솥에 삶아 먹을 뿐만 아니라 부인을 잡아다가 젖가슴을 베어간다는 이야기마저 해외로 퍼져나갔다.[19] 가마꾼들이 제중원 의사의 탑승을 거부하고 성난 군중이 선교사 습격을 시도하기도 했다.[20]

당시 제중원에서 일하던 여의사 호턴(Lillias Horton, 1889년 3월 언더우드와 결혼)은 몇 년 전 청국의 톈진에서도 유사한 사건이 벌어져 기독교 신자와 간호원, 그리고 두세 명의 프랑스 관리를 포함한 수많은 외국인이 학살되었다며 공포감을 토로했다.[21] 호턴은 이 유언비어가 단지 외국인에 대한 반감뿐만 아니라 제중원과 관련이 있었다며 다음과 같이 말했다.

"악의를 품은 몇몇 사람들이, 외국인들이 어린아이의 심장과 눈알을 도려내어 약에 쓰려고 어린아이를 훔쳐 오는 흉악한 조선인들에게 돈을 준다고 소문을 퍼뜨렸다. …… 독일공사관과 영국공사관 그리고 미국공사관에서 어린아이들을 잡아먹는다는 것이었다. 이 피에 굶주린 작업의 총본부는 물론 병원인데 그것은 병원이 약을 만들고 병을 치료하는 곳이기 때문이라고 했다. …… 어느 날 병원에서 돌아오자 험악하게 생긴 남자들이 내 가마를 둘러싸더니 가마를 메는 교군꾼들에게 한 번만 더 나를 병원에 태워다주면 모조리 죽여버리겠다고 했다. 참으로 무시무시한 소리였으므로 그다음 날에 교군꾼들은 나를 절대로 태워줄 수 없다고 했다. 그래서 나는 말을 타고 도시 한복판을 지나 병원으로 갔다. …… 흥분이 고조되던 어느 날 저녁에 미국공사로부터 폭도들이 우리가 사는 집에 쳐들어가려 한다는 제보가 있으니 공사관에서 총을 쏘아 신호를 하면 신변의 안전을 위해 공사관으로 급히 피하라는 전갈을 받았다."[22]

이 사건은 조선 정부가 유언비어가 사실무근임을 밝히는 포고문을 발표하고 인천에 있던 프랑스·미국·러시아 함대 군인들이 서울에 입성해 무력시위를 벌임으로써 보름 만에 진정되었다. 그러나 사진과 관련된 터무니없는 유언비어는 미국 신문에 보도됨으로써 주미공사 박정양(1887년 11월부터 1888년 11월까지 주미공사)이 미국과 200만 달러 차관교섭을 할 때에도 큰 장애가 되었다. 미국 신문은 백인들이 조선의 어린아이들을 납치해서 눈을 도려내 사진기의 렌즈로 사용하고 나머지는 끓여서 약으로 먹고 있다는 소문이 서울에 돌고 있다고 보도했는데 이는 미국의 금융업자들로 하여금 조선을 완전한 미개국으로 인식하게 함으로써 광산개발투자와 차관교섭이 중단되게 만들었다.[23]

1890년에는 원산에서 "외국인이 어린이의 피를 뽑아 약을 만든다"는 유언비어가 돌아 큰 외교문제가 되기도 했다.[24] 주로 피와 관련된 유언비어가 많았던 건 한국인의 격정적인 담론과 실천(단지·혈서 등)에 피가 자주 등장하는 것과 무슨 관련이 있는 건 아닐까?

02

박문국 폐지, 『한성주보』 폐간

재정난으로 인한 『한성주보』 폐간

『한성주보』의 수명은 2년 6개월을 넘지 못했다. 『한성주보』는 1888년 7월 14일(음력 6월 13일) 박문국의 폐지와 함께 사라졌다. 박문국 운영을 위한 세금이 제대로 걷히지 않고 구독료도 들어오지 않아 경영이 어렵게 되었기 때문이다.[25] 경영난과 더불어 당시의 정치적 상황도 박문국의 폐지에 일조했다. 민씨 일파와 수구파로 구성된 조정은 위축되어 신식 문물을 받아들이려던 여러 제도마저 없애게 되었다.[26]

이태진은 "박문국의 재정난이 폐간 사유로 알려지나 그 시점으로 볼 때 국왕의 자주적 개혁정책에 대한 청나라의 압박이 주된 원인이었던 것으로 보인다"며 "청나라 이홍장과 위안스카이(원세개)는 조선의 세관을 중국 세관체제 아래 예속시켜 조선 정부의 개화사업 자체를 재정적으로 몹시 어렵게 만들었다"고 주장했다.[27]

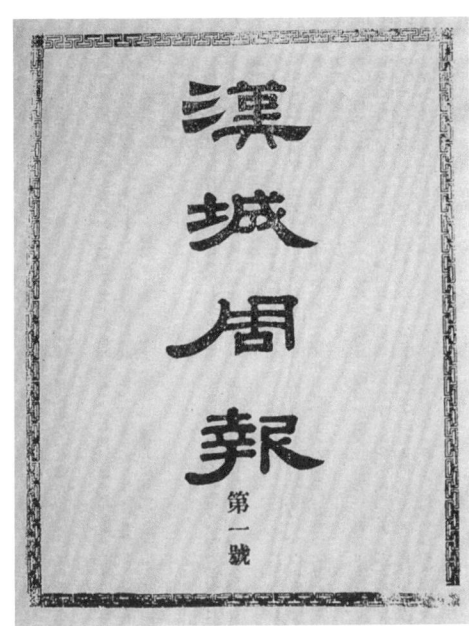

1886년 1월 한글과 한문을 혼용해 발행되기 시작한 『한성주보』는 1888년에 폐간되었다.

    김민환은 "『한성주보』가 언제 종간되었는지는 분명치 않다"며 "현재 1888년 3월 12일에 나온 106호가 남아 있으나 박문국이 폐지된 7월 14일까지 약 4개월 동안 많게는 17호가 더 나왔을 가능성이 있다"고 했다.[28] 『한성주보』는 제123호까지 나온 것으로 추정되나 국내에 현존하는 것은 40호에 불과하다.

『한성주보』 제16호 발견

1994년 5월 『한성주보』 중 전해지지 않던 제16호가 중국 상하이 복단대에서 발견돼 국내에 입수됐다. 고려대 언론대학원 초빙교수로 서울에 와 있던 중국 푸단대 교수 판위펑(潘玉鵬)은 5월 9일 이 대학 자료실에서 찾아낸 이 신문의 복사본을 공개했다. 발행일자가 1886년 5월 17일로 돼 있는 이 신문은 가로 15센티미터, 세로 20센티미터 크기로 표지를 포함, 모두 16페이지로 되어 있으며 영국의 지리와 문화를 소개하는 특집 「잉글리스지략」을 비롯해 평안도 관찰사가 올린 장계 등의 기사가 실려 있었다. 또 표지에는 조선개국 495년 4월 14일자라는 음력날짜가 표기되어 있다. 고려대 신문방송학과 교수 김민환은 이 자료에 대해 "개화기 당시의 사회상을 파악하는 데 매우 귀중한 자료로 평가된다"고 밝혔다.[29]

『한성주보』가 1888년에 사라지면서 조선은 이후 1896년『독립신문』이 창간될 때까지 약 8년간 근대적 신문을 갖지 못한 나라가 되었다. 사진의 발전도 지체되었다. 이미 갑신정변의 타격을 받은 데다 『한성주보』까지 폐간되면서 사진의 발전은 더욱 늦춰지게 되었다. 게다가 1884년 갑신정변 때 사진관 파괴의 한 이유가 되었던 사진에 대한 유언비어는 1888년 6월 선교사 배척운동의 한 이유가 됨으로써 더욱 큰 후유증을 남겼다.

서양 미술의 전파

조선 사회에 '미술'이라는 용어가 처음 등장한 건 1883년이었는데 서양인에게 자신의 초상화를 그리게 한 조선 엘리트들은 1890년에도 원근법을 이해하지 못하고 있었다. 사진 발달의 지체가 낳은 결과로도 볼 수 있을 것이다.

한국에서 초상사진이 일반화된 데에는 1895년의 단발령이 큰 영향을 미쳤다. 단발하기 이전의 자신의 모습을 보존해야 한다는 위기의

식으로 사진관에는 초상사진을 찍으려는 사람들로 붐볐다.[30]

1890년 영국 화가 헨리 새비지 랜도어(Arnold H. Savage-Landor, 1865~1924)는 서울에 와서 유화를 그렸고 고종을 만나 선물을 받기도 했다. 미국 화가 쉰들러·휴버트 보스 등도 고종황제의 초상이나 왕자·관리의 초상을 그렸다. 이는 '서양 미술 이식사의 선구적 의미'가 있는 것으로 볼 수 있겠다.[31]

1909~1910년 무렵에는 미술교육을 받을 수 있는 다양한 교육기관이 개설되었다. 1911년 1월 일본인 서양화가 야마모도 바이가이는 '양화속습회(洋畵速習會)'라는 미술 연구소를 개설하고 신문광고로 남녀 학생을 모집하여 연필화·수채화·유화 등을 지도하기도 했다.[32]

03

1880년대 후반의 민생고

양반계급의 부정부패

1888년 어느 날 고종이 "남정철이란 놈은 정말 큰 도둑놈이구나" 하고 화를 벌컥 냈다고 한다. 남정철은 한때 평안감사를 지냈는데 왕이나 왕비의 인척이 아닌 대신들 중에서 재물을 제일 많이 그러모은 자로 알려져 있었다. 그는 평안감사로 재직하면서 온갖 진귀한 물건을 계속 진상해 고종으로부터 "정말 충신이로다"라는 칭찬을 받았다. 고종은 그를 예쁘게 보아 중국 문물을 배우러 가는 영선사로 삼아 톈진으로 보냈다. 그래서 영선사로 가 있는 동안 민비의 척족이던 민영준으로 하여금 대신 감사를 시켰다. 그런데 민영준은 얼마 지나지 않아 큼직한 금송아지를 만들어 바쳤다. 그러자 고종은 "관서(평안도) 땅에 허다한 게 금인데 제놈 혼자 다 해먹었구나"라고 탄식했다고 한다.[33]

고종의 뇌물수수는 '정치자금'으로 이해해야 한다는 시각이 있다.

그렇게도 볼 수 있겠지만 한 가지 분명한 건 당시 부정부패가 고위층에서부터 하위직까지 광범위하게 퍼져 있었다는 사실이다. 양반계급의 부정부패에 비례해 늘어나는 건 도적떼였다. 중간에서 일반 민중만 죽어나는 형국이었다.

1888년 가을부터 1889년 초에 서양인으로서는 최초로 서울을 출발하여 경상도를 거쳐 부산까지 조선 내륙 지방을 종단했던 프랑스인 샤를 바라가 부산에서 직접 목격한 '무장한 향토 방범대가 군가를 부르며 행진하는 모습'을 보자. 프랑스 문교성의 지원을 받아 조선을 샅샅이 탐험한 바라의 목격담은 1892년에 나온 프랑스 여행 월간지 『르 투르 드 몽드(세계일주)』에 게재되었다.

"산적들의 은신처로 잘 알려진 진창동을 지나 마방이라는 작은 고을에서 우리 일행은 여장을 풀었다. 저녁을 먹던 중 멀리서 우렁차고 호전적인 군가 비슷한 합창소리가 점점 가까이 들여왔고 마을 어귀를 돌아 이들이 모습을 드러냈을 때 모두가 완전무장을 하고 있어 매우 놀랐다. 조선 정부의 힘이 쇠약해진 것을 틈타 출몰이 잦아지는 도적떼에게 위협을 주기 위해 무장한 채 밤새껏 횃불과 악기를 들고 군가를 합창함으로써 방어 의지를 과시하는 주민들의 행진 모습은 퍽 인상적이었다."[34]

일그러진 입신양명 문화

이른바 입신양명(立身揚名)의 동기 자체가 문제였던 건지도 모르겠다. 오죽하면 박은식은 『한국통사(韓國痛史)』에서 "타국의 설관(設官)은 국무를 다스리기 위한 것이다. 우리나라 설관은 직업이 없는 무리(양반)

를 구양(救養)코자 하는 것이다"라며 다음과 같이 개탄했겠는가.

"한번 관리가 되면 시중꾼이 구름같이 몰려들어 인민을 박탈하여 앞서거니 뒤서거니 짐바리에 가득 채워 돌아오니 그러므로 관직을 갖는다는 것은 가장 유리한 직업으로 생각한다. 관직을 얻으면 살게 되는 것이요 얻지 못하면 죽게 되는 것이나 다름없으니 미치광이처럼 달려들어 아첨을 그치지 아니하고 이름을 손상시키고 법을 해치며 수단을 가리지 아니한다. 구하는 자의 수는 관원보다 많아서 시국을 뒤엎거나 타인을 쫓아내지 아니하면 벼슬자리를 차지할 수 없다."[35]

사정이 그러하니 벼슬을 원하는 자들 간에 각자 목숨 거는 이전투구(泥田鬪狗)가 발생할 수밖에 없다. 초대 미국공사 푸트가 귀국하면서 조선 정부 관리들에 대해 남긴 다음과 같은 말은 조선을 이해하지 못하는 무지나 악의에 의한 악담일까?

"그런데 괴상한 일이다. 귀 정부의 관인들은 의논이 합쳐지지도 않을 뿐 아니라 구적(仇敵)처럼 서로 대하는 것 같다. 내정의 선부(善否), 외교의 흥쇠, 인민의 도탄, 국가의 안위에 대하여는 한 사람도 관심을 갖지 않고 오직 주야로 부지런히 힘쓰는 것은 오히려 사욕을 채우지 못할까 걱정하고 있는 것이다."[36]

일본의 경제적 침투와 약탈

민중에겐 또 하나의 '도적떼'가 있었으니 그건 바로 일본의 경제적 침탈이었다. 경제적 침탈은 말할 것도 없고 문화적 거부감과 혐오감도 확산되었다. 1889년 동래에선 일본 상인이 '훈도시'만 입고 거리를 횡행하기 일쑤여서 주민들의 분노를 샀다. 1889년 3월에는 욕지

제물포는 인천의 옛 이름으로 1883년에 개항했다. 개항 후 일본인들의 출입이 잦아지면서 일본 어선에 의한 약탈과 불법 행위가 빈번해졌다. 사진은 1901년의 모습이다.

도에서 일본인들이 고기를 잡다가 하륙해 민가에 돌입하거나 부녀자를 희롱하는 등 행패를 부려 주민들이 뿔뿔이 흩어지는 사태가 발생하기도 했다. 일본인들은 곳곳에 상륙해 넓적다리를 노출하거나 심한 경우 부녀자들이 옆에 있는데도 대소변을 보는 망동을 일삼았다.[37]

어장 침략도 심각했다. 조선의 어장은 1882년 청나라가 황해·평안도 연안의 어업권을 획득하고 1883년 일본이 전라·경상·강원·함경도 4도의 연안어업권을 얻음에 따라 외국 어선에 유린당하기 시작했다. 일본 어선은 1889년 이후에는 '조일통어장정'에 의해 일정한 어업면허세를 내면 4도 연해의 3리 이내에서 자유롭게 어업활동과 판매를 할 수 있게 되었다.

일본 어민은 불법 어업을 일삼고 알몸으로 다니면서 약탈행위를 자행하곤 했다. 1890년엔 100여 척의 일본 어선이 떼를 지어 제주도에 들이닥쳐 민가를 약탈하거나 부녀자를 겁탈하고 관리와 민간인을 살상하는 등 해적행위를 일삼은 일까지 벌어졌다. 이에 제주도민들은 물과 식량의 공급을 거부하고 대항했으며 상경하여 집단적으로 규탄 상소를 올려 일본 어민들의 제주도 어로를 금지해줄 것을 요청했다. 그러나 정부는 무력했고 이후 약탈은 계속되었다.[38]

이런 사정을 아는지 모르는지 일본의 후쿠자와는 『시사신보』 1892년 7월 19일자 사설을 통해 "일본 국내 정치를 안정시키려면 국민 관심을 나라 바깥쪽으로 돌려야 한다"고 전제하고 "조선에 일본인을 많이 이주시키는 일이야말로 일본 국내 정치 위기를 극복하고 조선의 개화와 독립을 돕는 일"이라고 주장했다.[39]

민족공동체에서 교회공동체로

조선에도 문제는 있었으니 그건 세계는 물론 일본에 대해서 너무 무지했다는 점이다. 1888년 12월 15일 부산에 상륙한 캐나다 선교사 게일(James Scanth Gale, 1863~1937)은 다음과 같이 말했다.

"1889년에 나는 황해도의 관리를 만났는데 대화를 통해 그가 미국 또는 영국이라는 이름을 알지 못한 채 단지 서방세계를 양국(洋國)이라는 한 나라로 알고 있다는 것을 알았다. 그는 중국을 큰 나라라는 '대국'으로, 일본은 경멸적인 난쟁이 섬으로서 '왜국'으로 알고 있었다. 그는 지구를 여전히 평평한 것으로 생각하고 가운데 있는 것은 모두 중국이고 동쪽 끝에 조선이 있는 것으로 생각하고 있었다. 만일 계속 나아가면 아무 것도 없는 낭떠러지가 있다. 모든 이방종족은 야만인이며 조선은 그 누구와도 교류를 원하지 않는다는 것이었다."[40]

예외적인 경우로 볼 수도 있겠지만 당대 최고의 관리들도 전반적으로 세계정세에 어두웠다는 건 분명한 사실이다. 1896년까지도 학부대신 신기선은 서양인들을 "사람이라기보다 오히려 야수에 가까운 것으로 보아야 한다"는 주장을 공개적으로 할 정도였다.[41]

조선 양반들의 주된 관심은 늘 서열이었고 이는 일반 민중의 의식까지 파고들었다. 게일은 만나는 사람마다 선교사는 벼슬로 치면 현감보다 높으냐, 또는 기와집에서 살 수 있느냐고 묻는 통에 진땀을 뺐다고 한다.[42]

조선은 '지식 투쟁'에서 패배했던 건지도 모른다. 지식은 주로 서열 투쟁을 위한 도구였을 뿐이다. 물론 서열 투쟁과 무관하게 지식을 많이 쌓은 선비들도 많았지만 나라를 지키고 민생을 돌보는 데엔 전혀 도움이 되지 않는 지식만 붙들고 늘어진 게 문제였다.

일본의 횡포가 심해질수록 높아진 조선 민중의 반일(反日)정서는 갈 길을 몰라 헤매다가 기독교 쪽으로 방향을 잡게 되었다. 박정신은 "비서양, 비기독교 국가인 일본이 '적'으로 뚜렷이 등장하는 역사적 전개는 개혁적 조선 사람으로 하여금 일본을 통해서 서양 문물을 받아들이고 일본을 의지해서 나라를 개혁하려는 이전의 생각을 송두리째 저버리게 하였다. 서양으로부터 직접 문물을 수용하고자 했고 서양 사람들로부터 도움을 받고자 했다"고 설명했다.[43]

반면 일본은 점점 더 기독교로부터 멀어졌다. 1889년 일본 내 교회 수는 300여 개, 신도 수는 4만 3000여 명으로 불어났지만 이때를 정점으로 하여 일본 기독교는 퇴조하기 시작했다. 박정신은 1868년 메메이지유신 이후 20년간 일본은 서양 문물에 '중독된 시대'를 보냈지만 1895년 3국 간섭 이후 다른 자세를 취하기 시작했다며 다음과 같이 주장했다.

"이른바 반서양 국가주의 물결이 메이지 일본을 휩쓸게 되었다. 천황제가 급작스럽게 무대 위로 오르고 옛 가치인 충효사상이 다시 강조되기 시작하였다. …… 친서구화 시대에 성장하던 기독교가 반서양 국가주의 돌풍이 몰아치기 시작할 때 …… 사양길로 들어서게 된 것이다."[44]

이는 박정신이 기독교의 성쇠는 선교의 방법과 전략이 아니라 달라진 역사 환경과 전개에 의해 더 큰 영향을 받았다는 걸 설명하기 위해 한 말이다. 그는 당시 교회가 조선인들에게 '출애굽기'를 가르치면서 일본을 애굽과 같은 악의 세력으로, 조선을 이스라엘과 같은 선의 세력으로 대비시켰다고 지적하면서 "나는 한국의 역사 연구에 '출애굽기'를 비롯한 성경과 찬송가 따위가 중요한 역사 자료로 취급되어야 한다고 조심스럽게 주장해본다"고 했다.[45]

사실 조선의 기독교야말로 전형적인 '역사적 상황의 산물'이었다. 물론 기독교가 조선인들에게 '출애굽기'만 가르친 건 아니었다. 1900년대 후반 일제의 압박이 강해지면서 정반대되는 메시지를 전파하기도 했다. 다만 한 가지 분명한 사실은 서양을 대변하는 것으로 여겨진 기독교는 일부 조선 민중에게 하나의 대안 모델이었던 동시에 내외로 착취당하는 현실에 대한 보호막이나 방파제이기도 했다는 점이다. 보호받을 길 없는 '민족공동체'에서 보호와 위로가 주어지는 '교회공동체'로 발길을 돌렸다고나 할까?

04

위안스카이의 횡포, 앨런의 도전

조선 상인의 철시동맹파업과 시위투쟁

민중의 민생고가 가중되고 있는 가운데 조선총독 노릇을 하고 있던 위안스카이의 횡포는 나날이 그 도를 더해가고 있었다.

김정기는 "원세개가 재부임하는 1885년부터 그가 퇴각하는 1894년까지 고종의 조정이 아니라 '원세개의 조정'이라고 불릴 정도로 청의 조선 침략이 일제를 압도하고 있었다"고 했다.[46]

김인숙은 "그는 조선의 군주를 배알하는 자리에서도 기립하지 않을 것이며 고종을 '혼군(昏君)'이라 칭하면서 폐위를 주장하고 나선다. 조선 정부관료 스무 명을 일거에 자신의 측근으로 갈아치웠다. 미국 공사 폴크는 이를 '무혈정변'이라고 이름했다"며 다음과 같이 말했다.

"조선의 고위 관리와 서울주재 외교관들은 그를 '원대인(元大人)' '감국대신(監國大臣)'이라 부른다. 위안스카이는 갑신정변 후 10년간

'왕좌 배후의 권력(the power behind the throne)'으로 군림한다. 자신의 명의로 '공명호조(空名護照)'란 신분증을 발행, 청상(淸商)들이 조선 팔도를 누비며 조선의 풀뿌리 경제까지 들어먹게 만들고 군함까지 내주며 인삼 밀수를 부추긴다. 개화파와 수구파가 서로 자신의 정파적 이해에 맞춰 나라를 주무르려다 빈사에 빠진 조선은 그 '잃어버린 10년' 동안 속속들이 마지막 고혈을 빨리고 있다."[47]

1885년 이후 청국 상인의 서울 침투 러시가 일어나자 조선 상인은 청상점포의 방화, 청상점포에 투석, 청상품의 도둑질, 청상인의 구타 등으로 대응했다. 이는 1887~1888년 최고조에 이르렀다. 청은 "한성에서 화상(華商)의 무역이 쇠퇴하기 되니 분산영업해서는 지키기 어렵다"고 실토하면서 서울 전역에 흩어진 청상을 남대문 근처, 지금 명동과 동대문 근처, 지금 탑골공원 맞은편으로 집결시켰다. 이른바 '차이나타운'의 탄생이었는데 이게 1889년의 일이었다. 조선 상인들은 이에 만족치 않고 청·일·서양 상인을 서울 밖 인천으로 축출하는 철시동맹파업과 시위투쟁을 1890년 음력 정초에 2주일간 실행했다.[48] 이에 대해 김정기는 다음과 같이 말했다.

"서울 주민까지 합세하여 서울은 정적의 도시로 변하였다. 이는 조선시대 초유이자 최대의 상인 동맹파업이자 동시에 그 이전 유학자들은 상상도 못했던 반중투쟁의 위대한 실체였다. 실패했지만 원세개의 그 권위에 회복불능의 상처를 입힌 조선 상인의 쾌거였다. 그것도 사농공상(士農工商)이라는 조선 유교적 상하질서의 맨 밑바탕에서 용출된 역사적 저항이었다."[49]

그러나 경제 사정이 나아진 건 아니었다. 위안스카이가 한사코 방해를 놓았다. 그는 1890년 3월 성명을 내어 "조선은 가난하면서도 낭

조선의 내정과 외교를 간섭한 위안스카이.

비가 심하다"며 "조선에 차관을 해주어 조선이 변제불능이 되더라도 청국은 이를 보증할 수 없다. 조선의 해관(海關, 세관)을 저당하는 일을 청국은 결코 허락하지 않는다"고 말했다.[50] 참으로 오만방자한 발언이었다. 무슨 속셈이었을까? 김인숙은 다음과 같이 말했다.

"조선의 텅 빈 국고는 청나라의 차관으로만 그것도 간신히 채워졌다. 재정적 예속에서 벗어나기 위해 조선 정부는 독일·미국·프랑스에 대해 차관교섭을 나섰지만 위안스카이의 방해로 모두 실패했다.

청나라가 제공하는 차관은 빚을 갚는 또 하나의 빚, 말하자면 돌려막기에도 모자랄 정도였다. 그러나 위안스카이는 그 대가로 조선의 이권을 가져갔으며 조선의 자주권을 수중에 넣었다."[51]

위안스카이의 라이벌은 앨런

외국인들 중에서 위안스카이의 유일한 라이벌이라면 위안스카이보다 급은 낮았을망정 앨런 정도였다. 앨런은 이미 1886년부터 자신을 '가장 영향력 있는 외국인'으로 자부해왔다. 그는 1886년 9월 15일자 일기에 다음과 같이 썼다.

"이제 내가 서울에서 가장 영향력 있는 외국인이 되었다. 국왕은 국정의 모든 문제를 나와 협의하면서 언제나 나의 충고를 채택하곤 했다. 나는 조선 정부로부터 참판관 벼슬을 받았고 또한 주한미국공사관의 서리공사에 임명되어 금주부터 공사업무를 보기 시작했다."[52]

위안스카이는 만주족에 충성한 한족 명문가 출신으로 나중에 모두 아홉 명의 첩(조선 여자 세 명)과 서른두 명의 자식(아들 열일곱 명, 딸 열다섯 명)을 둘 정도로 호색한이었는데[53] 제중원에서 일하는 한국 소녀들을 자꾸 데려가는 바람에 앨런의 신경을 건드리곤 했다.

나중에 제중원에서 철수하긴 했지만 그 소녀들은 기녀였다고 한다. 당시엔 남녀 간 엄격한 구별이 있어 남자들 사이를 자유롭게 왕래할 수 있는 간호사 역할은 기녀들에게 돌아갈 수밖에 없었다는 것이다. 정확한 기록은 남아 있지 않지만 이들은 병원 내에 혼란을 가져왔다고 한다. 아마도 성(性) 문제와 관련된 혼란이 아니었나 싶다.[54]

F. H. 해링튼은 "알렌은 위안스카이의 힘을 과소평가하지 않았다.

젊은 주차관의 건방진 태도와 만족할 줄 모르는 탐욕, 그리고 여자에 대한 야욕을 가지고 있다 하여 사적으로는 조롱한 것이 사실이지만 그러나 원세개야말로 서울에 있는 그의 가장 큰 적수라는 것을 알고 있었다"며 다음과 같이 말했다.

"원세개는 미국에서 온 사람들에 대하여 정면에서의 공격을 취하지 않았다. 그는 한국 사람들에게 포악했고 외국인을 대하는 데 있어서는 외유내강하였다. …… 이것은 공개된 측면이요 밖으로 나타나고 있는 현상 배후에선 원세개가 점점 더 세력을 뻗치고 있음을 앨런은 느꼈다. 병원에서 간호원으로 일하는 한국 소녀들을 원세개의 소실로 잡아채어 갔다. 궁중에서 검토되고 있던 계획들이 자주 반대에 부딪쳤는데 그 이유는 번번이 같은 것임을 알 수가 있었다."[55]

왜 위안스카이만 가마를 타고 입궐하는가?

1892년 초 유럽의 강대국들은 자국의 워싱턴주재 외교대표의 수준을 공사(minister)에서 대사(ambassador)로 격상시켰다. 이제 미국이 비로소 국제적으로 강대국의 지위를 인정받은 것이다.[56] 1893년 앨런이 대리공사로서 위안스카이의 횡포에 도전하고 나선 것도 우연은 아닐 것이다. 앨런은 일본과 서양의 외교관들은 걸어서 입궐하는 데 반해, 위안스카이는 가마를 타고 입궐하는 걸 문제 삼았다. 이와 관련 F. H. 해링튼은 다음과 같이 말했다.

"그럴 수는 없으며 그렇게 하려면 모두가 그래야 하고 아니면 전부가 해서는 안 된다고 앨런은 말했다. 서울에 있는 다른 외교관들(일본인은 제외)을 모아놓고 앨런은 국왕에게 최후통첩을 보냈다. 원세개가

가마를 타고 입궐하니 다른 사람들도 그래야하며 만약에 그렇지 않으면 국왕의 신년하례식에 참석하는 것을 거부한다고 하였다. 청국인이 멋을 내며 지나가는데 어째서 그들은 진흙길을 걸어가야만 하는가? 그러나 그 항의는 성공하지 못하고 말았다. 원세개가 서울에 머물러 있는 동안은 어느 누구도 그렇게 되기를 바랄 수가 없었다. 그러나 승리를 거두었다고 할 만큼 타협이 이루어져 외교관의 발에 진흙이나 눈이 닿지 않게 되었다. 원세개는 여전히 가마를 타고 다녔고 다른 외교관들은 주위가 꽤 보기 좋은 도보구역(궁궐대문과 연결되어 있는 길면서도 아름다운 주랑(柱廊)에서 배알(拜謁)했다."57)

그렇게 오만방자하던 위안스카이는 나중에 청일전쟁이 일어날 조짐이 보이자(1894년 7월 9일) 변장을 하고 야반도주하게 된다. 그는 도망을 가면서도 김 씨라는 성을 가진 조선 첩을 데리고 갔다. 그 여자는 그 후 유명한 시인인 아들 원국문을 낳았고 그 손자가 바로 물리학자 원가류로서 노벨물리학상을 탄 오건웅이 그의 아내이다.58)

위안스카이와 청이 조선을 마음대로 부릴 수 있는 속국으로 생각했더라도 조선이 잘되게 하는 게 청에게도 이익이 된다는 기본 이치만 지켰더라면 조선과 청의 역사는 달라졌을 것이다. 그러나 위안스카이와 청은 사실상 조선을 망하게 하는 데에 일조하는 짓만 저지르고 말았다.

제5장

동학 농민전쟁

01

동학교도의
보은·원평 집회

농민항쟁의 폭발, 동학의 확산

조선 정부는 조선을 노리는 열강의 이권 다툼에 적절히 대응하지 못했을 뿐만 아니라 내치(內治)마저 제대로 하지 못했다. 개항 이후 근대 문물의 수입과 대외관계에 따른 비용마저 농민들의 조세부담으로 전가되었다. 농촌 경제가 파탄 상황에 처하면서 외세 저항과 양반 체제 부정을 내세운 동학의 교세는 날로 커져갔으며 이는 결국 1894년 동학농민혁명으로 발전되었다.

당시 봄에 굶주리다 못해 풀뿌리나 나무껍질로 허기를 채우는 빈농층이 60퍼센트 안팎에 이르렀고 머슴살이를 하거나 날품팔이로 연명하는 일꾼들도 10~20퍼센트나 되었다. 그러니 들고 일어서지 않을 수 없었다. 혁명 직전인 1893년엔 극심한 한재(旱災)까지 겹쳐 이 해에만도 농민항쟁이 전국 각지에서 최소 66건 이상 일어났다.[1]

동학의 2대 교주 최시형

동학혁명의 이념적 근거가 된 동학사상의 창시자인 수운 최제우 (1824~1864)는 1864년 세상을 현혹하고 민중을 속였다는 죄목으로 관에 의해 처형되었지만 제2대 교주 최시형(1827~1898)의 활동으로 그 세를 키워갔다. 해월(海月) 최시형은 수운문집인 『최선생문집도원기서』(1880), 『동경대전(東經大典)』(1880), 『용담유사(龍潭遺事)』(1881) 등의 경전을 편찬했으며 '최보따리'라고 불릴 만큼 태백·소백산맥을 넘나들며 포교에 정열을 쏟았다.[2]

최시형은 "사람은 곧 하늘님이다(人是天)" "사람 섬기기를 하늘님같이 하라(事人如天)"고 주장했으며 "베 짜는 며느리가 하늘님이며 어린이를 때리는 것은 하늘님을 때리는 것이다"라고 하여 한층 확대된 평등사상을 주창했다. 그는 누구든 동학에 입도하면 그날로 신분의 차별 없이 맞절을 하게 하고 서로 접장(接長)이라는 호칭을 사용하게 했다.[3]

동학은 구두(口頭)·인쇄커뮤니케이션·상소(上疏)·괘서(掛書)·통문(通文) 등 다양한 언론활동을 전개했다. 상소는 왕에게 올리는 글, 괘서는 이름을 숨긴 벽보, 통문은 개인이나 단체가 다수에게 공개적으로 전달하는 서한이다. 박영학은 "통문과 격문은 동학 측의 입장을 담은 매체였던 점으로 미루어 보아 근대 신문의 논설 역할을 수행하였다"고 보았다.[4]

동학의 교조신원운동

1892년 12월 21일(음력 11월 3일) 동학교도 수천 명이 전라도 삼례에 모여 교조 최제우 신원(伸寃)과 탄압 중지를 진정했다. '신원'은 '원통한 것을 풀어버린다'는 의미이며 교조신원은 최제우의 억울한 죽음을 복권시켜달라는 것으로 사실상의 포교공인(布敎公認)을 의미하는 것이었다. 이들은 앞서 공주에선 충청감사에게, 삼례에선 전라감사에게 위 두 가지를 요구했는데 이게 바로 동학교도 최초의 집단행동이었다. 이들은 전라감사 이경직으로부터 동학교도의 피해를 막고 교조신원의 뜻을 조정에 전달하겠다는 약속을 받고 물러났다. 그러나 일개 지방장관에게 그런 권한이 있을 턱이 없었다. 오히려 그 주동자로 지목된 서병학을 체포키 위해 전국에 수색령이 내려졌다.[5]

신복룡은 "이 운동이 굳이 1892년이었다는 것은 흥미 있는 일이다"며 다음과 같이 말했다.

"이에 대해서는 두 가지의 가능성을 생각할 수 있는데 첫째는 이 무렵 포교의 자유가 거의 완전히 허락된 가톨릭과 개신교의 종교활동에서 영향을 받은 것이라고 볼 수 있고 다른 하나는 바로 이 임진년(1892)은 『정감록』에서 서남쪽으로부터 대변혁이 있으리라고 예언한 해였다는 점을 들 수가 있다."[6]

송건호는 "사대주의에 젖어 있던 조정은 동학에 대해서는 단순한 교조신원과 신교(信敎)의 자유조차도 인정하려 하지 않으면서 왜인들의 횡포와 천주학 야소교(耶蘇敎)에 대해서는 관대한 처사를 했으니 그들의 항의는 여기에 있었던 것이다"라고 했다.[7]

1893년 3월(음력 2월) 동학교도 40여 명은 과거를 보는 선비 차림을 하고 서울로 몰려들었다. 이들은 강경한 상소문을 들고 광화문 앞에 엎드렸다. 이른바 복합상소(伏閤上疏)였다. 고종은 내심 당황하면서 조용히 물러가 있으면 다른 조처가 있을 것이라고 회유했고 이들은 이에 따라 해산했다. 결국 광화문 상소도 실패로 돌아가자 동학교도 1만여 명이 상경하여 은밀히 활동하면서 외국공사관과 교회나 성당 벽에 "이 땅에서 물러가라"는 내용의 글을 붙이기 시작했다.[8]

탄압이 심해지자 교주 최시형은 강경파 교도들의 압력에 굴복하여 3월 11일 충청도 보은 장내리로 자리를 옮기고 교도들에게 이곳으로 모이라는 명령을 내렸다. 최시형의 명령이 있던 바로 그날 보은관아 거리에는 벌써 "지금 왜와 서양의 도둑들이 나라의 심장부에 들어와 큰 난리가 극도에 이르렀다. 진실로 오늘의 서울을 보니 오랑캐의 소굴이 되었도다. …… 우리들 수만 명이 힘을 합해 죽음을 맹세코 왜와 서양세력을 깨뜨려 큰 공을 세우려 한다"는 통고의 글이 여기저기 나붙었다. 전국 각지에서 동학교도들이 이곳으로 몰려들었다.[9]

동학의 교조신원운동이 '척왜양(斥倭洋)' 운동으로 전개되자 외국인들은 불안과 공포에 떨었다. 각국은 만일의 사태에 대비해 군함을 인천항으로 보냈다. 4월 9일 청국의 내원호와 정원호 두 척의 군함이 도착한 데 이어 영국의 세방호, 일본의 팔중산호, 미국의 피트레루호가 속속 인천항에 파견되었다.[10]

동학의 보은·금구·밀양 집회

1893년 4월 25일부터 3주일 동안 최소 2만 7000여 명 최대 8만여 명(당시 서울인구 15만, 평양 2만)의 동학교도가 척왜양(斥倭洋) 보국안민(輔國安民)의 깃발을 충청도 보은 들에 꽂았으며 같은 시기 전라도 금구현 원평(김제군 금산면)과 경상도 밀양에서도 비슷한 집결이 이루어졌다.[11]

조정에서는 어윤중을 선무사로 임명하여 군대를 딸려 파견했는데 어윤중은 보은에 모인 동학교도의 인적 규모와 더불어 "왜와 서양을 배척한다"는 깃발들을 보고 깜짝 놀랐다. 어윤중은 대포를 걸어놓고 위협하는 동시에 지도자들을 만나 회유했다. 어윤중의 장계엔 교주 다음의 책임자격인 '차좌'라는 소임을 띤 서병학이 다음과 같이 말한 것으로 기록돼 있다.

"제가 불행하게도 여기에 들어와 사람들의 지목을 받은 지가 오래 되었소이다. 마땅히 이곳에 모인 내력을 상세히 말씀드리지요. 호남에 모인 무리들(이 시기 전라도 원평에서도 남접 주도로 집회가 열리고 있었다)은 예사로 보면 같으나 종류가 다르옵니다. 통문을 내고 방문을 붙인 것은 모두 그들이 한 짓이니 실정이 매우 수상합니다. 원컨대 공께서는 자세히 살피시어 결단하되 이들 무리와 혼동하지 말고 옥석을 구분해주십시오."[12]

그 뒤 서병학은 최시형 등 지도자들과 함께 밤을 틈타 도주했으며 이에 따라 수만 명의 교도들도 어쩔 수없이 해산했다. 집결 20여 일 만이었다. 이이화는 "이것이 보은 집회다. 이 집회에서 그들은 반봉건·반외세의 지향을 분명히 드러냈고 이런 지향을 지니고 전면적 항쟁에 나서려 했던 것이다. 이 집회는 바로 본격적인 농민전쟁을 예고한 사건이었다. 그렇다면 최시형과 서병학은 왜 달아났던가?"라는 질문을 던지며 다음과 같이 답했다.

"최시형은 끊임없이 잠행하며 이루어놓은 교단의 와해를 무엇보다 염려했을 것이다. 서병학은 달랐다. 초기에는 서양과 일본을 철저하게 배척하는 척사위정파로 모습을 드러냈지만 본질적으로는 출세를 꿈꾸는 엽관파였던 것이다."[13]

보은 집회가 해산되었다는 소식을 듣고 1만여 명이 모인 전라도 금구 집회도 해산되었지만 금구의 지도자들은 해산 뒤에도 동학교도들을 독려하면서 봉기의 기세를 보였다. 바로 이들이 다음 해에 터진 동학농민전쟁을 주도하게 된다.[14]

보은 집회에 대한 평가

보은 집회에 대한 학계의 평가는 엇갈린다. 조경달은 보은 집회 지도부의 기만성·불철저성·패배주의로 인해 별다른 성과 없이 실패한 점을 들어 동학농민혁명의 전 단계로서 높은 위치를 부여하기 어렵다고 본 반면, 정창렬은 이 집회를 통해 민권의식이 나타나기 시작했고 종교운동에서 벗어나 정치적 방향으로 나아간 성격을 보이고 있다고 평가했다.[15]

보은 집회가 반봉건·반외세의 지향을 드러냈다고 볼 수도 있겠지만 과연 전면적 항쟁에 나서려고 했었는지는 의문이다. 지도부가 그렇게 흐물흐물 무너진 건 커뮤니케이션상의 착오가 발생했기 때문이라고 볼 수도 있을 것 같다. 박찬승은 보은 집회에서 "'교조신원'이나 '탐관오리의 축출'보다 '척왜양'을 전면에 내건 것은 무슨 이유에서였을까"라는 질문을 던지면서 다음과 같은 답을 내놓았다.

"거기에는 나름대로의 숨은 의도가 있었다. 즉 교조신원이나 탐관오리의 축출보다 척왜양이라는 명분은 정부나 보수 유림도 인정하고 동조할 수밖에 없는 명분이라는 판단이 있었던 것이다. 그리하여 그들은 동학교도들도 단순한 '이단(異端)의 집단'이 아닌 '충효를 아는 집단'이라는 인정을 정부와 보수 유림으로부터 끌어내려 하였던 것이다. 즉 '척왜양'이라는 명분을 내걺으로써 조정과 유림들로부터 그 명분을 인정받아 궁극적으로는 동학의 포교를 공인받고자 한 것이다."[16]

북접 · 남접의 갈등

당시 모든 동학교도가 한목소리를 낸 건 아니었다. 무엇보다도 종교성이 강한 북접과 혁명성이 강한 남접의 갈등이 심했다. 원래 북접 · 남접은 교조 최제우 생존 당시 그가 남쪽인 경주에 있었던 관계로 이곳을 편의상 남접이라 불렀고 그의 후계자로 내정된 최시형이 주로 북쪽인 보은에서 활약했기 때문에 이곳을 북접이라고 불렀다. 그러다가 최제우 사후 동학의 본거지가 보은으로 옮겨지면서 남접의 개념은 영남에서 호남으로 바뀌는 현상이 일어난 것이다.[17]

농민전쟁에 참가했던 오지영이 쓴 『동학사』는 "갑오란을 당하여 전라도를 남접이라 이름하고 충청도를 북접이라 이름하여 서로 배척하게 되었고 또 우스운 일은 전라도에 있어도 북접파가 있고 충청도에 있어도 남접파가 있어 그것이 거의하는 데 큰 문젯거리가 되었다"고 했다.[18]

1893년 11월 관가의 수색을 피해 다니던 해월 최시형은 온건파들을 각 도소의 책임자로 임명하고 교도들의 난동을 막게 했는데 그 까

닭은 "전봉준이 교도들을 사사로이 빼앗아 전라도 금구군 원평에 주재하기 때문이다"라고 했다.[19]

많은 학자들이 북접·남접의 갈등을 지적하고 있으나 도올 김용옥은 "남접과 북접의 이분(二分)은 체계적으로나 사상적으로나 존재하지 않았다"며 다음과 같이 주장했다.

"해월이 시종 신중한 입장을 취한 것은 수운의 가르침의 본질이 '수심정기(修心正氣)'와 같은 인간내면의 문제에 있었고 사회적 실천 또한 휴먼네트워크에 의한 점진적 변화를 통해 달성되는 것이라고 생각했기 때문이다. 사회적 불의에 대한 정의로운 항거 또한 폄하할 일은 아니지만 동학의 이념적 순결성을 역사에 남기려 했던 해월의 포괄적 비전 또한 깊은 이해를 요망하는 것이다."[20]

남접과 북접의 갈등이 체계적으로나 사상적으로나 존재하지 않았을망정 '현실적으로' 존재했다는 건 인정해야 하는 게 아닐까? 이제 우리는 곧 그 현실적 갈등의 모습을 좀 더 자세히 보게 된다.

02

동학농민군의 정읍 고부 봉기

고부군수 조병갑의 학정

동학혁명은 전라도 고부군수 조병갑(1844~1911)의 수탈과 학정이 계기가 되어 1894년 2월 26일(음력 1월 10일) 전봉준(1855~1895)이 주도한 고부 농민봉기로 시작되었다. 당시 고부는 전주 다음으로 컸던 마을로 비옥한 농토와 해안까지 끼고 있어 탐관오리들이 수탈을 하기엔 천혜의 조건을 갖추고 있었다.[21]

조병갑은 고부군수로 부임하기 이전부터 탐관오리로 소문이 자자했던 인물인데 그가 고부에서 저지른 수탈과 탐학 정도는 이루 헤아릴 수 없이 많았다. 이미 있던 만석보 밑에 새로운 보를 쌓으면서 농민들을 강제 노역시켰고 그 보를 쌓기 위해 남의 산의 수백 년 묵은 나무들을 마구 베어 사용했고 그렇게 해서 만든 새로운 보의 수세를 농민들로부터 다시 거두어들였는데 그 수세만도 700여 섬에 이르렀다. 태안군수를 지낸 자기 아버지의 공덕비를 세운다며 군민들로부터 1000여 냥을 거두어들였고 무고한 농민들에게 허무맹랑한 죄목을 붙여 2만여 냥의 재물을 빼앗았고 황무지를 개간하면 세금을 받지 않겠다고 해놓고 추수 때가 되면 강제로 세금을 징수해갔다. 게다가 쌀로 사실상의 고리대금업을 하는 등 고부군민들로 하여금 들고 일어나지 않을 수 없게끔 악행을 일삼았다.[22]

당시 조정도 조병갑보다 크게 나을 게 없었다. 고부군민들이 들고 일어서자 조병갑은 익산군수로 발령이 났는데 그는 익산에 부임하지 않고 계속 고부관아에 남아 있었다. 그간 고부군수로 새로 발령된 여섯 명의 인물은 아무도 부임해오지 않았다. 이들은 전라감사 김문현의 농간과 조병갑 배후 인물들의 압력을 받아 모두 신병을 이유로 사임했다고 한다. 조병갑은 김문현을 통해 고부군수로 재부임할 공작을 벌였으며 실제로 1개월 남짓한 1894년 2월 25일 그는 고부군수로 재임명되었다. 이는 농민들의 분노에 불을 질렀다. 농민들은 바로 다음 날 봉기했다.[23]

고부 봉기를 키운 이용태

봉기 직전 전봉준 등 농민 지도자 스무 명이 서명한 사발통문(沙鉢通文)은 행동강령 4개 조항을 내걸었다. 사발통문은 원래 보부상들의 고유한 연락방식으로 사발의 테두리에 먹을 칠해 백지의 한복판에 찍어 동그란 원을 만들고 그 둘레에 통보하는 사람의 이름을 돌려가며 쓴 다음 그 옆에다 전달사항을 기록하는 것이다.[24] 4개 조항은 고부성을 부수고 조병갑의 목을 벨 것, 군기창과 화약고를 점령할 것, 군수에게

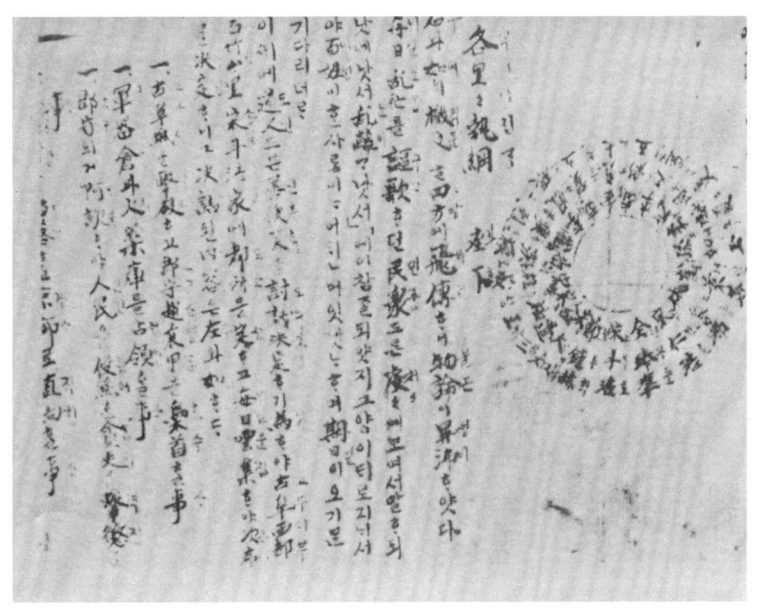

동학농민군들의 사발통문. 이름을 사발 모양으로 기록한 것은 주모자를 가려낼 수 없도록 하기 위해서이다.

아부하여 인민을 침해하고 탐학한 구실아치를 징치할 것, 전주 감영 (監營, 각 도의 관찰사가 정무를 보던 곳)을 함락하고 서울로 곧바로 올라갈 것 등이었다.[25]

2월 26일 농민들이 하나둘 말목장터로 모여들기 시작했다. 그날 밤 수천 명의 농민이 사발통문 서명자들의 지도 아래 고부관아로 쳐들어갔다. 조병갑은 이 소식을 듣고 변장을 하고서 재빨리 도망쳤으며 관아로 밀려든 농민들은 감옥을 부수어 억울한 죄인을 풀어주고 군기고를 열어 총기를 꺼냈다.[26]

고부 봉기가 일어나자 조정은 새 군수로 박원명을 임명했다. 4월 8일(음력 3월 3일) 박원명은 농민들을 불러놓고 소를 잡고 술을 빚어 크게 잔치를 베풀면서 지난 일은 모두 조정에서 용서하기로 했으니 각자 돌아가 생업에 열중하라고 타일렀다. 고부군민들은 신임 군수의 회유에 일단 원한을 풀었다고 생각하고 각기 흩어졌다. 그러나 뒤늦게 온 조사관 이용태는 박원명에게 협박·공갈을 하고 주동자를 잡아 족치면서 무고한 양민을 대상으로 약탈을 일삼았다. 전봉준 등 지도자들은 이웃 고을 고창 무장으로 옮겨 새로운 계획을 추진했다.[27] 이용태야말로 고부 봉기를 키운 주범이었다.

한편 북접·남접 갈등은 여전히 지속되었다. 최시형은 고부 봉기 소식을 듣고는 8개월 전인 1893년 6월 전봉준의 아버지 전창혁이 조병갑에 의해 매 맞아 죽은 걸 거론하면서 "아비의 원수를 갚으려면 효도로써 할 일이지 급심(急心)하지 말라"고 전봉준을 윽박지르기까지 했다.[28]

왜 하필 호남인가?

이처럼 동학농민전쟁의 횃불은 전라도 고부에서 타올랐다. 왜 하필 호남인가? 이는 당시 호남지역이 쌀 생산에서 전국 쌀 총생산량의 42.3퍼센트(전남 25.1퍼센트, 전북 17.2퍼센트), 전국 논 총면적의 약 30.8퍼센트(전남 18.3퍼센트, 전북 12.6퍼센트)를 점하고 있었다는 사실과 관련이 있다.[29]

역사문제연구소 민중생활사연구모임은 "조선은 물산이 풍부한 이 호남벌에서 온 나라의 의식(衣食)의 절반을 충당했다. 그래서 욕심 많은 지주는 치부에 치부를 거듭했고 그 통에 수많은 중소농민들은 희생만을 강요당했다"면서 다음과 같이 말했다.

"조선 말기로 오면서 탐학한 관리들이 눈독을 들이고 막대한 뇌물을 뿌려가며 부임하기를 가장 원했던 곳. 그래서 '아들을 낳아 호남에서 벼슬을 살게 하는 것이 소원이다' 라는 동요가 한때 서울 장안에 풍미했다던가. 개항 이후로는 일본놈들이 몰려와 이곳의 알곡을 헐값에 실어 나르고 저질의 면사를 들이밀어 농가경제를 거듭 파국으로 몰아갔던 곳이다. 일본놈들은 이곳에서 약탈해간 알곡을 일본에서 다섯 배 이상의 가격으로 판매하였고 그 돈으로 다시 유럽의 직물과 잡다한 공산품들을 사서 조선에 스무 배 이상의 가격으로 되팔아먹는 중계무역으로 엄청난 이윤을 긁어갔다. 일본 자본주의가 커가기 위한 자본축적의 주요 공간이던 이 호남벌은 또한 수탈과 약탈로서도 전국에서 으뜸이었으니 근대 한국의 역사적 모순이 모조리 뒤얽힌 지역이다."[30]

여기에 중앙정부의 인사 문제까지 가세했다. 이이화는 "19세기 끝 무렵 전라도 수령들의 출신을 출신지별 또는 씨족별로 대충 조사해보면 거의 서울과 충청도 출신이라는 사실을 알 수 있다. 동학농민전쟁 당시 수탈의 괴수였던 전라감사 김문현, 장흥부사 이용태, 고부군수 조병갑이 다른 지역 출신이라는 사실만으로도 이는 충분히 밝혀진다"며 다음과 같이 말했다.

"이런 차별은 바로 소외로 연결된다. 인간은 어울려 살게 마련이다. 특정한 사람을 따돌리면 처음에는 외로움을 느끼다가 부당성을 인식하면 그것을 깨기 위해 저항하게 된다. 호남지방 저항의 역사는 여기에서 나왔던 것이다. 그 뒤의 푸대접도 이런 맥락과 충분히 연결되어 있다. 저항은 개혁으로 가는 길이요 개혁이 미진하면 다시 혁명을 이룩하는 동력이 된다."[31]

같은 맥락에서 황현의 『오하기문』은 "최근에는 욕심을 채우는 더러운 일들이 날로 늘어났는데 호남은 재물이 풍부하여 그 욕심을 채워줄 만하였다"며 다음과 같이 말했다.

"무릇 이곳에서 벼슬을 하는 사람들은 백성들을 양이나 돼지처럼 여기면서 마음대로 묶고 빼앗았으며 일생 동안 종과 북을 치면서 사방에서 빼앗았다. 이리하여 서울에서는 '아들을 낳아 호남에서 벼슬을 살게 하는 것이 소원이다' 라는 말이 떠돌 정도였다."[32]

조정의 고부 봉기에 대한 대응도 한심했지만 더욱 한심한 건 고부 봉기를 일어나게 만든 장본인들이라 할 조병갑·김문현·이용태 등이 훗날 계속 출세가도를 달렸다는 사실이다. 이와 관련 김은정·문경민·김원용은 다음과 같이 말했다.

"결국 고부 봉기를 있게 한 가렴주구의 주역들인 이들은 대부분이 복직되었고 오히려 중책을 맡아 부귀와 명예를 누렸다. 얼마나 가당찮은 일인가. 역사의 뒤안길에서 고개를 들지 못할 이들이 시대적 정세변화에 민감하게 대응하면서 부귀의 삶을 누렸던 우리의 지나간 역사는 오늘에도 여전히 당당하다."[33]

03

김옥균 암살 사건

김옥균 암살 시도

김옥균은 정변이 실패로 돌아간 후 한중일 3국이 힘을 모아 서구의 침략을 막자는 삼화(三和)주의를 제창하는 등 '실패한 혁명'의 불씨를 살리기 위해 발버둥 쳤지만 아무런 호응도 없었고 삶은 비참했다. 1891년엔 혁명동지 박영효와 절교까지 하는 아픔을 겪어야 했다. 이광린은 두 사람의 성격이 전혀 달랐다고 말했다.

"박영효는 온순하고 침착한 데다가 세상사를 멀리하였으나 김옥균은 예민하고 다재다능한 데다가 세상의 교제도 넓었다. 조선에 있을 때에는 박영효의 문벌(門閥)이나 신분이 높아 김옥균을 능가했으나 일본에서는 오히려 거꾸로 김옥균의 지위가 높아 자연히 두 사람 사이가 벌어졌다. 김옥균을 남겨둔 채 박영효가 미국으로 떠났던 것도 그 때문이었다."[34]

김옥균이 죽은 후 그의 위패를 모시겠다고 나선 여인만도 일곱 명이나 되었을 정도로 김옥균은 풍류를 즐겼다. 이를 '영웅호색'으로 이해하는 이들도 있었지만 그를 돕던 일본인들로부터도 '탕아'라는 비난을 받기도 했다. 박영효 등 망명 동지들은 그에게 여러 번 생활을 바로 할 것을 권유했으나 듣지 않아 이 때문에 김옥균과 박영효의 사이가 멀어졌다는 주장도 있다.[35] 심지어 박영효는 미국 유학을 떠난 윤치호가 도쿄에 들렀을 때 김옥균에 대해 다음과 같은 독설을 퍼붓기도 했다고 한다.

"옥균은 거짓말을 밥 먹듯 해대는 무능한 자야. 제멋대로 행동하는 방탕아지. 도쿄에서 조선 사람, 일본 사람 할 것 없이 닥치는 대로 돈을 빌려 물 쓰듯 하고 말이지. 결국 갑신혁명이 실패한 것도 그런 엉터리 지도자 때문일세. 그를 믿고 설익은 청년들이 성급하게 일을 저질러서 그 꼴이 난 걸세. 그렇다고 옥균이 진짜 리더였나? 나와 홍영식이 다했지."[36]

한편 조선 조정에선 일본에 망명한 개화파 요인들의 암살음모가 다시 진행되고 있었다. 암살 1순위는 김옥균이었다. 송병준(1858~1925)도 김옥균의 목을 노린 자객 중 하나였다. 함경남도 장진 출신으로 어릴 때 상경하여 당시 세도가인 민영환의 식객 노릇을 하던 송병준은 무과에 급제해 궁중 수문장과 사헌부 감찰 등을 지냈다. 그는 김옥균을 암살하라는 밀명을 받고 일본에 건너갔지만 오히려 김옥균의 감화를 받아 그의 동지가 되었다. 그는 귀국 후 김옥균과 통모한 혐의로 구속되었다가 민영환의 주선으로 풀려났으나 결국 이 일로 일본에 망명해 7년 가까이 일본 각지를 돌아다니다가 훗날 러일전쟁 개전과 함께 일본군 통역으로 한국 땅을 다시 밟게 된다.[37]

암살 지령은 계속 내려졌다. 갑신정변 때 살해당한 민태호의 친조카이자 민규호(우의정)의 아들인 민영소는 이일식에게 개화파 요인들을 암살하라는 밀명을 내렸다. 이일식은 1892년 4월 장사꾼으로 위장해 일본으로 건너갔다.[38] 이일식은 때마침 프랑스 유학을 마치고 귀국 길에 일본에 도착한 홍종우(1850~1913)를 만나 "나는 국왕폐하의 밀명에 따라 이 역도들을 처단하기 위해 일본에 왔다"고 말하면서 홍종우를 암살계획에 끌어들이는 데에 성공했다.[39]

김옥균, 중국 상하이로 가다

홍종우는 조선 후기 노론의 명망가 홍명원(1573~1623)의 9대 자손이었지만 그의 고조부부터 4대째 관직에 등용되지 못한 몰락양반이었다.[40] 경기 안산 태생인 홍종우는 서른 살 되던 해인 1890년 최초의 프랑스 유학생이 되어 이후 4년간 공부했다.

홍종우는 유학 중 거의 2년 동안 파리 기메박물관에서 연구보조자로 있으면서 『춘향전』『심청전』 등 한국의 고전 등을 번역하는 일에 종사했다. 홍종우는 1893년 1월 15일 자신이 불역한 『심청전』의 서문에서 당시 조선이 처해 있던 지리적 정치적 상황을 발칸반도의 이탈리아와 비교, 제국주의 열강에 둘러싸여 있는 양국 간의 유사점을 강조하면서 조선을 둘러싼 중국・일본・러시아 제국주의 열강의 침략정책을 비판했다. 프랑스의 일간지 『피가로』도 홍종우를 "조선의 개화파에 속하는 사람으로 구제도와 싸우는 사람"이라고 소개했다.[41]

이일식과 홍종우는 도쿄의 지포해수욕장 근처에서 은거하던 김옥균을 수시로 찾아가 자신들이 '우호적이고 쓸 만한 사람'이라는 인상을 심기 위해 애썼지만 이들을 의심한 김옥균은 사람들을 만나면 "이일식과 홍종우의 정체가 무엇인지 모르겠다"고 말하곤 했다. 이런 의심을 알게 된 이일식은 김옥균을 독대한 술자리에서 "나도 조선 정부의 현 정체로는 나라가 잘될 수 없다고 생각해온 사람입니다. 가능하면 빨리 혁명이 단행되길 바라고 있습니다"라고 열변을 토해 김옥균의 환심을 샀다.[42]

이제 김옥균의 속마음도 듣게 된 이일식은 1894년 1월 김옥균에게 "혁명에는 좋은 방략이 있어야 하고 혁명을 이끌 힘이 있어야 하는데 우리가 가진 힘은 무엇입니까"라고 물었다. 김옥균이 어떤 방책이 있냐고 되묻자 이일식은 "혁명에 성공하기 위해서는 믿을 만한 강대국의 뒷받침이 있어야 하는데 저는 청국에서 14년간 살아서 이홍장의 아들 이경방을 잘 알고 있습니다. 청나라로 건너가 이경방의 주선으로 이홍장을 만난 다음 그로부터 지원을 약속받으면 일이 순조롭게 풀릴 것 같습니다"라고 대답했다.[43]

이는 김옥균을 일본에서 살해하면 일본에 체류 중인 나머지 개화파 요인에 대한 암살계획이 뒤틀릴 수 있다고 판단해 김옥균을 청으로 유인하기 위한 이일식의 흉계였다. 10년간 망명생활의 고통에 지친 김옥균의 판단력은 이미 흐려져 있었다. 김옥균은 3월 25일 고베항에서 홍종우 등 세 명의 일행과 함께 상하이로 가는 일본 우선회사의 우편선 세이케이마루호에 승선했다.[44]

홍종우의 총탄 세 발에 쓰러진 김옥균

최영은 김옥균의 상하이행 이유에 대해 "김옥균은 조선을 중립화하여 '중립국'으로 만들려고 했다. 우리나라의 중립화론은 김옥균의 개화사상에서부터 시작하고 있다"며 다음과 같이 주장했다.

"김옥균은 갑신정변 직후 1886년에 이홍장에게 보낸 편지에서 이렇게 제안했다. '그러한즉 각하는 어찌하여 대청국 황제폐하를 추존하여 천하의 맹주로 삼아 구미 각 제국들에게 공론을 펴서 그들과 더불어 연속하여 조선을 중립국으로 세워 그것을 만전무위(萬全無危)의 지(地)로 만들지 아니하는가.' 이 편지는 망명지 일본에서 쓴 것인데 이미 갑신정변 이전에 국내에서 국왕 고종에게 올린 상소문에서도 김옥균은 청일전쟁이 미구에 일어나 일본이 프랑스의 성원을 얻는다면 승리할 것임을 내다보았다. 청일전쟁이 발발하면 조선이 싸움터가 될 우려가 있다고 생각하여 조선 중립화론을 주장케 된 것 같다. 망명지 일본에서 청일전쟁이 급박해오는 것을 보고 생명의 위험을 무릅쓰고 청국으로 건너가서 이홍장과 조선 문제에 대해 경륜을 펴고 담판을 하려 했던 것 중에는 이 조선 중립화 추진도 포함되어 있었을 것이 아닌가 생각된다."[45]

이일식은 김옥균을 전송한 다음 조선인 권동수·재수 형제와 일본인 가와쿠보를 이끌고 박영효 등 나머지 개화파 요인을 암살하기 위해 도쿄로 직행했다. 그러나 그의 암살음모는 박영효에게 사전에 발각되었다. 그는 일본 경찰에 넘겨져 나중에 조선으로 압송되었다.[46]

고베를 떠난 세이케이마루호가 상하이 부두에 도착한 것은 3월 27일 하오였다. 일행은 미국 조계(租界, 개항 도시의 외국인 거류지)인 북하남로의 뚱허양행 2층 방에 투숙했다. 이튿날 하오 3시 김옥균은 자신의 방에서 홍종우가 쏜 총탄 세 발을 맞고 사망했다. 김옥균은 "나에게 단 5분 동안만이라도 이홍장과 이야기할 시간이 주어진다면 운명

은 나의 편이 될 것"이라고 호기를 부렸지만 그의 호기는 객기로 끝나고 말았다.[47]

　김옥균의 시체는 청국 군함 웨이위안호에 실려 조성 정부에 인계되었다. 4월 14일 서울 한강변 양화진에는 사지를 찢고 목을 베어 매단 참혹한 모습의 시체가 버려졌다. 곁에는 '모반대역 부도죄인 옥균, 당일 양화진두, 불대시 릉지처참'이라고 쓴 목패가 달려 있었다.[48]

　김옥균의 몸체는 한강에 버려지고 팔·다리는 각기 하나씩 둘로 묶여져 따로 전국 8도에 조리가 돌려지는 길을 떠났다. 민씨 일가는 크게 잔치를 베풀며 기뻐했으며 갑신정변의 과정에서 죽음을 당한 환관 유재현의 양아들은 원한을 갚는다고 김옥균의 배를 가르고 간을 꺼내 먹었다는 이야기도 떠돌았다.[49]

김옥균의 무덤은 세 개

기구한 운명 탓인지 김옥균의 무덤은 세 개가 되었다. 무덤에는 위패만 모셔져 있거나 그의 머리카락만이 모셔져 있기에 모두 가묘인 셈이다.

　그간 김옥균을 지원해온 일본의 두 그룹인 후쿠자와 유기치파와 두산파는 그의 암살 직후 '김씨 장의위원회'를 구성하고 상하이로 유해를 수습할 대표를 파견했지만 그의 유해는 이홍장이 청국 군함 웨이위안호 편으로 조선에 보낸 뒤였다. 위원회는 도쿄에서 제일 큰 절인 아사쿠사지에서 일본 정객들이 대거 참여한 가운데 위패만 모신 장례식을 성대히 치르고 아오야마에 위패만을 모신 가묘를 세웠다. 혁명 동지 박영효가 짓고 대원군의 친손자 이준용이 쓴 가묘의 비문은 이

암살된 후 돌아온 김옥균의 시체는 능지처참되고 그의 머리는 양화진 처형장에 내걸렸다.

렇게 시작되고 있다.

"김옥균. 자는 백온이고 호는 고우이며 별호는 고균. 본은 안동이요 개국 460년 신해 1월 23일생. 임신년에 과거에 급제하여 벼슬이 이조참판에 이르렀다. 갑오년에 해를 입으니 향년 44세라. …… 슬프다. 비상한 재능을 품고 비상한 때를 만나 비상한 공은 없고 비상한 죽음만이 있구나."[50]

조선에서 다시 능지처참되고 효수된 채로 버려진 김옥균의 유해에서 머리를 몰래 훔쳐낸 사람이 있었으니 그 사람은 김옥균의 의동생이자 후쿠자와의 제자인 가이쿤지의 내연의 처 오야부 마사코였다. 오야부는 한밤중에 남대문 성곽을 넘어가 장대에 매달려 있는 그의 목을 끌어내려 한강물에 피 묻은 얼굴을 깨끗이 씻은 뒤 보통 짐 꾸러미처럼 위장해 자기 집으로 돌아왔다. 오야부는 가이쿤지에게 보인 뒤 다시 도쿄로 직행, 후쿠자와의 도움을 받아 신조지에 묘소를 만들고 비석을 세워 그의 두 번째 묘를 만들었다. 이 묘에는 그녀가 훔쳐온 김옥균의 머리가 항아리에 모셔져 묻혔다는 주장과, 머리가 이미 썩어 머리카락만을 잘라 묻었다는 주장이 엇갈리고 있다.[51]

충남 아산군 영인면 산일리에 있는 김옥균의 유일한 국내 무덤은 그와 아무런 연고도 없는 곳에 세워진 가묘이지만 유일하게 혈육의 손으로 조성되었다. 국제한국연구원장 최서면은 "김옥균의 부인 유 씨가 돌아가자 당시 아산군수로 일하던 양자 김영진 씨와 친족들이 유 씨의 묘를 쓰면서 그 옆에 김옥균의 가묘를 만들었다"고 말했다.[52]

김옥균 부인 유 씨의 한(恨)

이미 당할 대로 당한 김옥균의 가족에게 또다시 재앙이 닥쳤다. 김옥균의 생부인 김병태는 천안에서 체포되어 10년 동안 감금되었다가 김옥균이 시체로 귀국하면서 교수형을 받았다.

갑신정변 당시 결사적으로 도망쳐 가까스로 목숨을 건진 부인 유 씨와 그의 일곱 살 난 딸은 내내 처참한 삶을 살다가 1894년 12월 개화파 승려 이윤고에 의해 충북 옥천에서 발견되었다. 이들은 서울로 모셔져 갑오경장과 함께 내무대신에 오른 박영효의 보호를 받았으나 이듬해 박영효가 모함으로 관직에서 물러나면서 다시 부초처럼 떠돌아야 했다.[53]

유 씨는 1894년 박영효에게 10년간의 고초를 적은 편지를 보냈는데 이는 일본 『시사신보』 1895년 2월 16~17일자에 게재되었다. 그 편지의 내용을 요약하면 다음과 같다.

"10월 17일(음력) 희유의 사변(갑신정변)이 일어나 앞날을 걱정하는데 19일에는 체포명령이 내려진다는 소문이 있어 일곱 살 난 어린 딸을 등에 업고 정든 집을 떠나야 했다. 충청도 천안에 있는 남편의 생가를 찾았으나 이미 민씨 일족과 포리들이 도착해 있어 배고파하는 어린 딸을 달래며 우리 집 선조의 묘소가 있는 옥천으로 향했다. 11월 초 옥천에 도착해 면식이 있는 사람 집에 숨었으나 염탐꾼에게 발각돼 을유년 1월 19일 옥천 감옥에 갇히는 신세가 됐다. 그 후 정 씨 성을 가진 하급관리의 집에서 관비의 신세가 되었다. 그러나 정 씨가 현청의 공금을 축낸 죄로 가산이 전부 몰수되면서 우리 모녀는 다른 집의 관비로 팔려갔다. 겨우 비바람이나 막을 수 있는 초라한 움막에서 몸에 익지도 않은 날품팔이로 조석을 끓여야 했고 때로는 하루 한 끼로 연명하기도 했다. 운명은 더욱 가혹해져 임진년 11월부터 우리 모녀는 염병에 걸리고 말았다. 이웃인 임모 여인의 도움으로 간신히 목숨을 건지게 되었으나 병이 낫기도 전에 또 품팔이를 시작해야 했다. 우리들을 괄시하고 꾸짖는 사람도 있었지만 그때는 오직 내 불행만을 탓했을 뿐이었고 조금도 적의를 품거나 뒷날에 가서도 원망할 생각이 없었다. 기다림의 보람도 없이 갑오년(1894) 봄에 남편은 세상에서 유례없는 혹형에 처해졌다. 그 소식을 듣고 천지가 캄캄하여 '죽어 이 쓰라림을 면할까' 생각했으나 얼마 후 일본이 손쓴 탓인지 백 년이 지나도 씻기 어려운 오욕을 씻을 수 있었다.(갑오경장으로 김홍집 내각이 김옥균을 복권시킴) 그런데 그해 9월 동학 정벌을 위한 군대 중에 이윤고란 사람이 찾아와 여비를 내주었고 일본 군대도 얼마간의 돈을 거뒤주었다. 금릉위대감(박영효)을 찾아가 위로의 말을 들으니 눈물을 금할 수 없었다. 원통하고 한스럽도다! 홍종우에게 원수를 갚고 해외 만리의 하늘에 표류된 망부의 원혼을 위로하고 받들지 못하면 눈을 감을 수 없다. 만장의 원통함을 털어놓고자 하나 흐르는 눈물을 가눌 길 없어 여기서 붓을 놓는다."[54]

참으로 가슴 아픈 내용이지만 김충식은 김옥균의 죽음에 대해 "옥균에게도 귀책사유가 있다. 성격이 급한 옥균은 일본에 와서도 명성황후 정권을 전복하려 절치부심했다"고 했다. 일본의 무뢰배 수백 명을 고용해 폭약을 휴대케 하고 조선에 진격할 것이라는 소문이 일본 신문에 보도되는 등 끊임없이 위협을 가했으니 민씨 척족으로서도 가만있을 수는 없는 일 아니었겠느냐는 것이다.[55]

김옥균이 일본의 절해고도 오가사와라 유배 시절에 남긴 휘호가 '정관(靜觀)'이라는 게 아쉬운 대목이 아닐 수 없다. 정관이란 사물을 관찰하고 그 이치를 생각한다는 뜻이다. 과연 조선의 개혁을 위한 길이 오직 김옥균이 생각했던 길 한 가지밖엔 없었던 것인가? 쿠데타든 합법적 방식이든 여러 갈등세력 간 '제로섬 게임'을 기반으로 삼는 개혁 방안은 오늘날에도 기승을 부리고 있으니 이를 어찌 보아야 할 것인가?

04

김옥균·홍종우 평가 논쟁

일본은 김옥균 암살계획을 몰랐는가?

김옥균 암살 사건에서 한 가지 짚고 넘어갈 점은 일본의 역할이다. 일본은 과연 그 암살계획을 사전에 몰랐을까? 신기현은 김옥균 암살에 대해 "단순히 홍종우 개인의 계획과 출세욕에서만 비롯된 것이었을까?"라는 의문을 제기하면서 다음과 같이 주장했다.

"암살 사건의 사후 처리과정을 보면 우리는 거기에서 또 다른 가능성을 발견할 수 있다. 이 사건의 배경에는 당시 동북아 여러 나라의 복잡한 이해관계가 얽혀 있었다는 것이다. 갑신정변 당시 민씨 일가를 통해 권력을 쥐고 있던 청국과, 김옥균에 대한 지원을 약속했다가 국제정세의 변화에 따라 그를 내팽개친 일본의 묵인 속에 민씨 일가의 사주를 받은 홍종우가 그를 살해한 것으로 볼 수 있기 때문이다. 김옥균은 새로운 희망을 안고 상하이로 떠났다지만 그의 죽음은 일

본·중국·조선 정부에 의해 이미 예상되었으며 조직적인 음모가 진행되고 있었다."⁵⁶⁾

금병동은 "일본은 김옥균이 암살되기 거의 두 달 전 암살계획을 알았습니다. 암살자들의 이름을 알았고 그들의 거처도 알았습니다. 그러나 일본은 암살계획이 순조롭게 진행되는 것을 방조할 뿐 아무런 조치도 취하지 않았습니다. 일본은 김옥균의 암살에 가담한 것이나 다름없습니다"고 주장했다.⁵⁷⁾

그럼에도 당시 일본 신문들은 이 사건을 일본의 '국가적 수치'로 받아들여 연일 대서특필했다. 특히 김옥균의 지인이었던 재야 논객들은 조선과 청국에 대한 응징론을 제창하기도 했다.⁵⁸⁾ 특히 일본의 우익들은 이 사건을 이용하기로 마음먹고 조선에 출병(出兵)을 해야 한다는 주장을 폈다.⁵⁹⁾

4월 14일 김옥균의 유해가 서울 양화진에서 능지처참된 날 주한일본공사 오시마는 조선 조정에 "암살범 홍종우를 정치에 중용하지 말라"고 권고했다. 그러나 두 달쯤 뒤인 7월 1일 조선 조정은 전시(임금이 직접 관장하는 과거시험)를 시행해 홍종우를 급제시켰고 홍문관 교리로 전격 발탁했다. 황현이 『매천야록』에서 "이 특별 전시는 일명 '종우과'로 불렸다"고 기록하고 있듯이 이 시험은 김옥균을 암살한 홍종우를 등용하기 위한 '특채' 였다.⁶⁰⁾

홍종우, 출세를 위한 변신이었나?

홍종우는 청일전쟁 직후 득세한 개화파를 피해 청나라로 망명했다가 아관파천이 일어나면서 일본세력이 약화되자 다시 조선의 정치무대로 복귀했다. 그는 의정부 총무국장, 평리원(지금의 대법원) 재판장 등 요직을 두루 거치면서 갑오개혁과 명성황후 시해에 관여한 인사들의 체포를 주도했다. 서사봉은 이후 홍종우의 활동에 대해 다음과 같이 말했다.

"이후 황국협회에 가담해 독립협회와 만민공동회 탄압에 앞장선 홍종우는 그러나 일본의 조선에서의 지배권 확립이라는 '대세'를 거스를 수는 없었다. 홍종우는 1903년 1월 제주목사로 좌천된 뒤 1905년 4월 조선의 정치무대에서 자취를 감춘다. …… 제주목사에서 물러난 홍종우는 경술국치 직전인 1909년 12월 상하이를 거쳐 프랑스로 망명했다. 그러나 육십 노인의 망명생활은 쉽지 않았다. 다시 1년도 안 돼 귀국한 그는 한때 어린 시절을 보낸 전남 무안에서 숨어 살아야 하는 비참한 말년을 보냈다. 족보에는 '1913년 1월 2일 무안에서 숨져 (서울 마포구) 아현에 묻혔다'고 씌어 있다."[61]

서사봉은 "유학시절 개화사상 신봉자였던 열혈청년 홍종우가 개혁의 선봉자였던 김옥균을 살해하고 개혁의 반대편에 섰던 이유는 무엇일까. 그의 변절을 끌어낸 것은 바로 '출세를 보장한다'는 이일식의 유혹이었던 것이다. 출세를 위한 변신, 그것은 100년 전이나 지금이나 마찬가지인 것이다"라고 평가했다.[62]

이규태는 홍종우의 '과격한 성격과 용기'에 주목했다. 홍종우는 남양 홍씨라는 양반 명분 때문에 굶주리다 못해 과감하게 족보와 호패를 팔고 물장사를 하는 등 천인으로서 생계를 세웠다. 이규태는 "주변 사회에서는 이 명분을 버린 자를 소외하고 그 집 앞을 피해 다니기까지 했다"며 "이 소외에 대한 반항심이 고질이 되어 그의 일생은 과격한 반항으로 일관한다"고 분석했다. 홍종우는 "반체제의 보상과 체제

에의 적응을 위해 공명을 얻고자 김옥균 살해의 자객이 되고 만다"는 것이다.63)

조재곤의 홍종우를 위한 변호

종래의 역사는 김옥균을 '근대화의 선각자'로 평가하되 홍종우를 '근대화를 가로막은 수구파'로 규정했지만 조재곤은 홍종우의 김옥균 암살을 개화파와 수구파의 갈등이 아니라 개화파 내부의 갈등으로 보았다.64)

조재곤은 홍종우의 김옥균 살해 이유와 관련해 두 사람 사이에는 시대상황을 보는 눈의 차이, 특히 제국주의에 대처하는 문제와 지향해야 할 정치체제에서 분명한 대립점을 갖고 있었다는 점에 주목했다. "김옥균과는 달리 홍종우는 이 시기 조선이 근대 국가로 이행하는 데 가장 큰 장애물은 외국으로부터의 도전이라 인식하고 외부의 압력을 극복하면서 자주적 근대화를 추진하려고 하였다"는 것이다.65)

조재곤은 "개화파와 1884년의 갑신정변, 1896~1898년 독립협회, 만민공동회의 역사적 역할은 강조되어야 함이 마땅하지만 이러한 운동을 주도한 인사들만이 유일한 근대 지향 세력이었다고 이해하는 것은 바람직하지 않다"며 다음과 같이 결론 내렸다.

"'위정척사파' 혹은 미래에 대한 전망이 없는 보수 관료들과 극단적으로 대비시키고 역사적 정합성을 무시하면서 이들 세력을 무시하려는 시각은 이제는 지양해야 할 것이다. 적어도 개항 이후의 변화들을 충분히 인정하는 가운데 개혁 방안의 연속성과 차별성을 가려내는 것이 중요하다고 생각한다. 왜냐하면 같은 개화 인사임에도 불구하고 그들의 지향과는 달리 대외적으로 '자주와 독립', 내부적으로는 '공론과 공도'를 핵심으로 하는 홍종우와 같은 제3의 근대화 방안도 있었기 때문이다. 그동안 편견과 무지에 의해 역사의 '미라'가 된 홍종우에게 이제 '심장'을 박아줄 때가 되지 않았는가."⁶⁶⁾

일본의 김옥균 이용

사후 김옥균은 일본에 의해 이용당했다. 일제는 김옥균을 미화함으로써 반일(反日)정서를 누그러뜨리고자 했다. 이태진은 김옥균에 대한 "추앙 선전은 1906년의 통감부 설치, 1907년 7월의 고종황제 강제 퇴위 등으로 일본 세상이 된 뒤 서울 거리에서 활개를 치기 시작했다"며 다음과 같이 말했다.

"1908년에 공연되기 시작한 이인직의 『은의 세계』에서 '대역죄인' 김옥균이 처음으로 대중에게 근대 개혁가로 찬양되었다. 그리고 1910년 7월 29일 대한제국의 강제 병합을 앞둔 시점에서 친일파들에 대한 일괄적 복권 조치가 단행되었을 때 김옥균은 그 우두머리로 '유신의 수창(首倡)'과 '문명의 선각'으로 찬양되고 충달공(忠達公)이라는 시호까지 받았다."⁶⁷⁾

강점 후 1920년대까지 일제는 김옥균의 활동을 계속 과장, 미화했다. 조재곤은 "일본인들은 이후에도 김옥균을 '상징화'하고 '대중조작'에 이용했다. 게다가 독립이 요원한 상황에서 자포자기하거나 적극적인 기회를 모색하던 일부 조선의 지식인들도 그 대열에 동참하기 시작했다"며 다음과 같이 주장했다.

"식민지시대 말기에 이르면 일제는 만주사변을 시작으로 대륙침략을 본격화한다. 그 과정에서 대동아공영권을 통한 아시아 지배와 조선 민중에 대한 무제한의 통제 명분을 김옥균이 주장한 삼화주의에서 찾았다. 그때부터 김옥균의 삼화주의는 숱하게 왜곡되었다. …… 일본인보다 김옥균을 더 왜곡시킨 사람들은 그를 통해 반사이익을 챙기려는 조선의 친일 협력자들이었다. 조선 민중들에게 지탄을 받던 이들은 김옥균의 행적을 과장하거나 친일의 길로 몰아가면서 자기합리화의 단서를 마련했다. 그들은 김옥균을 동아시아의 선각자, 뜻을 이루지 못한 비운의 혁명가, 아시아 연대론의 선구자 등으로 규정하고 자신들도 김옥균을 정신적 지주로 삼아 그의 유지를 받들어 힘차게 매진하겠다는 논리를 폈다."[68]

일본의 김옥균 미화는 국내에서 김옥균과 갑신정변에 대한 부정적 평가의 근거로 거론되기도 한다. 예컨대 갑신정변을 "일본의 계략에 놀아난 하나의 해프닝에 불과한 것"으로 평가하는 이태진은 김태웅의 논문「일제강점기 김옥균 추앙과 위인교육」(2000)과 관련해 "이 논문은 '한국병합' 후 일본 낭인 출신들이 추앙 사업을 시작하고 친일 지식인들이 계속해서 위인 만들기 사업을 벌인 것을 자세하게 추적하여 본고의 논지를 크게 뒷받침하였다"고 주장했다.[69]

북한의 김옥균 평가

김옥균에 대한 평가는 양극을 치달린다. 개화파와 척사파의 견해가 다른 건 물론 개화파 내부의 견해도 다르다. 정변 동지 서재필은 "시대의 추이를 통찰하고 조선을 힘 있는 근대국가로 만들기를 절실히 바란" 위인으로 평가했지만 정변에 불참한 윤치호는 "위로 나랏일을 실

패하게 하고 아래로 민심을 흔들리게 한 경망스런" 인물로 폄하했다.[70]

북한의 김옥균 평가가 오락가락했다는 건 평가가 오늘의 정치적 맥락에 따라 결정되기도 한다는 걸 시사한다. 북한은 김옥균을 '친일 주구'로 악평해오다가 1958년 3월 김일성이 조선노동당 중앙위원회 연설에서 주체역사를 강조하며 김옥균에 대한 역사적 재평가를 촉구한 이래 김옥균을 유물사관에 입각한 사회발전단계설에 따라 조선 최초의 부르주아혁명가로 평가했다.[71] 이에 따라 1964년 북한 사회과학원 역사연구소는 『김옥균』을 펴냈다.

또 1992년 4월에 발간된 김일성 회고록 『세기와 더불어』 제1권은 "김옥균이 지도한 갑신정변이 '3일 천하'로 끝난 것은 매우 아쉬운 일이다. 이들의 혁신정강 중 인권평등·문벌폐지·인재등용·청나라에 대한 종속관계의 단절 등은 모두 진보적인 것이다. …… 그가 정변 준비과정에서 일본의 도움을 받은 것이 친일의 표적이었다. 우리는 이것을 공정한 평가라고 보지 않는다"고 주장했다.[72]

이어 김일성은 "그래서 나는 력사학자들에게 김옥균의 개혁운동에서 인민대중과의 결합에 주의를 돌리지 않은 것은 물론 잘못이다, 그렇지만 일본의 힘에 의거하였다고 그것을 친일로 평가하면 허무주의에 떨어진다, 그가 일본의 힘을 리용한 것은 친일적인 개혁을 단행하자는 데 목적이 있는 것이 아니고 당시의 력량관계를 면밀히 타산한 데 기초하여 그것을 개화당의 편에 유리하게 전환시키자는 데 있은 것이다, 당시로서는 불가피한 전술이었다고 말해주었다"고 했다.[73]

북한의 『김옥균』에 대해 김용구는 "이 저술은 유물사관에 입각해 갑신정변을 한국 역사에 나타난 부르주아혁명으로 해석해야 한다는 강박관념의 산물이었다. 그리고 취급한 자료들이 극히 제한돼 있었고

1880년대 조선 사회에서 부르주아계급이 존재했다는 것을 무리하게 증명하려는 약점을 지니고 있다. 그러나 북한에서 나온 지금까지의 연구 중 가장 학문적인 외양을 지니고 있는 업적임에는 틀림없다"고 평가했다.[74]

신복룡의 평가

김옥균 이야기는 오늘날에도 계속되고 있다. 『한국일보』 1993년 11월 23일자는 '개혁풍운아 김옥균' 연재(15회)를 시작하면서 다음과 같이 말했다.

"수구파 세력의 제거를 통해 새로운 근대 국가를 세우려 했던 1884년 12월의 갑신정변은 외세 의존적이라는 한계에도 불구하고 진정한 자주독립과 근대화를 목표로 한 우리나라 최초의 개혁이다. 세계 열강의 침략적 촉수가 어지럽던 우리 역사의 여명기에 갑신정변의 중심에 섰던 김옥균의 삶은 사회적 진보와 국권수호를 위해 뜨거운 포부와 사상을 가졌던 한 혁명가의 대담한 시도와 '3일 천하'적인 성공, 처절한 좌절로 점철돼 있다. 내년은 갑신정변이 일어난 지 110년, 김옥균이 한중일의 공모에 의해 암살된 지 100주년이 되는 해이며 올해는 문민정부에 의해 새로운 미래상이 의욕적으로 펼쳐지는 '개혁의 해'이다. 김옥균의 파란만장한 삶의 역정과 그가 꿈꾸었던 새로운 세상의 구도 등을 한국과 중국·일본 등의 현장취재를 통해 재조명해본다. 지지기반이 허약했기 때문에 비참한 실패로 끝나기는 했지만 한 선구적 인간이 지녔던 빛나는 이상은 세월에 의해 빛이 바래지는 것이 아니기 때문이다."[75]

2001년 7월 신복룡은 "그에 대해서는 사람에 따라 좋고 싫어함이 판이하다. 그를 개화기의 뛰어난 인물로 보는 학자들이 있는가 하면 한낱 친일의 무리로 비하하는 시각도 적지 않다. 김옥균을 평가할 때 우리는 그의 이념이나 공적에 초점을 맞추지 않고 그 그릇에 초점을 맞추는 것에서 훨씬 더 교훈적인 답을 얻을 수 있다"며 다음과 같이 주장했다.

"그가 난세에 태어나 일세를 풍미했으니 영웅임에는 틀림없겠지만 과연 후대에게 긍정적인 교훈과 업적을 남겼는지에 대해서는 나는 부정적이다. …… 스무 살 남짓한 대원 스물 몇 명으로 혁명을 성사하려 했던 무모함에 대한 비난을 면할 수 없을 뿐만 아니라 동지들은 투옥당하고 멸문(滅門)의 화를 겪는데 자신은 일본으로 망명했다는 것은 삶과 죽음을 함께하며 조국을 위해 싸우겠다던 동지로서의 의리가 아니었다. …… 김옥균은 비범했음에는 틀림없으나 결국 재승박덕(才勝薄德)한 사람이었다. 그는 그릇에 넘치게 물을 담으려 했다. 그것은 허욕이고 오만이었다. 이러한 실수는 한 사람의 불행으로 그치지 않고 우리 역사를 누란(累卵)의 위기로 몰아넣었다. 김옥균은 우리의 자식들이 읽을 영웅전의 주인공은 결코 아니다."[76]

하영선·허동현의 평가

2006년 6월 26일 서울대 교수 하영선(국제정치학)은 '21세기의 김옥균 20여 명과 함께한 답사여행'으로 김옥균의 도쿄 아오야마 묘를 찾은 소감을 『중앙일보』에 기고했다. 그는 "우리를 반갑게 맞아주는 '嗚呼 抱非常之才 遇非常之時 無非常之功 有非常之死(아 슬프다. 비상한 재주를 가지고 비상한 시국을 만나 비상한 공이 없이 비상한 죽음만 있었으니)'라는 묘비문의 시작은 오늘따라 유난히 애절하게 가슴에 다가왔다. 아무도 돌보지 않아 잡초만 무성한 묘 앞에서 21세기의 젊은 주인공들과 함께 19세기 조선과 21세기 한반도의 비상시국을 함께 고민하는 묘지 세미나를 했다"며 다음과 같이 말했다.

"자타가 공인하는 매력남 김옥균은 실패한 19세기 386 정치인들의 중심인물이다. 그럼에도 불구하고 100여 년이 지난 오늘 그를 찾는 데는 이유가 있다. 21세기 386 정치인들이 과거의 시각에 붙잡혀 미래의 변화를 제대로 내다보지 못하고 우왕좌왕하고 있는 것에 비해서 김옥균은 예(禮) 중심의 천하질서가 부국강병 중심의 국민국가질서로 대변환을 겪고 있는 비상시국의 긴박함을 제대로 읽고 있었다. 그런데 왜 비상한 공을 이루지 못하고 총에 맞아 죽은 시체마저 갈가리 찢기는 비상한 죽음을 맞이해야 했는가. 한마디로 비전을 실천할 수 있는 국내외 역량 동원에 실패한 것이다. 바깥으로는 아편전쟁(1840) 이래 비교우위를 상실한 천하국가 중국 대신에 화려하게 등장한 새로운 주인공인 구미 열강의 근대국가들을 제대로 활용할 수 없었다. 결국 궁여지책으로 재빨리 아류 근대국가로 성장한 일본의 도움을 위험을 무릅쓰고 시도했으나 호랑이 굴에 제 발로 걸어 들어간 셈이 됐다. 안으로는 당시 민영익 등을 중심으로 하는 정치 주도세력과의 협력에 실패하고 삶과 죽음의 갈림길에 서게 된다. 결국 역량 면에서 설익은 갑신정변(1884)을 무리하게 추진함으로써 심각한 개혁세력의 약화와 죽음을 초래했다."[77]

2007년 5월 허동현은 김옥균에 대한 엇갈린 평가들을 교통정리하는 시도를 했다. 그는 "오늘 우리 학계의 김옥균관도 평자가 서 있는 곳과 지향하는 바에 따라 서로 충돌한다"며 다음과 같이 말했다.

"남의 국민과 북의 인민이 하나 되는 민족을 단위로 한 국민국가의 완성과 민중이 주인 되는 세상을 가슴에 품고 있는 한국 사학자들은 근대 국민국가를 세우려 한 그의 이상에는 공명하되 일본에 의존하고 민중의 힘을 도외시 한 그의 전략에 대해서는 부정적이다. 대한민국이란 국민국가의 자본주의적 성장을 지속하기 위해 민족에서 인민을 분리할 것을 주장하는 경제사학자들은 민족을 넘어 제국의 품안에서 발전을 도모한 그의 개혁 방법론을 긍정하나 당시 그를 비롯한 개화파의 역량에 대해서는 회의적이다. 이들은 모두 근대화를 역사의 필연으로 보기에 그를 부국강병 프로젝트를 이끈 '근대화운동의 선구자'로 호평한다. 하지만 민족과 자주를 중시하는 이들의 눈에 비친 그는 '조국을 외세에 판 반역자'에 불과할 뿐이다. 또한 갈수록 거세어지는 신자유주의의 압박과 제국의 지배에 맞서 싸우기 위해 민족과 국가를 넘어선 지역공동체의 수립이 필요하다고 보는 탈민족의 시각으로 볼 때 그는 최초의 '동아시아 공동체주의자'로 비칠 것이지만 근대성을 더 이상 구현해야만 할 역사적 진보나 보편적 선으로 보지 않는 탈근대주의자에게 그는 '근대화를 빙자해 마구 살육을 범한 범죄자'일 뿐이다."[78]

과연 어떤 가치판단 기준과 입장을 택해 김옥균과 갑신정변을 평가할 것인가? 정답이 있을 리 없다. 정답이 있다면 그건 자신과 다른 기준과 입장을 택한 사람의 의견을 존중하면서 제3자를 대상으로 자신의 기준·입장의 설득력을 높여나가는 게 옳다는 점일 것이다. 김옥균 일행의 '3일 천하'가 낳은 비극과 같은 종류의 비극을 반복하지 않기 위해서라도 그런 자세를 갖는 건 꼭 필요하다.

05

동학농민군의 고창 무장 기포

고창 무장 기포

고창 무장으로 피신한 전봉준은 무장의 대접주인 손화중(1861~1895)을 설득, 1894년 4월 25일(음력 3월 20일) 무장에서 기포(起包)했다. 기포라 함은 동학조직인 포를 중심으로 일어난 봉기란 뜻이다. 전봉준·손화중·김개남(1853~1895) 등 지도자들은 밀사를 시켜 충청도와 금산 지역에 격문을 보내 호응할 것을 요구하는 등 연합전선 형성에 노력을 기울이면서 정식 선전포고(포고문)를 발표했다.

그 내용은, 조정에는 간신들이 모여 온갖 부정을 일삼으면서 임금의 총명을 가리고 외방에는 수령들이 갖은 수탈을 일삼아 백성이 살수가 없으며 나라에는 국비로 쓸 재물이 없고 탐관오리들은 호사롭게 살고 있어서 '보국안민'의 기치를 내걸고 일어선다는 것이었다. 그 끝에는 전봉준·손화중·김개남의 서명이 있었다.[79]

고창군 공음면 구수내에 위치한 동학농민혁명 기념탑에 새겨진 동학농민혁명 포고문.

무장 창의문(倡義文)은 "지금 우리 성상께서는 인효 자애하시고 신명(神明) 총예(聰睿)하시어서 현량하고 정직한 신하가 있어 잘 도와 다스리게 한다면 요순의 교화와 문경(文景)의 치적을 틀림없이 바랄 수 있다"고 밝힘으로써 고종의 왕권 유지를 보장하면서 다음과 같이 말했다.

"그런데 지금의 신하된 자들은 나라에 보답할 것은 생각지 않고 한갓 봉록과 지위만을 도둑질해 차지하고 성상의 총명을 가리우고 갖은 아첨과 아양을 부려 충성되게 간하는 선비를 가리켜 요망한 말이라 하고 정직한 사람을 비도(匪徒)라고 하여 안으로는 나라를 돕는 인재가 없고 밖으로는 백성에게 사납게 구는 관리만이 많아서 인민들의 마음이 날로 더욱 변해가고 있다. 집에 들어가서는 삶을 즐길 만한 생업이 없고 나가서는 몸뚱이를 보호할 방책이 없다. 사나운 정치가 날로 번져서 원망하는 소리가 서로 이어지고 있다. 군신의 의리와 부자의 윤리와 상하의 분별이 드디어 다 무너지고 하나도 남지 않았다."[80]

부안 백산 대회

무장에 모인 4000여 명의 농민군은 1894년 4월 28일 다시 고부를 점령해 폐정을 없애고 부안 백산(白山)으로 이동해 더욱 큰 규모로 모였으니 이게 바로 5월 1일(음력 3월 26일) 백산 봉기다. 백산은 해발 50미터 내외의 낮은 산이지만 부안·김제·고부·태인 등지로 통하는 교통의 요지로 고부들판이 한눈에 들어오는 곳으로서 농민군이 집결하기에 매우 유리한 지점이었다.

이곳에서 1만 1000여 명의 농민군이 집결했는데 농민군이 모두 서면 흰옷 때문에 산이 모두 하얗게 보이고 앉으면 죽창이 머리 위로 덮여 죽산을 이룬 듯이 보였기 때문에 "서면 백산이요 앉으면 죽산이라"는 말이 나왔다. 전봉준은 총대장, 김개남과 손화중은 총관령을 맡았으며 이들은 계속 고종의 왕권 유지는 보장했지만 서울 공략의 최종 목표까지 선포하는 등 조정을 향해 선전포고를 했다.[81]

이때 전봉준은 동학군에게 사람은 죽이지 말고 재물을 손상하지 말 것, 충효를 다하여 제세안민(濟世安民)할 것, 왜이(倭夷)를 축멸(逐滅)하여 성도를 밝힐 것, 병(兵)을 거느리고 입경하여 권귀를 모두 죽일 것 등의 강령을 선포했다.[82]

황토현 전투

농민군의 주력부대는 전주를 목표로 북상해 태인을 접수하고 금구현 원평으로 나아갔다. 그러나 5월 7일 관군 1만여 명이 몰려온다는 소문을 듣고 주력부대를 남하하기로 결정했다. 5월 8일 부안을 점령하고 5월 10일 밤부터 11일 새벽에 걸쳐 2000여 명의 농민군은 뒤늦게 황토현에 주둔하고 있던 2260여 명의 관군을 기습해서 대승을 거두었다.[83]

황토현 전투는 농민군이 관군과 접전을 벌여 거둔 최초의 승리였다. 그때 관군의 시체는 황토현 논바닥에 널려 있었는데 시체 주머니에는 약탈한 금은붙이가 가득 들어 있었고 더러 남자로 변장한 여자들도 섞여 있었으니 이는 관군의 군기가 그만큼 형편없다는 걸 보여준다.[84]

관군 속엔 향병·영병·용병부대인 보부상이 섞여 있었다. 영병은 향병처럼 관군은 아니면서도 향병과는 달리 훈련을 받은 병대인데 이들은 아직 전진(戰陣)을 겪어보지 못해 향병과 다를 것이 없되 교만하고 사나워 다루기가 어려웠다. 이들은 약탈로 악명을 떨쳤다.[85]

5·16은 이념 면에서 동학혁명과 일맥상통?

황토현 전투가 벌어졌던 자리에는 황토현기념관(전북 정읍군 이평면 하학리)과 동학혁명탑이 자리 잡고 있다. 이것들이 세워지게 된 사연은 이렇다.

1963년 10·15 대통령선거에 출마한 당시 국가재건최고회의 의장 박정희는 갑오동학혁명기념탑을 세우더니 선거 한 달을 앞두고 부랴부랴 제막식을 가졌다. 박정희는 정읍에서 "이번 선거가 구악정권과 민중세력의 대결"이라며 "5·16은 이념 면에서 동학혁명과 일맥상통"한다고 주장했다.

이에 대해 최현식은 "박 의장의 아버지가 동학의 접주였다나. 그런데 그 자리에 하얀 소복을 입은 여자가 전봉준의 딸이라고 나타나 식장이 발칵 뒤집혔어. 물론 나중에 가짜로 밝혀졌지. 나이를 따져보니 전봉준이 죽고 난 뒤에 태어났더라구"라고 회고했다.[86]

1967년 12월 갑오동학혁명기념사업회(초대회장 전용필)가 창립되어 1968년 4월 26일 백산 봉기일에 맞춰 제1회 갑오동학혁명기념문화제가 정읍농고(현 정읍제일고)에서 치러졌다. 이어 1971년부터 문화제 행사를 황토현 전승일(1894년 4월 7일)로 바꿔 그해 5월 11일 치른 이후 우여곡절을 겪으면서 관 주도로 바뀌었다가 1995년에서야 민간 주도로 환원되었다.

김대중의 참여 때문에 빚어진 사건

우여곡절 중의 하나는 1980년 행사 때 정치인 김대중의 참여로 인해 빚어진 사건이었다. 정읍문화원장 최현식의 증언이다.

"1980년에 초대회장인 전용필 씨가 다시 회장을 맡고 그해 동학제를 준비하고 있었습니다. 정치규제법에서 풀려난 김대중 씨가 동학제에 참석코자 한다는 것이었어요. 시대적인 분위기가 묘했던 만큼 사업회 집행부에서 공식초청 여부를 놓고 갑론을박했어요. 찬성하는 측은 김 씨가 여러 모임에서 동학혁명 정신을 잘 계승 발전시켜야 한다는 요지의 강연을 자주 하는 등 기념사업회의 뜻을 잘 이해하고 있으니 참석을 굳이 막을 필요가 없다는 것이었고 반대하는 측은 기념제를 정치적으로 이용당해서는 안 된다는 주장이었지요. 결론을 내리지 못하고 회장에게 일임했는데 전 회장이 아무도 몰래 전주까지 가서 초청장을 발송했다는 겁니다."[87]

결국 1980년의 동학제는 '엄청난 정치집회'로 치러졌고 후유증 또한 엄청났다. 도지사·경찰서장의 목이 줄줄이 날아갔고 전용필도 구속돼 40일 만에 풀려났다. 그해 11월엔 기념사업회에 사실상 자진해산 명령이 떨어졌다. 기념사업회의 설립목적인 기념문화제·동상·사당·기념관·강당 건립 등을 정부에서 다 해주겠다는 조건이었다. 기념사업회는 간판을 내렸고 민간 주도의 유일한 기념행사가 관 주도로 넘어가고 말았다.[88]

제5공화국 정권은 1981년 황토현 일대와 전봉준 고택을 사적지로 지정했고 1983년 황토현 기념관을 건립했다. 1984년엔 "현충사처럼 성역화하라"는 대통령 전두환의 지시에 따라 황토현 일대가 크게 정비되었다. 이에 대해 박명규는 "정부가 황토현 전적지를 성역화하고 전봉준의 동상과 기념관을 세우게 된 것은 이 사건에 대한 상징적 효과를 독점하려는 의도의 발로였다"며 다음과 같이 말했다.

"동학농민전쟁이 권위주의 정권에 대한 비판의 상징적 자원으로 활용되지 않고 추상적 의미에서의 애국심, 자기희생의 정신, 전봉준이라는 개인의 위대함 등으로 상징화되기를 원하였기 때문이다. 이 점에서도 1980년대 전반은 그 앞 시대를 철저하게 추종하였다고 볼 수 있다."[89]

오늘날엔 '정치적 의미'보다는 '경제적 의미'가 더욱 중요하게 되었다. 2007년 '제40회 황토현동학축제'를 앞둔 3월 27일 정읍시를 방문한 전북도지사 김완주는 "황토현 일원의 유적지를 새로 정비해 동학농민혁명기념관과 연계한 수익구조를 찾아야 한다"며 "동학농민혁명기념관 유지관리비 등 관련 예산의 국비확보가 어려운 만큼 현재의 상태와 구조를 개선해 새로운 방안을 모색해야 한다"고 말했다.[90]

하긴 동학농민전쟁이 새로운 세대에겐 너무도 낯설어 기념을 하는 일조차 쉽지 않게 된 상황에서 그렇게 하는 것이 기억을 되살릴 수 있는 현실적인 방안인지도 모르겠다. 비단 동학농민전쟁뿐만 아니라 개화기 시절에 일어났던 모든 주요 사건들이 그런 운명에 처해져 있는 만큼 이제 우리는 기억과 기념의 새로운 문법을 개발해내야 하는 건 아닐까?

06

동학농민혁명 기념일 논쟁

고부 기포설 대 무장 기포설

2004년 제정된 '동학농민혁명 참여자 등의 명예회복에 관한 특별법'에 따라 동학농민혁명 기념일을 지정해야 하는데 각 지역·단체의 이해관계와 연구자의 시각 차이로 대립이 계속되고 있다. 전국의 동학농민혁명 관련 단체들이 정식 발족을 앞두고 한시적으로 만든 동학농민혁명기념재단(이사장 이이화)이 기념일 날짜를 합의해 정부에 제출하면 정부는 이를 국경일로 지정해 매년 국가적 행사로 치를 예정이다.[91]

그간 거론된 기념일은 음력으로 1월 10일(전북 정읍 고부 봉기), 3월 20일(고창 무장 기포), 3월 25일(부안 백산 대회), 4월 7일(정읍 황토현 전승), 4월 27일(전주 입성), 11월 8일(공주 우금치(티) 전투) 등이었지만 주요 논쟁은 '고부 대 무장'의 구도로 이루어졌다.[92]

1985년 신용하는 그간 유력시돼왔던 고부 기포설을 전면 수정하는 무장 기포설을 제기했는데 이는 고부민란과 동학농민전쟁 간의 단절론이었다. 고부민란은 어디까지나 고부 일원에 국한되어 전개된 민란이었고 약 2개월 만에 막을 내린 사건이라는 것이다.[93]

신용하는 "고부민란에서는 봉건적 가렴주구를 반대하는 반봉건 경제 투쟁은 있었"지만 "반봉건 신분 투쟁과 봉건적 중앙권력을 부정하는 반봉건 정치 투쟁은 아직 본격적으로 대두하지 아니하였다"고 주장했다.[94]

그러나 신복룡은 1996년 신용하의 주장이 학계 일각에서 받아들여지는 것과 관련해 "이것은 잘못된 시대구분이다"라며 "고부민란을 굳이 떼어내 하나의 민란으로 봄으로써 혁명의 전개과정에서 이를 누락시킬 것이 아니라 이를 1차 기포로 보는 것이 옳을 것이다"라고 반박했다.[95]

무장 기포에 대한 정읍의 반발

이 논란은 2007년에 다시 크게 불거졌다.

2007년 3월 28일 정읍동학농민혁명계승사업회 조광환 이사장은 "동학농민혁명 참여자에 대한 명예회복 특별법이 제정된 이후 전국적으로 30여 개의 동학 관련 단체가 난립하는 양상을 보이고 있다"며 "정부에서 추진하는 동학재단은 혁명의 발원지인 정읍시에 유치돼야 하며 정부가 추진 중인 동학농민혁명 기념일 제정 또한 정읍시 고부면 봉기를 기점으로 해야 한다"고 주장했다.[96]

2007년 4월 12일 동학농민혁명기념재단 이사장 이이화는 고창군 주관으로 열린 미래포럼의 '동학농민전쟁은 왜 일어났나' 라는 특강에서 "동학 기념일은 역사적으로 볼 때 사실상 동학농민혁명이 시작된 1894년 3월 20일(음력) 무장 기포를 기념일로 제정하는 것이 바람직하다"고 말했다. 그는 역사적인 사건의 기념일은 역사성과 대표성·상징성·대중성·현재성 등이 두루 내포되어 있어야만 한다고 밝히고 "무장 기포(음력 3월 20일)는 창의문에도 명확히 제시되어 있듯이 동학농민혁명의 역사적 성격과 의의가 잘 드러나 있을 뿐 아니라 최초의 창의문이 전국 곳곳에 반포되어 실제 동학도들이 혁명에 참여하는 상징성을 가지고 있다"고 말했다. 또 그는 "최초의 창의문(성명서)이 전국 곳곳에 반포되는 등 상징성이 커서 학계의 80퍼센트 이상이 무장 기포일을 기념일로 원하고 있다"며 "지역 이기주의를 벗어나 합리적인 판단을 해야 한다"고 말했다.[97]

이에 대해 조광환 정읍동학농민혁명계승사업회 이사장은 "혁명 관련 사발통문 등에는 고부 봉기가 민란의 한계를 뛰어넘어 중앙권력 교체까지 언급하고 '고부 기포'라는 표현이 나오며 관군 출동이 '무장'이 아니라 '고부'인 점 등이 상징성을 드러낸다"며 "모두가 공감하는 토론회를 통해 기념일을 정해야 한다"고 반박했다.[98]

정읍의 관계자들은 "정읍에는 전봉준 장군 고택과 고부관아 터·만석보 등 스물두 가지나 되는, 전국에서 가장 많은 동학 관련 유적지가 산재해 있고 동학혁명의 본산지이자 발상지가 정읍이라고 모든 국민이 인식하고 있는 상황에서 동학 관련 유적지가 네 개에 불과한 고창의 무장 기포일로 국가적 기념일을 제정해야 한다고 주장하는 것은 어불성설"이라며 정읍시민과 함께 동학혁명 기념일을 지켜내는 데 온몸으로 투쟁하겠다고 밝혔다.[99]

정읍·고창 관계자들의 논쟁

2007년 4월 17일 정읍동학농민혁명계승사업회 조광환 이사장과 고부문화권보존회 은희태 회장, 정읍시의회 고영섭 의원은 정읍시청 브리핑실에서 기자회견을 갖고 "동학농민혁명기념재단 이이화 이사장의 지난 12일 고창 방문 특강 내용에 대해 역사성과 객관성이 결여된 주장이다"라면서 철회를 요구했다. 이들은 "이 이사장이 역사적 근거와 객관성이 결여된 사견을 가지고 마치 모든 학계와 동학농민혁명기념재단이 무장 기포일로 기념일을 제정하도록 의견을 모은 것처럼 호도하는 특강을 했다"며 "무장 기포란 용어는 현재 동학과 관련한 각종 사료 중 어느 한 곳에도 기술되어 있지 않다"고 주장했다.[100]

이에 고창문화원장 이기화는 『새전북신문』 4월 18일자 기고문에서 "동학농민혁명의 불씨는 고부에서 연유되고 고부에서 불을 붙인 것은 사실이지만 그것은 어디까지나 민란적 범주에 속한 것이지 공식적인 혁명적 봉기 장소는 누가 뭐라고 해도 고창 무장 땅의 당뫼골에서 이루어진 것이 사실이며 동학농민혁명의 삼걸인 전봉준·손화중·김개남도 고부 농민들의 느슨한 결속력보다는 고창에서 일어난 4000군의 핵심적인 주력부대를 통해 용기를 얻게 되고 희망과 자신감이 생겨 3월 23일(음력) 고부관아를 다시 치고 들어가 마침내 백산성의 대집결을 거둠으로써 동학농민전쟁의 기치를 높이 들게 된 것이다"며 다음과 같이 주장했다.

"동학농민혁명 113주년을 맞는 오늘날 동학혁명 기념일 재정을 앞두고 전북 정읍과 고창 지역으로 압축된 마당에 어느 특정 지역만이 동학혁명의 발상지요 본산인 것으로 또다시 불씨를 지핀다면 이건 무슨 꼴이 되겠는가. 이이화 기념재단 이사장이 마치 고부민란보다는 무장 기포일을 기념일 안으로 추천한 것으로 비쳐지고 있는데 내용을 확실하게 확인한 연후에 그런 발상이 뒤따라야지 신문에서 부추긴다고 무턱대고 발끈한다는 것은 신중치 못한 처사로 비쳐질 수 있다. 역사적 고비에 이른 이 마당에 잘못하다간 아전인수식 발상이나 지역주의의 표출로 오해를 불러일으킬 소지가 될 수도 있고 전북인의 치부로 비쳐질 수 있을 것 같아 어차피 우리 전북으로 귀결될 결정적 단계에서 우리 모두 차분하게 진인사대천명을 기대하며 이 글을 맺는다."[101]

무장 기포 기념일 행사

2007년 4월 25일 동학혁명 최초의 창의문이 포고된 무장 기포 기념일을 맞아 동학 기포지인 공음면 구수내와 무장읍성에서 제113주년 동학농민혁명 기념행사가 거행됐다. 고창동학농민혁명기념사업회(회장 진남표)에서 주최하고 동학농민혁명참여자명예회복심의위원회 · 전라북도 · 고창군 · 동학농민혁명유족회 · 고창문화원 · 각급사회단체가 후원해 열린 이날 행사는 기관단체장 · 기념사업회원 · 읍면군민 · 농업인 · 군민 · 공무원 · 4H회원 등 1200여 명이 참여해 113년 전의 동학농민군이 그랬듯이 보국안민을 위한 창의 포고문을 낭독했다.

진남표 기념사업회장은 고사문에서 "그때 이 구수내 강변을 가득 메운 선열들의 노도와 같은 분기의 함성은 오늘날 우리들이 만끽하고 있는 민주 발전의 큰 씨앗을 뿌려주셨다"며 "그날 이 자리에 모인 4000여 농민군 중에 우리 고장 출신이 3500여 명으로 그 주축을 이루었다는 역사적 사실을 우리는 가슴 깊이 명심하고 있다"고 말했다.

이강수 고창군수는 추도사를 통해 "오늘 행사를 계기로 동학축제의 전국화 추진과 님들의 숭고한 정신을 계승 발전시키기 위해 학술회의의 정례화·동학농민성지화 전략사업을 관심을 갖고 추진해 고창이 동학의 성지로서 부끄럼 없는 역사적 사업들을 추진해나가겠다"고 밝혔다.

이날 행사는 기념식과 농악 공연을 마치고 1200여 명의 참석자들이 동학 발상지인 공음면 구수에서 최초의 관아를 점령한 무장읍성까지 8킬로미터의 진격로를 22시간동안 걸으며 당시 동학농민군의 뜻을 기리는 시간을 가졌다. 당시 상황을 재연한 진격로 걷기는 깃발이 앞장서고 하얀 민복과 밀짚모자를 쓴 1200여 명의 행렬이 뒤따랐다.[102]

백산 봉기 기념일 행사

2007년 4월 26일 동학농민혁명 제113주년 기념식이 부안 백산면 백산성에서도 열렸다. 동학농민혁명 백산봉기기념사업회(회장 김남용)가 주최한 이날 행사에는 국회의원 김춘진과 부안군수 권한대행 유영렬·유족·주민 등 1000여 명이 참석한 가운데 백산중·고학생 300여 명의 동학군 행렬을 시작으로 기념식·국악공연 및 신사발통문대회 등 전통계승 프로그램 순서로 진행됐다.

유영렬은 "동학혁명은 비록 뜻을 이루지는 못했으나 그 정신은 4·19혁명과 광주민주화운동을 거쳐 자유민주주의를 확고히 하는 데 기여했다"며 "부안군은 동학혁명의 역사문화적 가치를 높이기 위해 최선을 다 하겠다"고 말했다. 또 김남용은 "동학농민군의 후예임을 긍지로 삼고 있는 부안군민과 동학농민혁명의 역사적 대의에 공감하는 유족 및 주민들의 적극적인 참여로 해를 거듭할수록 동학농민혁명 백산 봉기 기념식이 빛나고 있다"고 강조했다. 부안군 관계자는 "오는 2008년까지 국·도비와 군비 100억 원을 투입하여 백산성 2만 5000여 평의 부지에 기념관 건립과 노적터·성곽복원 및 부대시설을 조성할 방침"이라고 말했다.[103]

정읍시의회의 성명서 채택

2007년 5월 1일 정읍시의회(의장 박진상)는 제125회 임시회를 열어 '동학농민혁명 기념일 제정 관련 이이화 이사장의 발언 철회 촉구 성명서'를 만장일치로 채택했다. 시의회는 고영섭 운영위원장의 대표발의로 채택한 성명서에서 "이이화 동학 농민혁명기념재단 이사장이 무장 기포일인 음력 3월 20일을 동학 기념일로 해야 한다는 무책임한 발언으로 지역 간 갈등을 초래하고 있다"고 주장했다.

시의회는 또 "정읍은 동학농민혁명의 발원지로 민중이 역사발전의 주체임을 보여주었고 봉건제도의 개혁 실현, 일제의 침략으로부터 국권을 수호하는 등 한국 근대사의 방향 결정과 민족 민주운동의 시발점이 되었음을 우리 모두가 다 아는 사실이다"라며 "왜곡된 역사를 바로 잡아야할 학자가 역사적 진실과 주체적 사실들에 대해 그 뿌리부터 흔들어서는 더더욱 아니 될 것이다"고 주장했다.[104]

그러나 '역사적 진실'은 하나의 모습으로 세상에 그 온몸을 드러내는 건 아닌 만큼 학자의 발언과 주장은 일단 선의 해석을 전제로 해야 할 것이다. 갈등해소에 별 도움이 되지 않을 상투적인 진술이긴 하지만 이 문제로 갈등을 빚는 모든 당사자들이 정녕 동학농민전쟁의 정신을 되새기면서 오늘에 되살리는 자세로 임해야 하는 게 아닐까?

07

동학농민군의
전주성 점령

농민군의 함평 점령, 대원군 감국 통보

1894년 5월 10일(음력 4월 6일) 초토사(招討使) 홍계훈은 청국 군함 평원호를 타고 800명의 경군(京軍)을 인솔하여 군산에 상륙했다. 다음 날 전주감영에 도착했을 땐 도망자가 많아 470명으로 줄었다.[105] 홍계훈은 농민군의 규모와 전투력에 놀라 서울에 증원부대를 요청했으며 정부군의 열세를 지적하면서 농민군의 진압을 위해서는 청군 병사를 빌려야 한다는 말도 했다. 이에 정부의 실력자 민영준은 고종에게 "청병의 내원(來援)을 요청할 것"을 건의했고 고종은 5월 16일(음력 4월 12일)과 18일에 대신회의를 소집해 이 문제를 의논했다. 이 청군차병안은 반대의견이 많아 부결되었는데 반대 논리는 다음과 같은 것이었다.

"반역죄를 용서하기는 어려우나 전부 우리 백성이며 우리 병사로서 토벌해야지 만약 타국의 병사를 빌어 토벌하면 우리 백성이 마음이 어떠하겠는가. …… 만약 청병이 들어오면 일본도 반드시 출병할 터 자칫하면 러시아병도 또한 들어와 장래 조선은 각국의 전장이 될 수도 있는 바이다."[106)

한편 황토현에서 승리한 농민군은 북상하지 않고 정읍의 연지원-홍덕-고창-무장-영광-함평-무안-나주를 거쳐 장성 황룡촌에서 경군을 맞을 때까지 남진을 했다. 남진의 이유에 대해선 설이 분분하나 신복룡은 동학세가 강성한 지역의 세를 이용하려는 의도가 있었고 무기를 포함한 모든 물자가 풍부한 나주를 점령하여 전주 공격을 위한 물량을 확보하려 했던 것으로 보았다.[107)

1894년 5월 20일(음력 4월 16일) 농민군은 나흘 전에 점령했던 영광을 출발하여 농민군 주력부대의 최남단 공격 목표였던 함평을 점령했다. 바로 이날 농민군은 최초로 관군사령관인 홍계훈에게 대원군으로 하여금 나라를 감독케 하겠다는 대원군 감국을 통보했다.[108)

5월 25일(음력 4월 21일) 조정은 뒤늦게 이용태를 금산군(지금의 김천)으로 유배를 보냈으며 5월 28일 조병갑을 잡아들여 문초하게 했지만 이미 때는 늦은 시점이었다.[109)

5월 25일 함평을 출발한 농민군은 5월 28일 장성에서 홍계훈의 경군과 맞붙었다. 이른바 황룡촌 전투다. 이 전투에서 농민군은 대승을 거둠으로써 사기가 고양된 건 물론 "왕의 명을 받드는 경군에는 대항하지 않는다"는 의식의 한계를 극복하는 계기를 마련했다. 또 이 전투 이후 농민군은 신부(神符)를 지니고 있어 총탄을 맞지 않고 또 맞아도 죽지 않는다는 이야기가 널리 나돌아 농민군의 성장을 가져왔다.[110)

청군 · 일본군의 출병

1894년 5월 31일(음력 4월 27일) 농민군은 전주성을 점령했다. 바로 전날 원평에서 임금이 관군을 위로하기 위해 내탕금 1만 냥을 들려 보낸 선전관 이주호 등의 목을 벰으로써 반봉건의 의지를 새롭게 다진 농민군은 그 기세로 무방비 상태로 놓여 있던 전주성을 사실상 무혈입성(無血入城)했다. 성안의 벼슬아치들은 모조리 도망을 쳐버렸고 전라감사 김문현은 성을 탈출하면서 농민군의 전주 입성을 막아내려고 서문 밖 주변의 수천 채의 민가를 불태워 쑥대밭을 만들었다. 김문현은 5월 22일자로 이미 파면돼 있었고 후임 김학진은 아직 부임하지 않은 상태였다.[111]

동학군이 전주성을 점령한 바로 그날 서울의 창덕궁에서는 김옥균을 제거한 축하연이 성대하게 열리고 있었다.[112]

조정은 다음 날인 6월 1일 급기야 청국에 정식으로 파병을 요청하기에 이르렀다. 그간 청국공사 위안스카이와 청군파병 문제를 놓고 비밀리에 몇 차례 회동했던 민영준이 조정 내부의 강한 반대의견을 억누르고 밀어붙인 결과였다. 고종은 성기운을 원세개에게 개별적으로 파견하여 따로 부탁을 하기도 했다. 이에 청국은 6월 6일 군을 전주와 가까운 충청도 아산으로 출발시켰으며 텐진조약에 따라 다음날 7일 일본에 출병을 통고했다. 6월 8일 청나라 군대 1500명이 아산만에 상륙했다.[113]

이미 6월 2일 정식으로 출병을 결정하고 때를 기다리던 일본은 청국이 정식 출병을 결정하기 전인 6월 5일에 500여 명의 군대를 일본에서 출항시켜 6월 9일 인천에 상륙케 했다. 이후 4000명 넘게 침입한 일본군의 선발대인 셈이었다. 청국은 조선 정부의 요청에 따른 출

청나라에서 농민군을 진압하기 위해 군대를 출동시키자 일본도 인천에 군대를 상륙시켰다.

병인 반면, 일본은 일본공사관 및 거류민 보호를 명분으로 하고 제물 포조약과 톈진조약을 출병의 법적 근거로 삼았다.[114)]

2000년 이태진은 당시 청군의 출병은 농민군의 봉기에 겁을 먹은 고종이 요청한 것이 아니라 반청(反淸)감정을 무력화하기 위한 위안스카이의 내정간섭 차원에서 이뤄졌다는 새로운 주장을 제기했다.[115)]

전봉준·김학진의 상충되는 고민

한편 농민군이 전주성을 점령한 바로 다음 날 홍계훈의 관군은 전주성이 훤히 내려다보이는 완산에 진을 쳤다. 양측은 두세 차례 전투를 벌이다가 6월 6일(음력 5월 3일) 사활을 건 대접전을 벌였다. 농민군은 이 전투에서 패배함으로써 사기가 떨어졌고 도망자가 속출하기도 했다.[116)]

전주성을 점령한 농민군과 새로 부임하여 삼례에 머물고 있던 전라감사 김학진에게는 상충되는 고민이 있었다. 전봉준의 경우 기대했던 북접의 호응이 없었고 완주 전투의 패배로 농민군의 동요가 일었고 성내 양곡이 바닥났다. 외부와 차단된 채로 고립무원의 상태에 빠진 것이다. 게다가 농번기가 되면서 농민들이 동요한 데다 청군의 출병 소식에 이어 일본군의 출병 소식도 전해졌다. 이때가 6월 8~9일경이었다. 김학진의 경우는 조정의 심한 압박을 받고 있었다. 전주성은 조선왕조의 본향이라 함부로 대포를 쏠 수도 없었다. 결국 김학진은 전봉준에게 밀사를 보내 자신의 뜻을 전하고 타협안을 제시했다.[117)]

김학진은 파직된 전라감사 김문현의 뒤를 이어 민심수습 차원에서 선택된 인물이었다. 그는 세도가 안동 김씨에 속한 인물이기는 했지만 이름난 척화파요 정치가인 김상헌·김수항의 직계 후손으로 청렴

하고 명망이 있었다. 이이화는 "당시 많은 벼슬아치들이 전라감사 임명을 애써 피하려고 요리조리 핑계를 대고 있었다. 임금이 그를 불러들여 전라감사 임명을 통고하니 그는 임금 앞에 엎드려 일어나지 않았다. 임금이 일어나라고 분부했으나 끝내 그대로 엎드려 있었다"며 다음과 같이 말했다.

"임금은 무슨 할 말이 더 있느냐고 물었고 김학진은 '편의종사'의 조처를 내려달라고 말했다. 임금은 이를 허락하지 않았다. 그러나 그가 계속 엎드려 있자 임금은 어쩔 수 없이 '편의종사하라'고 허락했다. '편의종사'란 수령이나 장수가 현지의 사정에 따라 임금의 결재를 받지 않고 우선 일을 처리할 수 있는 권한을 갖는 것을 말한다. 그는 집에 돌아와 떠날 차비를 하면서 아내를 보고 오열했다 한다. 김학진은 이렇게 해서 조정에서 맡긴 큰 짐을 지고 현지로 부임했다."[118]

전주화약 체결

김학진이 제시한 타협안의 결과 6월 11일(음력 5월 8일) 농민군은 정부와 전주화약(全州和約)을 체결하고 전주성에서 퇴거하여 해산해버렸다. 전주화약 후 조선 정부는 청일 양국에 철병을 요청했지만 이들은 듣지 않았다. 오히려 일본은 조선 정부의 강력한 반대에도 불구하고 일본군 420명을 서울까지 진주시켰다. 일본의 적극 공세에 당황한 청국과 조선은 청일 양군의 대치가 전쟁 가능성 및 열강의 간섭을 초래할 수 있다며 일본에 대해 철병을 요구했으며 리훙장은 영국과 러시아 등 열강의 거중조정을 의뢰했다.[119]

고종과 민영준의 대실책이었다. 주진오는 "농민전쟁이 일어났을 때 정부 내에서의 반응은 그동안의 실정을 반성하고 경장을 이룩하자는 대부분의 관료들과 강력한 무력진압을 추진하자는 왕실과 민영준으로 분열되었다"며 다음과 같이 말했다.

"그런데 경장을 한다는 것은 왕실과 민영준을 정점으로 하는 내무부의 책임을 스스로 인정하는 것이 된다. 따라서 왕실은 경군(京軍)의 투입을 추진하였고 그마저 실패하자 청군을 빌리자는 주장이 대두되었다. 거의 모든 관료들이 반대하였음에도 불구하고 고종과 민영준은 이를 추진하였다. 그 결과 일본이 출병하여 서울에 입성하는, 정권의 위기를 자초하였던 것이다. …… 이러한 위기국면을 벗어나기 위하여 민영준은 6월 22일 위안스카이에게 청군의 상륙을 취소해달라는 부탁을 하였다가 심한 모욕을 받고 고립무원의 형세에 빠지게 된다. 그에 따라 다음날 일본 측에 접근하기 위하여 심복이었던 안경수의 권유에 따라 김가진과 유길준을 내무부 참의와 외아문 주사로 발탁하였다. 그러나 이때는 이미 김가진 · 유길준 · 안경수 등과 일본공사관 측 사이에 정변 계획이 추진되고 있었다."[120]

농민군의 집강소 통치

농민군의 1차 봉기가 전주화약으로 매듭 되고 농민군이 전주에서 퇴각한 뒤 관민상화(官民相和)에 입각한 농민군의 자치, 즉 집강소(執綱所) 통치가 시작되었다. '집강'은 기강을 바로잡는다는 뜻인데 집강소는 동학농민혁명 이전부터 향촌사회에 있어 왔던 민간의 자치기관이었다. 농민군의 집강소는 호남 일원의 행정관청 안에 설치되었다. 형식상으로는 이원화 조직이었지만 피신했다가 돌아온 수령들은 형식

상으로 자리를 지키고 있었을 뿐 실제로는 동학농민군이 통치의 중심이었다.[121]

집강소의 중추적 기능인 집행기관은 집강(執綱)·서기(書記)·성찰(省察)·집사(執事)·동몽(童蒙)으로 구성되었으며 이 중에서 집행기관의 책임자였던 집강은 집강소의 총책임자로서의 권한을 가지고 있었다. 주로 청소년들로 구성된 동몽은 집강소와 집강소 간의 연락과 전령을 담당했으며 때로는 집강소 간부를 호위하거나 성찰의 보조적 역할도 수행했다.[122]

전봉준은 각 군현의 집강들을 통해 폐정개혁을 위한 12개 항의 행정요강을 공포하고 이를 집강소 운영의 준칙으로 삼도록 지시했다. 12개 항은, 도인(동학교도)과 정부 사이에 오래 끌어온 혐오의 감정을 씻어버리고 모든 행정에 협력할 것, 탐관오리는 그 죄목을 조사해내어 일일이 엄징할 것, 횡포한 부호들은 엄징할 것, 부랑한 유림과 양반은 징습(懲習)할 것, 노비문서는 불태워버릴 것, 칠반천인(七般賤人)의 대우는 개선하고 백정 머리에 쓰는 평양립(平壤笠)은 벗겨버릴 것, 청춘과부의 재가를 허락할 것, 무명잡세는 모두 거둬들이지 말 것, 관리의 채용은 지벌(地閥)을 타파하고 인재를 등용할 것, 외적과 내통하는 자는 엄징할 것, 공사채를 물론하고 기왕의 것은 무효로 돌릴 것, 토지는 평균하게 나누어 경작케 할 것 등이었다.[123]

농민군은 집강소 기간 중 사회 신분제를 스스로의 힘으로 타파하여 백정·노비 등 천민들을 해방시키고 상전과 종·양반과 백정이 서로 '접장'이라 부르며 맞절을 했으며 천민들은 노비문서를 불태우기도 하고 상전에게 먹고살 재산을 요구하기도 했다. 또 '동사생계(함께 살고 죽자는 모임)'나 '모살계(상전을 죽이자는 모임)'를 만드는 등 계급투

쟁의 양상이 나타나기 시작했다.[124]

손화중의 무리가 최강

재인패와 당골(무당) 등 천민이 많이 살던 고창 일대에선 수천여 명으로 구성된 천민부대가 이루어져 신분해방을 주도적으로 수행해나갔다. 손화중은 도내의 재인(才人)을 뽑아 1포(布)를 조직하고 홍낙관으로 하여금 이를 지휘하도록 했다. 황현은 "홍낙관은 고창의 재인으로서 손화중에 속하여 그 부하 수천 명이 민첩하고 정예병이었으므로 손화중이 비록 전봉준·김개남과 정족지세(鼎足之勢, 솥발처럼 셋이 맞서 대립한 형세)에 있었다 할지라도 실제로는 손화중의 무리가 최강이었다"고 기록했다.[125] 이이화는 "김개남을 급진파, 손화중을 온건파, 전봉준을 중도파로 구분"했다.[126]

김지하는 "동학농민혁명군의 주력이 떠돌이 유민집단이 아니라 생산에 종사하는 양인 농민이라는 정설을 인정하는 경우 손화중 포야말로 남접의 핵심이며 갑오동학혁명의 주력부대였던 것이 틀림없습니다. 그리고 이 손화중 포에 의해 전봉준 선생이 추대되어 영도자로서 나서게 되었던 것으로 생각됩니다"라면서 다음과 같이 말했다.

"손화중은 한꺼번에 비단 꽃주머니 여덟 개를 차고 다녔다고 합니다. 비단 꽃주머니란 다름 아니라 자기가 거느리고 있는, 자기가 살 붙이는 여인들의 정표올시다. 단 한꺼번에 비단 꽃주머니를 여덟 개씩 차고 다녔다는 것은 과시욕 때문에 그런 것이 아니라 그 당시의 풍속에 따라 그랬던 것이라 합니다. 여인을 여러 사람 거느릴 수 있는 그 당시의 풍속으로 보아 여덟 사람이나 거느릴 수 있다면 대단한 장자풍(長者風)의 인물이었을 것이라는 점을 미루어 짐작할 수 있습니다. 인촌 김성수의 부친은 인촌의 매씨(누이)를 손화중에게 주었다고 합니다. 무엇을 보고 주었을까요? 그것은 손화중의 명성 때문이요 손화중이 세상을 차지하리라는 전라도 일대의 우레와 같은 소문 때문이기도 했겠지만 그러나 현실적으로는 손화중의 어느 정도의 재산이나 큰 토호와 같은, 장자(長者)와 같은 물질적 태도를 전제하지 않고는 쉽게 이해하기 힘든 일이올시다."[127]

남조선 개벽을 꿈꾼 김개남

전주에서 농민군이 퇴각할 때 김개남은 전봉준·손화중과 길을 달리했다. 본명은 김기범으로 "남조선을 개벽한다(開南)"는 뜻으로 이름을 바꾼 김개남은 타협을 모르고 후퇴가 없는 강경파였다. 그는 전라좌도 곧 지리산 언저리로 진출해 남원을 중심으로 임실·장수·무주 등지를 자신의 지휘권 아래 두었다. 그도 노비·백정·승려·장인·재인을 중심으로 한 1000여 명의 천민부대를 거느렸다.[128]

이이화는 "그들은 온갖 차별의 굴레를 벗기기 위해 아니 사무친 원한을 풀기 위해 한번 활개를 친 것이리라. 집강소 시기 갑오개혁에 의해 이들은 일단 제도로는 신분해방을 얻었다. 그러나 양반이나 상전들은 이런 제도를 인정치 않으려 했다"며 다음과 같이 말했다.

"이때 동몽군들은 양반집에 딸이 있으면 수건을 문에 걸어놓고 '납폐'라고 하여 다른 남자에게 시집을 못 가게 하였다. 이에 딸이 있는 집은 귓속말로 혼약을 맺어 물을 떠놓고 화촉을 밝혔다. 이것은 '3일혼'이라 불렀다. 천민들은 양반이나 사족을 가장 미워하여 길에서 갓을 쓴 사람을 만나면 '네가 양반이냐'고 윽박지르며 갓을 벗겨 찢어 버리기도 하고 제 머리에 얹어 쓰고 다니며 횡행했다. 노비로 농민군을 따르던 자들은 말할 것도 없고 그렇지 않은 노비들도 주인을 겁주며 노비문서를 불태웠고 강제로 양인신분을 얻으려 했다. 더러는 그들의 상전을 묶어 주리를 틀기도 하고 곤장을 치기도 했다. 이런 일들은 특히 김개남부대에서 크게 일어났다. 김개남은 이들을 끌어안고 스스로 왕이라 자처했다고 한다. 이런 철저한 반봉건운동 탓으로 지금까지 김개남은 핍박을 받고 있다. 김개남은 흥선대원군의 밀사를 꽁꽁 묶어 죽이려 했고 현직 수령들이 고분고분 말을 듣지 않으면 서슴없이 칼로 쳤으며 전라감사 김학진과도 전혀 대화를 끊고 상대하지 않았다."[129]

동학농민군 전주 입성 113주년 기념행사

동학농민혁명기념사업회는 전주 입성이 있었던 1894년 5월 31일(음력 4월 27일)을 기념하기 위해 해마다 5월 하순에 행사를 개최하고 있다. 2007년 5월 26일부터 6월 3일까지 전주시 일대에서 열린 113돌 기념대회는 전주 다가공원-서문지(옛 다가동파출소 근처)-객사-선화당(옛 전북도청)-풍남문-경기전-완산칠봉 등의 순서로 혁명유적지를 답사하는 것으로 시작되었다. 이어 전국 고등학생 백일장대회 · 혁명자료 사진전 · 학생작품 전시전 · 판화찍기와 황토염색전 등 시민체험전과 '새야 새야 파랑새야' 문화공연 등이 열렸다.[130]

동학농민혁명기념사업회 이사장 이영호는 동학농민군 전주 입성 113주년을 맞아 "이러한 행사는 당시 농민군들이 목숨을 걸고 꿈꿔온

한 맺힌 희망이 100년을 지나 오늘을 사는 후를 살아가는 우리들에게도 같은 희망이 된다는 동시대의식에서 시작된 것이다"라며 다음과 같이 말했다.

"동학농민의 처절했던 혁명의 역사는 격동기 속에서 살아가는 우리들에게 재창조의 실천을 요구한다. 113년 전 농민들이 실천하려 했던 폐정개혁, 거기에서 우리의 현실은 얼마나 더 나아졌는가? 미국의 개방 압력 앞에서 굴복하고 있는 정부, 국민의 고함 소리에도 귀를 막고 있는 정부, 국내 거대 자본들의 독점적 지배의 경제현실, 군국주의 군대를 재건하려는 일본의 야욕의 현실 등 국내외적으로 위기를 맞고 있는 우리는 1세기 전 정세와 동일성을 겪고 있다. 동학농민군의 전주 입성 113주년을 맞으며 그들의 한(恨)과 함께 너무도 구체적이었던 개혁실천을 짚어보면서 우리 시대를 다시 짚어본다."[131]

제6장 청일전쟁과 갑오개혁

01

일본군의 경복궁 점령

일본 낭인들의 입국

1894년 6월과 7월 동학농민군은 항쟁을 잠시 멈추며 숨을 고르고 있었다. 김인숙은 이때 "일본은 조선에 본국 낭인들을 보내 농민군의 재봉기를 부추겼다"며 다음과 같이 주장했다.

"동학농민항쟁을 빌미로 비로소 조선에 진출할 수 있었던 일본군이었다. 전쟁의 개전 구실을 찾기 위해선 조선 땅에서 소요가 계속되어야 했다. 청이냐 일본이냐, 조정 대신들뿐 아니라 나라 전체가 갈가리 찢겨 싸워야 마음 놓고 한판 붙을 수가 있다는 계산이었다. 조선을 차지한 후 그들의 발길은 만주로, 중원으로 향할 것이었다. 그러기 위해서 먼저 조선을 장악해야 했다. 파열의 기회가 빨리 오도록 부추겨 먹구름이 낀 하늘로부터 세찬 비가 오게 하라."[1]

일본 낭인들이 모든 경우에 일본 정부의 지시만을 따른 건 아니었지만 농민군을 지원하기 위해 애를 썼다는 건 분명하다. 일본 정부와 내통한 가운데 이루어진 지원이라는 설도 있지만 '적의 적은 동지'라는 단순 논리에 따른 지원이었다는 설도 있다.

낭인들은 중앙에 진출하기 어려워진 정치 지향적 청년들로 1891년부터 한반도에 들어오기 시작했다.[2] 1890년대 일본 청년들 사이에서 베스트셀러였던 스즈키 덴간의 『입신문답』에서는 입신출세를 위해 도쿄로만 모여드는 것을 질타하면서 조선이나 중국 등 대륙으로 나아갈 것을 권장했다. 일본 내에서는 정치적 입신출세가 불가능하므로 대륙으로 건너가 정치적 입지를 구축하는 것이 바로 애국의 길이고 입신출세의 요령이라는 것이다. 이런 부추김의 영향을 받아 '대륙웅비의 꿈' '대륙에 대한 동경' '탐험가적 낭만' 등이 당시 젊은 청년들 사이에서 하나의 사회풍조처럼 유행했다.[3]

강창일은 "이들은 정치깡패나 건달 혹은 룸펜이 아니었다. 정치적 영향력 또한 과소평가할 차원이 아니었다"며 다음과 같이 말했다.

"일본 국내에서는 재야정치인으로 활동하면서 정부정책에 대해 시시비비하면서 정치적 영향력을 증대시켜갔으며 막강한 인적 네트워크를 형성하여 정치흑막으로서 정책결정에 간여하기도 했다. 그리고 당시 사회로부터 '애국지사'로서 대접받기도 했다. 이들에 대한 평가는 반드시 긍정적인 것만은 아니었다. 진보적이거나 국가주의에 반대하는 입장에서의 평가는 더욱 그러했다. '일본악귀(日本惡鬼)' '대륙침략의 첨병'이라는 평가도 있고 '정치깡패' 혹은 '정치 브로커'라는 혹평도 있다."[4]

천우협과 전봉준의 만남

일본 낭인들은 동학농민군을 지원하기 위해 1894년 6월 하순 현양사(玄洋社)라는 일본 국수주의 조직의 지원을 받아 천우협(天佑俠)이라는 단체를 결성했다. 천우협은 격문에서 "시주음락(詩酒淫樂)으로 소일하는 조선 정부와 민씨 일족의 압정을 깨뜨려 도탄에 빠진 조선 백성을 구제하고 청국을 한반도에서 쫓아낼 것을 그 목적으로 한다"고 밝혔다.[5]

천우협 소속 열네 명은 1894년 7월 8일과 9일 순창에서 농민군과 조우했다. 이들은 전봉준을 만나 자신들의 폭탄 등 무기를 시험해 보이면서 재기할 것을 요청하는 한편 동학에 입교하고 농민군에 참가하겠다고 간청했다. 그러나 전봉준은 약간의 여비와 의복을 나누어주고 이들을 돌려보냈다.[6]

나중에 천우협은 전봉준을 "일세의 영웅" "반도의 공전절후(空前絶後)의 영웅"이라고 칭송했다. 이들은 농민군에 대해선 무뢰잡배나 오합지졸이 아닌 질서정연하고 규율엄정한 혁명군이며 이들의 투쟁이 척왜양운동이 아니라 민씨 정권 타도를 목적으로 하는 반정부투쟁이라고 평가했다.[7]

일본 측 기록은 한결같이 천우협이 "3개월 동안 전라도 각지에서 동학군을 도와 유격전을 전개함으로써 동학란을 전국적인 규모로 확대시키는 데 결정적인 역할을 했다"고 돼 있지만 신복룡은 "그러나 이것은 어디까지나 일본 측의 주장이요 사실을 검토해보면 앞뒤가 맞지 않는 부분이 많다"고 했다.[8] 그럼에도 이는 동학군의 친일성과 보수성을 뒷받침하는 한 증거로 거론되기도 한다.[9]

조선 병사의 피로 물든 경복궁

한편 청과의 전쟁 구실을 찾기 위해 혈안이 된 일본 정부는 7월 3일 조선 정부에 내정개혁을 요구하고 7월 8일까지 시한부로 회답하라고 강요했다. 이에 조선 정부는 청의 해결을 요청했지만 청은 발을 뺐다. 일본이 일방적인 내정개혁 추진 움직임을 보이자 조선 정부는 7월 16일 "일본이 우선 조선에 주둔하고 있는 군대를 철수하고 내정개혁에 대한 기한부 실시 요구를 철회하면 조선 정부는 반드시 개혁을 단행하여 일본 정부의 호의에 보답하겠다"는 입장을 밝혔다. 그러나 일본은 이 제의를 일축하고 7월 19일 오토리 공사를 통해 조선 정부에, 일본 정부는 경부 간 군용 전신 가설에 착수하며 조선 정부는 제물포조약에 따라 속히 일본 군대를 위한 병영을 설치하고 아산에 주둔하고 있는 청국 군대는 즉시 철퇴시키고 조선의 독립에 저촉되는 청국과의 모든 조약을 폐기할 것 등을 요구하면서 7월 22일까지 회답을 요구했다.[10]

조선 정부가 계속 일본군의 철수를 주장하는 것으로 대응하자 일본은 1894년 7월 23일(음력 6월 21일) 새벽 4시에 일본군 2개 대대를 출동시켜 경복궁을 포위했다. 김인숙은 "폭약으로 문을 깨는 데에 실패한 일본군은 긴 장대를 벽에 걸어 궐 안으로 들어간 후 문의 안팎에서 칼과 톱으로 빗장을 절단하고 도끼로 대문을 깨부수었다. 왕궁의 벽과 소나무 뒤로 몸을 숨긴 조선 병사들이 목숨을 다해 총격을 가하였으나 돌아온 것은 죽음뿐이었다"며 다음과 같이 말했다.

"조선 병사들의 몸에 뚫린 총알구멍에서 쏟아져 나온 피가 7월의 아침 햇살 아래에서 참혹하게 붉었다. 제3대대장 야마구치는 마지막 작전 명령을 수행하기 위해 이제 자기들 것이 된 왕궁을 뒤지고 다녔다. 고종과 민비는 그때 피신도 하지 못한 채 함화당에 있었다. 야마구

1894년 6월 12일 청나라를 자극하기 위해 인천에 상륙한 일본군. 일본은 조선 정부에 청나라와의 조약 폐기 등을 요구하다 7월 23일 경복궁을 점령했다.

치는 군주의 지척에서 칼을 휘두르며 조선 병사들의 무장해제를 지시했다. 마침내 사색의 얼굴이 된 군주가 함화당의 문을 열었다. 야마구치는 칼을 칼집에다 꽂지도 않은 채로 군주에게 말했다. 전하를 지켜 드리러 왔으니 이제 안심하시옵소서. 침입자의 거만한 목소리였다."[11]

불과 30분 만에 끝난 경복궁 점령 작전으로 조선군은 서른 명, 일본군은 두 명이 전사했다. 이에 이덕주는 "한 나라의 권부 중심이 타국의 침략을 받아 불과 30분 만에 점령당한 것은 동서고금에 처음 있는 일이다"라고 개탄했다.[12]

대원군의 재등장

바로 이날 새벽 일본군과 낭인들은 경복궁 건너편 운현궁으로도 몰려갔다. 일본에 적대적인 명성황후와 민씨 척족을 약화시키기 위해 대원군을 재집권시키려는 의도였다. 김인숙은 새벽 2시경 일본공사관의 오카모토와 대원군의 심복 정운붕이 대원군을 설득했지만 대원군은 좀처럼 움직이지 않았다며 다음과 같이 말했다.

"오카모토는 대원군 앞에서 칼을 뽑아들고 그 칼끝을 자기 배에 겨누었다. 대원군이 나서지 않는다면 할복을 하여 조국에 사죄하지 않을 수 없을 것이라고 했다. 때를 맞춰 정운붕의 호소가 이어졌다. '저하, 기회를 놓치지 마시옵소서. 어떤 말을 타고 가든 나라를 구하러 가시는 길이옵니다.'"[13]

아침이 밝아오는 가운데 일본대리공사 스기무라 후카시가 대원군을 움직이기 위해 달려왔다. "귀국이 일으킨 이번 사건이 의거인가?"라는 대원군의 질문에 스기무라는 "그렇습니다. 저하, 진실로 그러합니다. 망설이지 마시옵소서. 저하가 이 막중한 대임을 거절한다면 우리는 다른 방법을 강구할 수밖에 없습니다"라고 답했다. 대원군이 스기무라에게, 일본 천황을 대신하여 조선 땅을 한 치도 요구하지 않겠다는 서약을 할 수 있겠는가라고 묻자 스기무라는 이번에도 '그렇다'고 대답했다. 천황을 대신할 수는 없으나 오토리 공사를 대신하여 서약서를 작성할 수 있다 했으며 그 자리에서 서약이 쓰였다. 대원군이 마지못해 요청에 응하여 일본군의 부호를 받으면서 왕궁으로 들어간 건 오전 11시였다.[14]

유영익은 "7월 23일 전야에 일본공사관원들이 대원군을 설득했던 과정을 꼼꼼히 살펴보면 대원군은 자기 생애의 한 중요한 순간에 민씨 척족 정권에 대한 증오심과 집권욕 때문에 일본 측의 음흉한 술책에 말려들고 말았다는 사실을 확인할 수 있다"고 주장했다.[15)]

대원군·명성황후의 갈등을 강조하는 건 식민사관이라며 반박하는 학자들도 많지만 두 사람의 갈등과 대립이 그렇게까지 파괴적이지 않았더라면 개화기의 역사는 달라질 수도 있지 않았을까 하는 부질없는 생각을 떨치기 어렵다.

02

조선의 재앙이 된 청일전쟁

풍도 앞바다에 수장된 청국 병사 1000명

일본군의 경복궁 점령과 동시에 청일 양군은 전쟁 상태에 돌입했는데 이 땅에서 발행된 최초의 호외는 당시 인천에서 발행되던 일본계 신문 『조선신보』가 7월 23일자로 청일전쟁의 임박을 알린 것이었다.(한국인 발행 신문 최초의 호외는 미국 군함 메인호가 쿠바의 아바나항에서 폭격을 맞고 침몰한 사실을 보도한 『독립신문』 1898년 2월 19일자다)[16]

1894년 7월 25일(음력 6월 23일) 오전 7시경 아산 근해의 섬 풍도 앞바다를 청국 북양함대 제원(濟遠)·광을(鑛乙) 두 척의 군함 후미 쪽으로 일본의 나니와호와 호시노호 등 세 척의 쾌속선이 따라붙기 시작했다. 일본 쾌속선들이 퍼부은 포탄은 순식간에 제원호의 화약고를 터뜨려버렸고 광을호는 응사조차 제대로 하지 못한 채 일본 군함에 나포되었다. 청일전쟁의 시작이었다.[17]

1894년 7월 25일 이산만에서 일본 해군에 의해 격침된 영국 상선 고승호. 이 배에는 청나라 병사 1200명이 타고 있었다.

　전투가 격렬해지는 와중에 청국 병사 1200명을 태우고 현장에 도착했던 영국 상선 고승호는 일본의 어뢰를 맞고 격침되었으며 일본은 외교문제를 고려하여 영국인들만 구조했다. 1000명이 넘는 청국 병사들은 풍도 앞바다에 그대로 수장되었다.[18]

　이날 오전 11시 서울에서는 오토리 공사와 스기무라 서기관이 대원군을 만나 청국과 조선 간에 기왕에 맺어진 모든 조약을 폐기하고 청국 군사의 철군을 요구하라는 조건을 제시했다. 대원군에게 정권을 넘겨주는 대가였다. 대원군이 그 조건에 승인하는 위임장을 쓰는 것으로 일본이 청국을 공격할 명분은 완성되었지만 이 위임장의 사본이 전쟁사령관이자 제5여단의 여단장인 오시마에게 전해졌을 땐 이미

풍도 앞바다에서 일본이 승리를 거둔 후였다.[19]

러일전쟁을 위한 전초전?

일본은 왜 이렇게 전쟁에 굶주렸던 걸까? 여러 설이 있다. 하나씩 살펴보자.

첫째, 경제공황 타개설이다. 일본은 1889년 쌀 흉작과 더불어 생사(生絲) 수출이 미국 내 공황으로 격감됨에 따라 1890년 처음으로 경제공황을 경험했으며 이로 말미암아 도시·농촌을 막론하고 빈민문제가 큰 사회문제가 되었다. 이 문제 해결의 길을 청일전쟁이라는 해외진출에서 찾았다는 설이다.[20]

둘째, 정치 위기 타개설이다. 1890년 처음으로 의회를 연 일본은 당시 대외 조약 개정 문제로 정당 간 대립이 치열했던바 정권 붕괴의 위험을 벗어나기 위해 전쟁을 택했다는 설이다.[21]

셋째, 경제·정치 위기 타개설이다. 위 두 가지를 합한 걸로 보면 되겠다. 당시 한 일본 외교관은 "우리의 국내 사정은 심각하다. 그러므로 청국과 전쟁을 하는 것만이 그것을 해결할 것이다"라고 말했다.[22]

김용구는 위 견해들은 "메이지 천황제가 갖고 있는 침략주의적인 요소를 무시하고 중일전쟁(청일전쟁)을 수년간의 단기적인 정치·경제관계로 설명하려는 의도를 갖고 있다. 중일전쟁의 설명을 김옥균 암살 사건이라든가 동학란의 발발부터 설명하는 견해들이 모두 이런 분류에 속한다"고 평가했다.[23]

넷째, 일본의 일관된 대외팽창욕이 원인이었다는 설이다. 이 설에 따르면 청일전쟁은 필연이었고 다만 시기가 문제였던바 1894년엔 개

전의 좋은 구실이 생겼을 뿐이다.[24]

이 네 번째 관점에서 러시아의 시베리아 횡단철도 착공(1891년 5월 31일)이 일본에게 자극을 주어 청일전쟁이 일어났다고 보는 시각도 있다. 최문형은 "'오픈 경기' 격인 청일전쟁을 하루빨리 치름으로써 '정식 경기'에 대비해 시간적으로 더 많은 여유를 가지겠다는 것이 바로 일본의 전략이었다"며 다음과 같이 주장했다.

"그런데 바로 이런 상황에서 때마침 한국에서는 동학란이 발발했다. 따라서 동학란이 청일전쟁의 원인이 될 수는 결코 없는 것이다. 거듭 말하거니와 동학란은 전쟁을 도발할 수 있는 좋은 구실로 일본에 이용되었을 뿐 전쟁의 원인이 아니었다."[25]

시베리아 철도 기공식에 참석차 일본을 방문한 러시아 니콜라이 황태자 부부를 일본인 순사가 암살하려다 미수에 그친 사건이 있었다. 이때에 일본 천황은 러시아의 비위를 건드릴까봐 전전긍긍하면서 직접 찾아가 사죄를 하는 건 물론 고베의 러시아 함대로 돌아가겠다는 황태자의 전송을 위해 고베까지 동승했다. 고베의 선상에서 황태자가 담배를 꺼내 들자 천황은 곧 성냥을 꺼내 불을 붙여주었고 이를 지켜보던 일본인들은 민망해하며 보이지 않게 눈물을 훔쳤다는 건 일본에선 유명한 이야기라고 한다.[26]

모든 일본인들이 그렇진 않겠지만 호전파는 이런 일조차 복수를 해야 할 이유로 삼곤 했으니 그들의 타고난 호전성에도 청일전쟁·러일전쟁의 이유가 숨어 있는 건지도 모르겠다.

조선 민중의 공포와 고통

7월 28일 첫 해상 전투에서 승리를 거둔 지 3일 만에 일본군은 아산에서 동북방 약 20킬로미터 거리에 있는 경기도 성환에서 청군과 맞붙었다. 서울에서부터 군대를 끌고 내려온 오시마 휘하의 제5여단은 성환에 주둔 중이던 청나라 엽지초와 섭사성의 군대를 공격해 전멸에 이르게 했다. 성환 전투에서 일본군 사상자는 100여 명이 안 된 반면 청군의 사상자는 500명이 넘었다.[27]

후쿠자와 유키치는 자신이 창간한 『시사신보』 1894년 7월 29일자 논설에서 청일전쟁을 "문명개화의 진보를 꾀하는 세력과 그 진보를 방해하는 세력과의 전쟁"으로 규정하며 다음과 같이 주장했다.

"그들(청국인)은 완미불령(頑迷不靈)하여 보통의 도리를 알지 못하고 문명개화의 진보를 보고 이를 기뻐하지 않을 뿐 아니라 반대로 그 진보를 방해하려고 하여 무법으로 우리들에게 반대의 의사를 표명하기 때문에 어쩔 수 없이 사태가 이에 이른 것이다. …… 수천의 청국 병사들은 모두 무고한 인민들로서 이를 모두 살육하는 것은 가엾기 그지없는 것일지라도 세계의 문명진보를 위하여 그 방해물을 배제하려고 하는 데에는 다소의 살풍경(殺風景)을 연출하는 것이 도저히 피할 수 없는 것이기 때문에 그들도 불행하게도 청국과 같은 부패정부의 통치하에서 태어난 그 운명의 쓸모없음을 체념하는 수밖에 없을 것이다."[28]

청일전쟁의 선전포고가 나온 것은 일본이 첫 승리를 거둔 지 1주일이 지난 8월 1일이었다. 메이지(明治) 천황의 선전포고는 이 전쟁의 목적이 조선의 독립을 위한 것이라고 주장했으며 같은 날 개전을 선포한 청의 광서제는 청나라의 종주권하에 있는 조선을 돕기 위해 전쟁을 선포한다고 주장했다.[29]

일본은 청군 포로를 감시하기 위해 조선의 군사들을 강제로 차출했다.

그러나 청일전쟁은 조선 민중에게 공포와 고통만 안겨주었을 뿐이다. 백성들이 피난을 떠나 종로 거리에서조차 지나다니는 사람을 보기 힘들 정도로 서울은 텅 비었다. 김인숙은 "거리에는 일본 낭인들이 활개 쳤고 궁궐 안에서는 일본군이 경회루 밑에 본부를 설치해놓고 임금을 능욕했다"며 다음과 같이 말했다.

"서기관 스기무라의 기록 '재한고심록'에 의하면 당시 '조선 정부에는 왕궁 호위병이 가지고 있는 것 이외에는 단 한 개의 무기도 없었'을 정도이니 무슨 말을 할 수 있겠는가. 권력을 잃은 군주는 두려움에 빠져 있었고 정권을 탈환한 대원군은 끓어오르는 의욕과 정열에도 불구하고 너무 늦은 나이였다. 대원군이 일본의 뒤를 쫓아 경복궁으로 들어온 것은 구국의 충정이었을지 모르지만 그가 힘을 쓸 계제가 아니었다."[30]

바로 이때부터 한말 의병활동이 시작되었다. 8월 2일 공주 유생 서상철의 주도 아래 안동에서 대대적인 반일의병이 일어났다. 서울 진격을 목표로 안동에서 곤지암까지 진격했던 서상철 부대를 최초의 의병으로 보는 견해가 있다. 이후 의병은 대부분 고종세력과 연대하여 봉기했으며 적게는 스무 명 내외로부터 많게는 1만 명에 이르기까지 다양한 군세를 이루었다.[31]

일본의 평양 전투 승리

경복궁을 점령한 일본군은 한 달 만인 8월 25일에야 철수했다. 다시 경복궁을 지키게 된 조선군의 손엔 방망이만 주어졌고 나중에 소총이 지급되었지만 화약 휴대는 금지되었다. 일본군은 경복궁에서 철수하면서 전리품으로 포 20문, 소총 3000정, 기타 무기 다수를 노략질해 갔다. 그밖에 많은 귀중한 물품이 일본군에 의해 강탈당했다.[32]

8월 26일(음력 7월 26일) 일본은 조선 정부와 양국맹약을 맺었다. 평양의 청일 대회전을 앞두고 조선이 일본군에 협력한다는, 일본 주둔군에 필요한 모든 편의를 제공하고 농민군 재봉기 등의 내란이 있을 적에 일본군이 관군과 협력하여 토벌한다는 내용이었다. 평양 전투를 위해 조선의 토지·건물·전신 따위의 공용시설이 징발되었고 일본의 군인·군속 약 20만 명에게 필요한 모든 물자가 제공되었다.[33]

9월 15일 새벽 일본군은 평양을 거점으로 재집결한 청국군 1만 4000명을 1만 7000명의 대병력으로 포위공격을 감행했다. 청국 병사들은 소총과 칼·창으로 무장한 데다 지휘 체계마저 통일되지 못한 구식군대인 반면, 일본군은 최신식 무라다 소총으로 무장하고 근대식 지휘 체계로 규율되는 신식군대였다. 일본군은 3일 만에 평양을 점령함으로써 조선 정부와 주변 열강들을 놀라게 했다. 패배를 직감한 엽지초 등 청국군 지휘부는 휴전을 제의하고 야반도주했으나 매복한 일본군에 의해 무차별 피격당했으며 의주로 가는 길가엔 청국군 시체 더미가 피비린내를 풍기며 쌓여갔다. 청국군 전사자는 2000명인 반면, 일본군 전사자는 180명에 불과했다.[34]

청국군은 조선 민중을 대하는 자세에서부터 이미 패배를 예고하고 있었다. 처음 청국군이 압록강을 건너올 때만 해도 조선인들은 앞다투어 음식과 물병을 들고 이들을 환영했지만 청군은 약탈·강간 등으로 곧 조선인의 지지를 잃었다.[35] 황현의 『매천야록』은 평양 전투 때 청군이 저지른 만행을 다음과 같이 기록했다.

"청병은 음행(淫行)과 약탈을 자행하여 날마다 뇌물을 요구하므로 공청과 민가를 막론하고 모두 곤경에 빠져 그들을 원수처럼 여겼다. 심지어는 그들이 평양에서 포위되었을 때 가산(家産)을 다 바쳐 일병을 인도한 사람이 있었는가 하면 그들이 패전하여 도주할 때 백성들은 그들이 숨어 있는 곳을 다 가르쳐주었으므로 그들은 포위망을 벗어난 사람이 드물었다."[36]

청일 양국은 한반도에서 악행(惡行) 벌이기 경쟁을 하기로 했던 걸까? 아니면 원래 전쟁이라는 게 그런 건가? 일제는 청일전쟁과 함께 공창(公娼)을 끌고 들어왔다. 이에 대해 임종국은 다음과 같이 말했다.

"흔히 정신대라 불리는 군대위안부의 시초는 1894년 7월 오오지마 혼성여단이 청일전쟁으로 서울에 오게 되자 경성거류민회에서 묵정동에 70평 규모의 공창을 개설하면서 생겨나게 됐다. 그 후 1904년 기고시여단이 러일전쟁으로 오게 되자 공창 규모를 8400평으로 늘렸다. 이후 도동·용산 등지에 유곽이 생겨나고……."[37]

청일전쟁의 기본 구도는 아직 살아 있다

김현철은 "만약 평양 전투 이전에 이홍장 등 청국 지도자들이 좀더 적극 반격에 나섰더라면 그리고 동학농민군의 제2차 봉기가 좀더 빨리 전개되거나 청군과의 협조하에 일본을 협공하였더라면 어떻게 됐을까? 일본의 내정간섭에 대해 대원군과 민비·개화파들이 합심하여 죽음을 각오하고 맞섰더라면 어떠했을까?"라는 질문을 던지며 이렇게 답했다.

"이러한 역사적 가정에 따른 한탄과 자책보다는 19세기 일본의 승리가 자국의 안전에 필수불가결한 주변 지역 조선을 확보하기 위해 오랜 전쟁 준비 끝에 정부와 민간 모두가 합심하여 만들어낸 결과임을 직시해야 할 것이다. 100여 년이 지난 현재 일본은 자국의 안보와 세계 평화를 내세우면서 군비를 확장하여 세계적인 군사대국으로 성장하였다. 최근 일본 정부는 유사시에 대비하여 일본해 주변 지역에 군대 파견을 위한 법적 조치를 마련하였으며 해외 파병에 나서고 있다. 100여 년 전 원치 않은 전쟁의 희생물이 되었던 교훈을 돌이켜 볼 때 우리로서는 동북아 및 국제 사회에서 일본의 영향력 증대가 한반도에 미칠 파급효과와 한일 양국 관계의 변화 가능성을 주시해야 할 것이다. 불확실한 동북아 국제 정세 속에서 일본 등 주변 국가 간 갈등과 대결의 불똥이 한반도에 떨어지지 않도록 하기 위해서는 한국의 국가 이익에 대한 냉철한 계산과 유사시 구체적인 대응 방안에 대한 면밀한 대비가 이루어져야 할 것이다."[38]

청일전쟁은 역사가 되었지만 청일전쟁을 촉발시킨 기본 구도는 아직 살아 있다는 말로 해석할 수 있겠다. 과연 한국은 어떻게 대처해야 할 것인가? 개화기의 역사에서 무엇을 배워야 할 것인가?

03

자율과 타율 사이에 선
갑오개혁

갑오개혁 자율론과 타율론

경복궁을 점령한 일본은 민씨세력을 몰아내고 대원군을 내세운 한편, 신정부를 구성하여 개혁을 추진토록 했다. 이것이 바로 1894년 7월 27일부터 시작된 갑오경장(甲午更張) 또는 갑오개혁이다.

'경장(更張)'은 '고쳐 긴장시킴'이란 뜻으로 '개혁'과 비슷한 말이지만 봉건체제의 틀 내에서 이의 보강을 의미하는 전통적 용어로 간주되고 있다.[39] 갑오개혁에 대해선 일본의 조선 침략정책과의 관련을 중시하여 그 진보적 역할을 부정하는 견해, 조선 사회의 내재적 발전의 요구를 반영한 측면을 중시하여 그 진보적 역할을 적극적으로 평가하는 견해 등 두 가지 상반된 견해가 있다.[40]

좀더 구체적으로 말하자면 일본의 주도 여부를 놓고 갑오개혁 자율론과 타율론이 맞서고 있다. 1960년대까지 타율론을 받아들여 '갑오경장'이라는 용어를 그대로 사용하다가 이후 자율론이 나오면서 '갑오개혁'을 사용하게 되었다.

이런 변화와 관련해 왕현종은 "경장의 의미는 전통적인 제도의 개혁에 국한되어 있다. 그렇지만 이 사건은 전통적인 봉건국가의 틀 내에서 운영상의 모순을 제거하려는 것이 아니라 조선왕조국가를 근대국가 체제로 전환시켜나가려는 것이므로 '근대 개혁'이라는 개념을 담아야 할 것이다"고 했다.[41]

하원호는 "현재 남한에서는 이 자율론과 타율론이 일정하게 대립하며 대개의 개설서는 어느 한쪽을 택한다기보다는 내재적 발전론의 연장으로서의 개혁의 성격을 인정하는 한편, 일본의 강요에 의한 개혁 과정도 수용한 절충적 견해가 일반적이다"라고 했다.[42]

군국기무처가 설치된 1894년 7월 27일부터 폐지된 12월 17일까지의 기간은 협의(狹義)의 갑오경장으로 볼 수 있으며 광의(廣義)의 갑오경장은 "1894년 7월부터 1896년 2월까지(즉 갑오~을미년간)에 일어났던 조선왕조 내 일련의 일본 내지 서구 지향형 근대화운동을 총칭한다."[43] 갑오경장의 시대적 배경에는 청일전쟁과 3국 간섭, 그리고 민비(명성황후) 시해 사건이 있었기에 갑오경장을 제1차(1894년 7월 27일~1894년 12월 17일), 제2차(1894년 12월 17일~1895년 7월 7일)에 이어, 제3차(1895년 8월 24일~1896년 2월 11일)로 나누어보기도 한다.[44]

사회신분제 폐지

참으로 묘한 일이었다. "10년 전 개화파의 갑신정변에 밀려났던 대원군이 조선 역사상 가장 급진적인 정치 개혁의 얼굴 마담"이 되는 일이 벌어진 것이다.[45] 1894년 7월 28일(음력 6월 26일) 정오 74세의 노인인 대원군은 비상시국의 첫 번째 회의를 주재하면서 "나는 완고한 사람입니다. 세상 사람들은 나를 완고의 장본인이라고 합니다. 그러나 나는 개화가 필요하다는 것을 충분히 알고 있습니다"라고 말했다. 대원군은 이 회의에 군국기무처(軍國機務處)라는 이름을 부여하면서 개혁 지지를 선언하고 김홍집을 영의정 겸 군국기무처 총재로 임명했다.[46]

군국기무처는 수립 사흘 뒤인 7월 30일(음력 6월 28일) 사회신분제를 폐지하는 법령을 의결했다. 1801년의 공노비 해방, 1886년의 사노비 세습제 폐지에 이은 개혁조치였다. 이와 관련해 군국기무처 의원 스무 명 중 적어도 열두 명이 서자(庶子)·중인 출신이었다는 점을 강조하는 시각도 있다.

그 주요 내용은 양반·상인 신분제도의 폐지, 문벌 폐지, 귀천에 구애받지 않는 인재 선용(選用), 문무차별 폐지, 서얼차별 폐지, 공사노비제도 폐지, 인신매매 금지, 과부 재가금지제도 폐지, 조혼제도 폐지, 연좌제도 폐지, 평민의 정치적 의견제출 승인 등이었다.[47]

신용하는 "우리나라의 수천 년 묵어온 사회신분제의 폐지는 아래로부터의 농민운동의 흐름과 위로부터의 개화운동의 흐름이 1894년의 시점에서 '합류'했기 때문에 달성된 획기적인 역사적 성과"라고 평가했다.[48]

그러나 개화파 관료들은 곧 노비의 전면적이고 즉각적인 해방조치를 유보하고 그 대신 점진적인 정책을 채택했는데 유영익은 그 이유를 각지에서 벌어진 노비들의 과격한 하극상(下剋上)운동 때문이었다고 보았다.[49] 예컨대 윤치호는 자신의 일기(1895년 3월 11일)에서 다음과 같이 말했다.

양반의 나들이를 위해 가마꾼과 부채를 든 몸종이 따랐다. 갑오개혁으로 신분제가 폐지되자 해방된 노비들은 옛 상전들에게 가마를 끌도록 하기도 했다.

"지난해 여름 조선 정부가 노비해방을 선포했을 때 많은 노비 소유주들이 해방노비들로부터 참을 수 없는 모욕을 당했다. 어떤 경우에는 새로 해방된 노비들이 옛 상전들을 욕하고 때리면서 자기들의 딸 혹은 마누라를 태운 가마를 끌게 하였다."[50]

노비제는 20세기 초까지도 사라지지 않았는데 그게 꼭 인습(因襲) 때문만은 아니었다. 가난이 유죄였다. 특히 빚이 사람을 노비로 묶어두곤 했다.[51]

400년 묵은 과부 재가 논쟁

과부 재가 금지가 풀릴 기미를 보인 건 1888년 박영효의 개화상소부터였지만 6년이나 미뤄진 셈이었다. 1894년 동학군 폐정개혁안건 12조 중에 "청춘과부에게는 개가를 허용해야 한다"라는 조목이 들어간 건 달라진 시대상을 반영하는 것이기도 했다. 특히 동학교조인 수운 최제우는 개가한 어머니를 두었고 2대 교주 해월 최시형은 과부와 결혼하여 조선시대 금기윤리에 정면 도전했다. 이제 갑오개혁으로 "부녀의 개가는 귀천을 막론하고 그 자유에 맡긴다"라는 정부의 결정이 내려진 것이다.[52]

그러나 이를 시행하기 위한 형법의 개정이 뒤따르지 않아 제도개혁의 실효는 거두기 어려웠다. 과부의 재가를 금하는 기존의 처벌규정으로 남편을 '배반하고 개가하는 자' 나 수절하는 여자의 개가를 강권하는 부모들에 대한 처벌이나 이와 관련된 모든 형벌조항은 그대로 유지시켰던 것이다.[53]

과부 재가 문제는 이미 15세기부터 논쟁의 대상이 되었다. 400년 이상 묵은 논쟁이었다. 비록 관철되진 않았지만 1498년(연산군 4년) 송헌동은 서른 살 미만의 젊은 과부들에게 개가를 허용할 것을 주장한 바 있고 이 같은 논쟁은 이후에도 여러 번 나타났다. 조선시대에서 가족은 '정치제도의 일부'였기에 과부 재가 문제는 주로 가부장제와 신분제 유지의 관점에서 다뤄졌다.[54]

그러나 조선시대나 지금이나 인간의 욕망에 차이가 있을 리 없다. 1874년에 출판된 프랑스 선교사 샤를 달레(Charles C. Dallet)의 『한국천주교회사』가 과부의 재가 금지가 낳은 폐해를 다음과 같이 지적했다는 게 흥미롭다.

"조선 사람들처럼 정열적인 국민에 있어서는 이런 재혼의 불공평한 금지로부터 필연적으로 중대한 풍기문란(風紀紊亂)이 결과한다. 젊은 양반 과부는 재혼은 하지 않지만 거의 모두가 공공연하게 또는 비밀리에 자기들을 부양하려는 자의 첩이 되어 있다."[55]

이제 과부 재가가 허용되었으니 첩도 줄어들었을까? 전혀 그렇지 않았다. 법적 허용이었을 뿐 현실은 여전히 전과 다를 게 없었다. 10여 년이 지난 1908년까지도 마찬가지였다. 『황성신문』 1907년 8월 23일자는 "제 속으로 난 자식을 제가 못 기르고 다리구멍에 내버리니 차마 할 노릇인가"라고 개탄하면서 과부 재가를 허용하지 않는 비인도적인 처사를 비판했다.[56]

과부 재가 금지는 서얼차대와 더불어 조선 특유의 발명품이었다. 유교문화를 중국에서 들여왔다지만 중국에도 없는 걸 만들어놓고 수백 년간 인권유린을 저질러온 것이다. 왜 그랬을까? 그건 양반 중심의 신분제를 강화하기 위한 목적이었다. 벼슬은 제한돼 있고 양반은 많으니 그런 여과장치를 통해서라도 좀 걸러내야겠다는 계산이다. 그것도 주로 여성을 희생으로 해서.[57]

유길준과 김홍집

군국기무처 회의의 결정 사항은 대원군을 통해 국왕의 재가를 받아 집행하도록 돼 있었지만 개혁 초안은 거의 유길준을 중심으로 작성되었다.[58] 유길준은 이 모든 게 일본의 '권박(勸迫, 권고와 협박)'에 의해 이루어진 것이었다고 토로했다.[59]

허동현은 "제1차 개혁은 경복궁을 점령한 일본군의 무력을 뒤에 업은 김홍집·어윤중·유길준·조희연·김학우·김가진 등이 대원군을 형식상의 집권자로 내세워 추진하였다"며 "이들 '갑오파'는 중국과 민씨 척족 정권에 반감을 품고 있던 그룹이었다"고 했다.[60]

갑오파 중 가장 중요한 인물은 유길준이었다. 6월 23일 11년 전 자신의 관직이었던 통리교섭통상사무아문의 주사로 발탁된 유길준은 한 달 만인 7월 23일 일본군이 경복궁을 장악하고 친일 정권을 수립하자 "이 새 정권의 핵심 인물로 부상하여 갑오경장을 이끌어나가게 된다."[61]

갑오경장 당시 유길준은 열일곱 명으로 구성된 군국기무처의원 중 한 사람이었고 내아문(내부)의 참의에 불과했다. 또 영의정 김홍집의 비서관 두 명 중 한 명이었다. 그러나 개혁에 있어 그의 역할은 이런 직함의 수준을 훨씬 넘어서는 것이었다.[62] 유길준은 초고속 승진을 거듭해 갑오경장 중 1년여의 짧은 기간 동안에 참의(參議)·승지(承旨)·도헌(都憲)·내각총서(內閣總書)·내부협판·내부대신까지 올랐다.[63]

김홍집이 생각한 '경장(更張)'의 개념은 김윤식의 '시무(時務)'와 비슷한 것으로서 통치구조는 그대로 두면서 문란해진 기강을 바로잡는 데에 무게를 둔 것이었다. 그는 갑오경장을 실시하기 직전인 1894년 5월 25일 극도의 정치적 혼란을 극복하기 위해 경장의 필요성을 강조하는 자리에서 다음과 같이 말한 바 있었다.

"대저 경장이라 함은 바로 정치의 병폐에 대해 이를 변통하여 그 마땅함에 맞게 하는 것이니 곧 당시에 취해야 할 조처라는 뜻이다. 한 신의 말에 '거문고의 소리가 조화롭지 못하면 반드시 그 줄을 풀어서 다시 조여야 한다'고 하였다. 이것은 거문고의 줄 고르는 것으로 나라

다스리는 것을 비유한 것이다. 만약 경장하지 않을 수 없는 일이 있다면 어찌 융통성 없이 구규(舊規)만 지켜 구차히 고식책을 일삼는 것이 옳겠는가."[64]

일제의 꼭두각시를 거부한 대원군

그러나 대원군은 김홍집과 그의 내각을 믿지 않았다. 그는 개혁과 개혁정책을 믿지 않은 것이다. 김인숙은 "대원군이 무엇보다도 믿을 수 없었던 것은 일본이었고 또한 일본이 그에게 준 불완전한 권력이었을 것이다"라고 했다.[65]

반면 이이화는 "일본군이 경복궁을 침범하고 흥선대원군을 추대하자 그는 짐짓 거절하는 체하다가 이에 응했다. 그리고는 일본군에 떠받들려 경복궁으로 들어왔다. 고양이 꼬리를 3년 동안 굴뚝에 넣어두어도 그 속은 검어지지 않는 법, 그는 권력이라면 사족을 못 쓰는 위인이었다"며 다음과 같이 주장했다.

"임오군란 때도 청나라에 잡혀가는 수모를 겪었고 그 뒤 온갖 추한 소문을 낳았다. 초기 섭정을 맡아서 내정을 개혁하고 외국에 대해 척사정책을 강하게 밀고 나가면서 모든 정치세력을 호령하던 그런 기백과 패기는 이때에 와서는 노추(老醜)의 모습으로 바뀌어 있었던 것이다. 그가 그토록 미워하던 일제의 꼭두각시가 되고 만 것이다. 그 속마음이야 알 길이 없지만 외형적으로는 일제의 등에 업혀 며느리 민비를 유폐시키고 아들 고종을 허수아비로 만드는 데 한몫 거들었다."[66]

그러나 대원군에겐 '일제의 꼭두각시' 역할을 계속할 생각이 없었기에 그의 섭정 역할은 오래 가긴 어려웠다. 민비를 폐서시키기 위한 공작이 실패로 돌아가고 손자 이준용을 내세운 인사권과 병권 장악 시도가 차례차례 실패로 돌아갔다. 대원군은 일본과 등지기 시작했으며 군국기무처에서 연일 통과되어 나오는 개혁조치들에 대해서도 재가를 거부했다.

이에 대해 『재팬 위클리 메일(Japan Weekly Mail)』(1894년 10월 6일자)은 "진보적 인사와 보수적 인사들이 이미 군기처 내에서 암투를 벌이고 있다. 양파는 대원군과 유길준이 각각 이끌고 있다. 섭정 대원군은 일정 한도 내에서 구사회질서를 보존하고자 하는 반면, 젊은 정치가들은 계급차별을 제거한다는 구실하에 만민평등권을 옹호하는 등 급진적 개혁을 도입하고자 한다"고 논평했다.[67]

대원군은 섭정의 지위에 오른 지 한 달이 지났을 무렵 평양에 주둔 중인 청국 장수에게 밀사를 보내 "청이 일본과, 일본에 붙어 매국하는 조선의 간당을 일소해주기를 피눈물로 기원하고 또 기원한다"고 말했다. 동학 지도자들에게도 "지금 왜구가 대궐을 침범하여 화가 종사에 미쳤으니 나라의 운명이 조석을 기약하지 못할 지경"이며 "너희들이 만약 오지 않으면 다가오는 화를 어찌하겠는가"라고 농민군의 봉기를 강력하게 촉구하는 밀지를 보냈다.[68]

박영효·서광범의 귀국

일본공사 이노우에는 "정치세력 간 대립과 견제를 이용하여 조선 정부에 대한 통제를 점차 강화하고자" 하는 목적으로 10년 전 갑신정변의 실패로 일본에 망명한 급진개화파 인사인 박영효와 서광범을 불러들였다.[69] 1894년 8월 초에 귀국한 박영효는 자신을 끌어들이려는 대원군의 회유를 거부했으며 9월 초엔 자신에게 정권을 위임하지 않으면 일본 군대를 이끌고 입궐하겠다고 협박하기도 했다.[70]

유영익은 대원군과 일본의 협력관계가 붕괴된 이유로, 대원군의 명성황후 폐위 기도에 일본공사관 측이 반대한 점, 대원군이 일본의 대청(對淸)전쟁에 협조하지 않은 점, 일본 측이 박영효에게 파격적인 우대를 베푼 점, 대원군이 군국기무처가 추진한 '급진' 개혁조치에 반발한 점 등을 들었다.[71]

대원군파는 정국을 바꾸기 위해 김홍집·김가진·김학우·이완용·안경수·유길준·박정양 등 개화파의 중심인물들을 제거하려고 시도했지만 뜻을 이루진 못했다. 다만 대원군의 자객들이 10월 31일 밤 그간 대원군과 이준용을 공개적으로 비난해온 군국기무처 의원 겸 법무아문 협판 김학우의 집을 습격해 그를 암살하는 데에만 그쳤다.[72]

한편 청일전쟁(1894년 7월 23일~1895년 4월 17일) 승패의 분수령이었던 평양 전투 이전까지 일본은 군국기무처의 개혁운동에 적극 간섭하기보다 각종 이권을 얻어내는 쪽을 택했다. 그래서 1차 개혁은 중국에 대한 조공 중단, 과거 폐지, 노비제도 타파, 조혼 금지, 과부 재가 허용, 연좌제 철폐, 관제와 관료제의 일본화 등 혁신적인 개혁이 이루어졌지만 동시에 일본인 고문관과 군사교관 초빙, 일본 화폐의 국내 통용, 일본식 화폐제도의 도입, 방곡령 발포 금지 등 일본 제국주의의 침략을 눈감아주는 모순적 상황이 연출되었다.[73]

이노우에 가오루의 등장, 대원군의 퇴진

9월 17일 평양성 전투의 승전보가 일본 내에 울려퍼졌다. 일본은 황해 해전에서 청국 주력함대를 패배시킨 뒤 여순(旅順, 뤼순) 등 중국 대륙진출을 위한 작전을 본격적으로 추진할 수 있게 되었다. 김현철은 "평양성 전투의 승전보는 전쟁 영웅의 신화 속에 일본 국민을 열광의 도가니로 몰고 갔다. 일본이 중국을 이긴 것이다! 이로써 주한일본공사관은 청국으로부터 아무런 방해도 받지 않고 조선 정부에 대해 좀더 적극적인 내정간섭을 시도하게 되었다"고 말했다.[74]

평양 전투에서 이긴 일본은 조선을 보호국으로 만들려는 생각을 갖게 되었지만 대원군의 반일 활동, 독자적 개혁을 추진하려는 조선 정부 대신들의 반발, 그리고 민중들의 반일감정과 저항에 부딪히게 되었다. 이에 일본은 10월 15일 공사 오토리 게이스케 대신 거물급 정치인 이노우에 가오루(井上馨, 1835~1915)를 주한특명전권공사로 임명했다.

당시 일본 내각의 내무대신이었던 이노우에는 총리대신 이토 히로부미와 같은 조슈번(長州藩) 출신으로 오랜 친구이자 정치적 동지였으며 강화도조약 체결 당시 일본 측의 부전권(副全權), 갑신정변 이후 한성조약 체결 때 전권대사로 활약하는 등 조선과도 상당한 인연을 맺고 있었다.[75]

10월 26일 조선에 도착한 이노우에는 평양 전투에서 압수한 대원군의 구원병 요청 편지를 제시하여 대원군이 스스로 물러나도록 유도했다. 이에 대원군은 11월 18일 은퇴했다. 또 이노우에는 고종과 명성황후를 협박하여 11월 20일 자신이 강요한 20여 개의 내정개혁안을 받아들이도록 강요했는데 그 개혁안엔 경부·경인·경의철도 부설권, 전신선 관리, 해군항 조차 등의 특권을 일본에 부여하는 것 등이 포함되었다.[76]

과거제도 폐지의 충격

갑오개혁은 당시에는 조선 침략을 본격화하던 일본에 의존했다는 점 때문에 지배층인 양반 대부분과 피지배층인 농민 양쪽으로부터 모두 부정적인 평가를 받았다.[77] 특히 1차 개혁 중 양반에게 가장 충격적인 건 과거제도 폐지였다. 이는 당시 집안을 일으켜 세우기 위해 과거에 일로매진하던 이승만의 경우를 통해 살펴볼 수 있다.

전주 이씨로 양녕대군의 16대손인 이승만은 왕손의식이 강했지만 몰락 양반으로 매우 가난했기 때문에 과거 합격만이 집안을 일으켜 세울 수 있는 유일한 길이었다.[78] 이승만은 열세 살 되던 해인 1887년부터 과거에 응시했는데 이 해의 과거에 응시한 사람이 15만 8578명이나 되었다. 이 응시자들의 가족까지 포함해 생각하면 과거제 폐지가 이들에게 얼마나 큰 충격을 주었을지는 미루어 짐작할 수 있겠다. 당시 과거는 부패했고 과거장은 아수라장을 방불케 했다.

손세일은 "임진왜란 이후로 시험장의 단속이 소홀해지자 권세 있는 양반 자제들은 서책을 든 사람이나 시험지를 베끼는 사람 등의 수종인(隨從人)을 데리고 들어가기가 예사였다. 그리하여 조선 후기의 각종 과거장에서는 이들 수종인들 때문에 큰 혼잡을 이루어 밟혀 죽거나 다치는 등의 사고가 잇따랐다"며 다음과 같이 말했다.

"승만이 과거를 볼 무렵에 와서는 과거제도는 타락할 대로 타락해 있었다. 과거장에 산더미처럼 쌓인 답안지는 제대로 채점도 되지 않았다. 15만 8000여 명의 응시자들의 답안지를 그날로 채점해서 다섯 사람을 급제시켰다는 것은 과거제도가 얼마나 형해화(形骸化)해 있었는지를 말해준다. 급제자가 미리 정해져 있기도 하고 시험관들에게 바치는 금품에 따라 급제가 결정되기도 하는 그런 형편이었다. 이 무렵의 과거제도의 가장 큰 폐단은 이른바 차술(借述)이었다. 차술이란 과거장에서 다른 사람의 제술(製述)을 비는 것을 말한다. 차술은 다른 사람을 위해 답안지를 제술해주는 이른바 대술(代述)과 함께 원래는 가장 엄하게 금해서 이를 어기는 자는 장(杖) 100에 도(徒, 징역) 3년의 형을 부과하도록 되어 있었다. 그러나 조선조 후기에 이르러 단속이 허술해지자 권세 있는 양반집 자제들이 글 잘하는 사람 네댓 명을 과거장에 데리고 들어가 각각 제술하게 하여 잘된 것을 골라 제출하기도 하고 글 잘하는 사람이 과거장 밖에서 제술하여 과거장의 서리(胥吏)나 군졸(軍卒)의 손을 빌어 응시자에게 전달하기도 하며 심지어 응시자가 과거장을 빠져나와 집에 가서 제술해 오는 경우도 있게 되었다."[79]

이승만의 인생이 뒤바뀌다

이승만은 그렇게 썩을 대로 썩어 붙을 가망이라곤 전혀 없는 과거를 매년 응시했는데 그러다가 갑오개혁으로 과거제가 폐지되는 사태를 맞이하게 되었다. 이승만의 아버지 이경선은 과거를 통한 아들의 입신출세 길이 영영 막혀버린 사실에 대해 울분을 참지 못한 나머지 손바닥으로 방바닥을 치고 책상을 치고 또 자기 무릎까지 치면서 다음과 같이 말했다고 한다.

"흥! 미친놈들! 조상이 천 년을 하루같이 지켜오던 성현(聖賢)의 길을 폐지하고 그러고도 그놈들이 벌을 받지 않을까? 인재를 골라서 쓰지 않는다면 어느 개새끼라도 마구 갖다 쓸 작정인가! 무렴(無廉)한 왜놈들! 무렴한 개화당놈들! 그놈들 때문에 인제 나라는 망하고 마느니라! 두고 보아라!"[80]

이승만도 절망해 훗날 자신의 자서전 초고에서 "전쟁(청일전쟁)이 끝난 직후에 낡아빠지고 많이 악용되어오던 과거제도가 폐지되었는데 이 조치는 전국 방방곡곡에 묻혀 있던 야망적인 청년들의 가장 고귀한 꿈을 산산이 부수는 조치였다"고 썼다.[81]

과거시험 대신에 새로 마련된 시험제도가 있긴 했다. 일반 하급관리 채용을 위해서는 보통시험과 특별시험의 두 가지를 두어 전자는 국문·한문·사자(寫字, 글씨 베껴 쓰기)·산술·국내 정략·외국 사정·발책(發策, 논문) 등의 과목을 시험하고 후자는 특별한 기술 소유자를 추천하여 시험하는 것이었다.

그리고 고급관리 채용은 현임 고급관리의 협의 공천으로 후보자 세 명을 국왕에게 주문(奏聞)하여 그 가운데에서 국왕이 택일하는 칙임관(勅任官)과 대신이 선발하여 도찰원(都察院)의 평의를 거쳐 국왕의 재가를 받는 주임관(奏任官)제도를 두었다. 종래의 품계는 18등급이었으나 3품 이하에서부터는 정·종의 구별을 없애고 1~2품을 칙임관, 3~6품을 주임관, 7~9품은 관리관이라 했다.[82]

이승만은 새로 생겨난 시험이라도 보려고 했으나 아버지 경선이 반대했다. "뭐? 새 시험제도라고? 그래 그깐 놈들에게 붙어서 개화당이 돼? 어림도 없는 소리다. 선비는 죽어도 궁색해선 안 되느니라. 백이숙제(伯夷叔齊)같이 산채를 씹다가 죽을지언정 어찌 그까짓 왜놈배들에게 부동한단 말이냐? 꿈에라도 너는 그따위 시험제도 같은 건 생각지도 말고 이 난세에 성명(性命)을 보존할 생각을 해라. 고르지 못한 때에 묻혀서 사는 것은 예로부터 있던 길이다." 그러나 이제 곧 드러날 일이지만 과거제의 폐지는 이승만의 인생을 송두리째 뒤바꿔놓는 대변화의 계기가 되었다.[83]

너무 늦은 신교육으로의 전환

1894년 7월 학부아문(學部衙門)을 발족시킨 정부는 학제개편의 핵심으로 소학교과 교원을 양성하는 사범학교 설립을 추진했는데 소학교는 학령제를 도입하여 일곱 살 이상의 남아가 입학하도록 했다. 1894년 9월 18일 서울 교동에 사범학교와 소학교가 개교했는데 이 소학교가 바로 오늘날 교동초등학교의 전신이다. 정부는 1895년 7월 19일 '소학교령', 7월 23일 '한성사범학교규칙'을 공포했는데 이것은 일본의 '소학교령'을 그대로 본떠서 만든 법령에 지나지 않는 데다 이미 소학교와 사범학교가 설립된 터라 의구심을 불러일으켰다.[84]

일본은 이미 1872년에 새로운 '학제(學制)'를 공포해 소학교 설립을 추진한 결과 취학률이 1873년 28.1퍼센트, 1875년 35.4퍼센트, 1878년 41.3퍼센트에 달했으며 1877년에는 도쿄대학(1886년에 제국대학으로 개칭)을 설립했다. 이와 관련해 강재언은 "조선에서는 1876년 2월까지 유교적 소우주를 고수하고 있었다. 양국 간의 시간 차가 너무나도 컸다"며 다음과 같이 말했다.

"조선의 교육은 유교 일변도였을 뿐만 아니라 주자학 일존주의(一尊主義)에 얽매여서 경직화되고 말았다. 자연히 근대적 교육으로 전환하는 데에서도 저항이 심했고 더구나 새로운 학제로 개편된 것이 1895년이었으니까 구교육에서 신교육으로의 전환이 너무나도 늦었다."[85]

그러나 더 늦고, 더 놀랍게 생각해야 할 일은 상업에 대한 천대와 관련된 일이었다. 관료라 하더라도 퇴직 후에는 자유롭게 장사할 수 있도록 하는 조치가 취해진 건 바로 1894년부터였다.[86] 사정이 이러했으니 훗날의 망국에 대해 유교·양반 책임론이 일어난 건 당연한 일이 아니겠는가.

04

동학농민군의 제2차 봉기

전라감사 김학진의 제안

1894년 7월 초 농민군 지도자들은 전봉준·김개남 중심의 집회를 갖고 좀더 조직적인 활동을 모색했다. 전라감사 김학진은 전라감영 총서 김성규 등의 도움을 받으며 농민군의 활동을 지원하면서 농민군에 몇 가지 제안을 했다.

첫째, 폐정은 일체 뜯어고칠 것이되 작은 것은 자신의 손으로 큰 것은 조정에 보고해 고칠 것이며 둘째, 농민군들이 편안히 생업에 종사할 것을 보장하되 각기 면과 이 단위에는 집강이 설치되어 있으니 억울한 일은 집강을 통해 호소해오면 감영에서 처리할 것이고 셋째, 병기를 환납하는 일 이외 곡식 등을 빼앗은 일은 전혀 묻지 않을 것이며 넷째, 금년의 각종 세금은 낱낱이 면제해주겠다는 내용이었다.[87]

이에 대해 이이화는 "이런 제안은 농민군의 활동을 공인하는 것이

동학농민군의 2차 봉기를 이끌었던 전봉준과 김개남(위부터).

었고 뒷날 커다란 비난이 따르게 된다. 그러나 농민군의 집강소 활동은 이 수준에 머물 수가 없었다. 그들은 곡식과 무기를 거두어들이면서 폐정개혁에 나섰다"며 다음과 같이 말했다.

"무엇보다 양반과 상놈, 상전과 종, 남자와 여자의 차별 타파, 곧 사회신분 타파가 주된 활동이었다. 그리하여 호칭을 '접장'으로 통일해 부르면서 평등의 실현에 주력했다. 그들은 또 빈농·영세상인·어민

중심의 경제적 불균형 시정에 나섰다. 이들에게 씌워진 무거운 조세를 거부하고 부당한 고리채를 탕감하고 대지주와 도매상인의 횡포를 다스렸다. 그리하여 곳곳에서 노비문서와 토지문서를 불태우는 일이 벌어졌고 또 사사로운 원한을 푸는 일도 벌어졌다. 이런 분위기는 충청도·경상도로 급속하게 번져나갔다. 이런 가운데 각지의 수령들은 도망치거나 몸을 사려 협조가 제대로 이뤄지지 않았고 일부 농민군의 횡포가 말썽이 되기도 했다. 더욱이 농민군 지도부가 청일전쟁을 수행하고 개화정권을 농락하는 일본군과 전면적 항쟁을 벌여야 한다는 여론이 형성되었다."[88]

전봉준·김학진의 의기투합

8월 15일 농민군 지도자들은 남원에서 대회를 갖고 이런 문제에 대한 의견을 모으려 했다. 일본군의 경복궁 무력 점령과 뒤이은 청일전쟁을 보고 농민군 편으로 마음이 확실하게 돌아선 김학진은 남원 대회에 군관 송경원을 보내 "함께 국난에 대처하기 위해 감사는 도인을 거느리고 힘을 합해 전주를 지키기로 약속하자"고 제의했다. 김개남은 이를 거절했으나 전봉준은 전주로 나와 김학진을 면담하고 의기투합했다. 김학진은 감사의 집무실인 선화당을 전봉준에게 내주었으며 각 고을원들에게 글을 보내 농민군 집강소 활동을 적극 도와주라는 지시를 내렸다.[89]

이에 대해 훗날 황현은 "김학진은 역적을 돕는 수준이 아니라 스스로 '역적질'을 시작한 셈이다"라며 "전봉준은 이에 김학진을 끼고 이익을 많이 남길 물건으로 삼아 한 도를 전제했다. 학진의 주위는 모두 그들 무리였다. 몰래 여러 도둑을 불러 성안에 들어오게 했는데 이름은 성을 지킨다는 것이나 실지는 성을 포위한 것이다. 학진은 괴뢰와 같은 사람으로 일어나거나 앉고 침 뱉거나 삼키는 것까지 자의로 하지 못하고 오로지 문서만 받들어 행할 뿐이었다. 이래서 백성들은 도인감사라 불렀다"고 매도했다.[90]

나주목사 민종렬과 순창군수 이성렬 등이 김학진의 지시를 거부하자 김학진은 이들을 파직시키라는 글을 조정에 올렸다. 이에 조정에서는 김학진을 병조판서로 삼고 장흥부사 박제순을 전라감사로 임명했지만 김학진은 이를 거부하고 계속 전주에 남아 농민군 활동을 도왔다. 김학진이 전주에 부임하러 온 박제순에게 인계를 거부하자 박제순은 "김학진이 도둑을 끼고 임금이 되려 한다"는 글을 올렸다. 조정에서는 김학진을 잡아들이려 했으나 그의 일가로 세력가인 김가진의 노력으로 불문에 부치기로 하고 그대로 임지에서 활동을 계속하게 했다. 이에 황현은 또 "김학진의 머리를 잘라 아침에 매달고 전봉준의 시체를 저녁에 돌연자에 갈아야 한다"고 핏대를 올렸다.[91]

황현과 같은 보수파 입장에선 그럴 만도 했다. 그간 농민군은 김학진의 도움에 힘입어 많은 군량미와 무기를 입수했다. 김학진은 전주에 있는 회룡총 400자루, 크르프포 등 대포 3문, 그 외 탄알 등과 위봉산성에 있는 무기를 내주게 했고 농민군 운량관이 되기도 했다.[92]

김학진은 이제 이 책에서 사라질 인물이므로 이후 그의 거취를 잠시 알아보자. 이이화는 "공주 전투를 앞뒤로 하여 김학진은 전라감사 자리를 이도재에게 내주고 서울로 돌아왔다. 다음 해 정국이 전환된 탓인지 그의 행동은 흐지부지되었다"며 다음과 같이 말했다.

"을사조약 이후 최익현은 그에게 의병에 함께 나설 것을 제의했으나 동조하지 않은 것으로 보인다. 그 후 조정에서는 농민군에게 인기를 얻고 있는 그에게 태의원경 등의 벼슬을 주었고 일제는 또 그에게 남작을 주어 회유했다. 농민전쟁 당시 그는 농민군의 집강소 활동을 돕고 대일항쟁에 동참했으나 그 후에는 조용히 살았다. 그를 친일파라고 부를 수는 없으나 적극 독립운동에 가담하지도 않았다. 그러나 그는 중요한 시기에 한 역할을 해낸 것이다."[93]

삼례 재봉기

일본의 조선 침략이 노골화되던 1894년 10월 26일(음력 9월 18일) 농민군은 전주성 해산 이후 4개월여 만에 전라도 삼례에서 2차로 봉기했다. 주로 남접으로 구성된 10만 병력이었다.[94] 투쟁 방향도 반봉건에서 반침략으로 선회했다. 전봉준은 훗날 재판 과정에서 삼례 재봉기 이유를 다음과 같이 밝혔다.

"일본이 개화라고 일컬어 애초부터 일언반구도 없이 민간에 전파하고 또 격서도 없이 군대를 도성에 끌어들여 밤중에 왕궁을 격파하여 왕을 놀라게 하였다. 하기에 초야에 묻힌 사민(士民)들이 충군애국의 마음으로 강개하지 않을 수 없어 의병을 규합해서 일인과 접전하게 됐다."[95]

농민군의 2차 봉기를 진압할 능력이 없던 조선 정부는 11월 8일 이노우에 공사에게 구원병을 요청했다. 김홍집이 외무대신 김윤식과 탁지대신 어윤중과 같이 일본공사관으로 직접 찾아가서 한 요청이었다. 그 결과 일본군의 추가 파병 구실이 확보되었으며 이후 일본군과 조선 정부군이 본격적으로 동학농민군 토벌에 나서면서 화력에서 절대

열세인 농민군은 무너지기 시작했다.[96]

그간 몸을 숨기거나 숨을 죽이며 살아야 했던 벼슬아치나 양반 토호들은 국면이 바뀌자 민보군(民保軍, 일종의 향토예비군)을 조직해 복수에 나섰다. 민보는 향촌의 군사적 거점에 설치한 군사시설물이자 민방위 체제로서 비록 기득권 훼손을 우려한 향촌사회 사족의 반대로 설치되진 못했지만 오래전부터 그 설치의 필요성이 논의돼왔다. 그래서 농민군을 진압하기 위한 반농민군들의 상당수가 민보군이라는 이름으로 결집할 수 있었다. 농민군이 패배를 거듭하면서 일본군의 지휘 아래 관군이 휩쓸고 내려오자 곳곳에서 민보군이 일어났다.[97]

왜 7월에 봉기하지 않았나?

주진오는 "농민군은 군국기무처가 수립되어 개혁을 진행시키던 시기에 집강소를 설치하여 폐정개혁안을 실천하고 있었다. 이때까지만 하여도 개혁정권은 여러 이유가 있었지만 농민군을 어쨌든지 자극하지 않았다"며 다음과 같이 주장했다.

"그러나 농민군 지도부는 개혁세력과 보수세력의 차별성을 인정하지 않고 오히려 보수세력을 민족세력으로, 개혁세력을 반민족세력으로 설정하는 잘못을 범했다. 물론 그러한 판단을 갖게 한 데는 개혁세력 측의 책임이 컸다. 하지만 농민군 지도부의 책임도 없다고는 할 수 없었다. 이는 오늘날의 개혁에서도 개혁세력과 진보세력이 어떻게 상호관계를 맺을 것인가를 생각하게 해주는 대목이다."[98]

이어 주진오는 "10월의 2차 농민전쟁은 반일・반개혁 정권을 내세운 봉기였다. 그런데 왕궁이 일본군에게 점령당했던 것은 이미 7월의 일이었다. 따라서 2차 농민전쟁이 진정 반외세 민족운동의 성격을 지닌다고 평가되기 위해서는 7월에 봉기했어야 한다"고 주장했다.[99]

전봉준은 훗날 재판 과정에서 농민군이 경복궁 점령 당시 곧바로 움직이지 않은 것은 몸이 아팠고 군중을 한꺼번에 움직일 수 없었으며 추수기가 끝날 때를 기다리느라고 그랬다고 답했다. 이에 대해 정창렬은 전봉준이 당시 상황을 국권상실의 결정적 위기로 인식하지 않았고 일정 부분 개화파와 갑오개혁에 거는 기대가 있었던 것으로 해석했다.[100]

문제는 일본군의 상황을 살피지 않은 것이었다. 곡식이 여물 때를 기다린 건 농민군에 좋은 점이 있었겠지만 이때 일본군은 청국 군대를 평양에서 크게 깨뜨리고 총부리를 농민군에 집중적으로 겨눌 수 있었으며 게다가 개화정권의 군대를 통제할 수 있는 시기였다. 일본군에 너무 많은 시간을 줌으로써 북쪽과 경상도·충청도 해안 세력의 합류를 차단당했고 또 남접의 일부 이탈과 북접의 연합이 늦어진 속에 전면대결을 벌여 일본의 신무기와 정면으로 맞서야 하는 등 너무도 크고 많은 문제를 안고 있었다.[101]

그러나 김양식은 전봉준의 봉기가 늦어진 것은 그 자신도 어찌할 수 없는 '전략상의 차질' 때문이었을 가능성을 제시했다. 그 동안 전봉준이 집강소를 운영하면서 무기를 관아에 반납하고 대부분의 농민군을 귀가시키는 등 '타협적 온건노선'을 보였던바 이에 반발한 농민군들이 많아 다시 기병하기가 어려웠다는 것이다. 자체 무력만으론 북상을 할 수 없어 다른 세력과의 연합전선을 도출하느라 시간이 걸릴 수밖에 없었다는 설명이다.[102]

일본군의 다롄 · 뤼순 점령

한편 청일전쟁의 주요 무대는 1894년 10월 말부터 조선을 벗어나 만주 · 랴오둥 · 산둥반도로 옮겨갔다. 일본군은 11월 7일 다롄(大連)을 점령하고 11월 17일부터 공격을 개시하여 22일 뤼순을 점령했다. 일본군은 1895년 1월 20일 산둥반도에 상륙한 이후 약 1개월간의 공방전을 벌인 끝에 승리를 거머쥐게 되었다.[103] 이이화는 일본군이 뤼순을 점령했을 때 세계의 이목이 집중되었다며 다음과 같이 말했다.

"일본군이 이곳에서 부녀자를 강간 살해한 사실이 당시 여순주재의 각국 신문기자들에게 발각되었다. 미국의 『뉴욕 월드』는 민간 6만여 명이 살해되었다고 보도하면서 덧붙여 '괴수가 이제야 문명의 탈을 벗고 야만의 정체를 드러냈다'고 했으며 영국의 『타임스』는 포로가 학살된 사건을 보도했다. 조선의 피해 사실은 완전히 빠져 있었다."[104]

이후로도 계속 조선의 피해와 국운(國運)은 서양 매체들의 관심권 밖에 머무르게 된다. 세계적 사조로 사회진화론이 휩쓸던 당시 무력(無力)은 죄악(罪惡)에 가까운 대접을 받아야만 했다. 당시 조선 정치인 · 지식인들이 사회진화론을 받아들인 건 선택이 아니라 강요였다고 보아야 하지 않을까?

05

공주 우금치 전투의 비극

남·북접 간의 노선 차이

동학농민군은 외부의 적과 더불어 내부의 적과도 싸워야 했다. 배항섭은 "갑오농민전쟁은 동학의 종교조직을 활용했기 때문에 항쟁을 전국적 규모로 확대시킬 수 있었지만 바로 그 때문에 조직의 통일에서 한계를 보이기도 하였다. 소위 남·북접 간의 노선 차이에 의한 갈등이 그것이다"고 했다.[105]

1894년 4월 이후 남접 농민군이 무장·고부·전주 등에서 승승장구할 적에 최시형은 계속 경고를 발하고 있었고 김연국·손천민 등 온건파(보수파)는 최시형을 감싸고돌며 남접의 행동을 견제하고 나섰다. 최시형은 전봉준에게 봉기 중지를 명하는 글을 보내기도 했는데 끝내 말을 듣지 않자 '고절문'을 보내 관계 단절을 정식 통고하고 이어 북접 지도자들에게 전봉준 일행을 '국적(國賊)이요 사문(斯門)의 난

적(亂賊)'이라고 질타하면서 토벌하라고 지시하기도 했다.[106]

그러나 북접은, 조정에서 남·북접을 구별치 않고 무차별로 다루는 데다 북접 동학교도의 열화 같은 압력에 굴복하여 10월에 대동원령을 내리지 않을 수 없었다. 이이화는 "이때 북접 농민군의 총지휘자인 통령으로 손병희가 지명되었다"며 다음과 같이 말했다.

"통령 손병희는 황색 깃발을 내걸고 중군을 이끌어 논산으로 진출했다. 그리고 미리 대기하고 있던 전봉준과 만나 손을 잡고 굳게 맹세한다. 이때 손병희는 '벌남기'를 내걸고 나왔다가 전봉준의 회개를 받고나서야 '척왜양 창의기'를 내걸었다든지 서로 형제의 의를 맺었는데 손병희가 형이 되고 전봉준이 동생이 되었다든지 하는 기록이 있다.(『천도교교회사초고』 등 참조) 어떻게 수만 명의 군대를 몰고 나오면서 '남접을 친다는 기'를 내걸고 올 수 있겠는가? 또 전봉준은 손병희보다 다섯 살 위인데 어떻게 동생이 될 수 있다는 말인가? 문제는 다른 데에 있었다."[107]

전봉준이 형이 되고 손병희가 아우가 되었다는 설도 있지만[108] 문제는 시간적인 것이었다. 전봉준은 삼례를 출발하여 논산에 도달한 10월 16일 충청감사 박제순(나중에 외부대신으로 을사5적의 일원)에게 "총부리를 왜놈들에게 겨누어라. 왜 동족을 살상하느냐"며 길을 비키라고 호소하는 글을 보냈다. 또 그는 일본군의 앞잡이 또는 일본군에 협조하는 개화정권의 군대와 구실아치·보부상들에게 애국의 의리로 호소했다.[109]

보부상은 갑오농민전쟁이 일어나자마자 "상업의 길을 편하게 하고 나라를 위해 해를 제거한다"는 명분으로 정부군과 더불어 농민군 토벌에 나섰다.[110] 이들은 무고한 농민을 동학도로 몰아세워 돈을 뜯어내는 등 그 행패가 매우 심각했다.(보부상에 대한 원성이 자자해지자 정부도 농민전쟁이 종결과 함께 보부상 조직을 해체시키고 말았다. 나중에 독립협회를 견제할 때 다시 정권의 필요에 따라 부활하게 되지만 말이다)[111]

7일간의 우금치 혈투

농민군은 애국 의리를 호소하며 한 달가량 북접군을 기다렸다. 북접군의 합류가 너무 늦은 것이었다. 손병희의 북접 농민군은 모처럼 남·북접 연합군을 형성하여 공주 공격에 나섰지만 김개남·손화중·최경선의 남접 최정예부대는 빠져 있었다. 전봉준은 김개남·손화중에게 긴급 구원요청을 했으나 아무런 응답도 받지 못했다. 한마디로 모든 여건이 농민군에게 최악이었다.[112]

공주성을 둘러싼 공방전은 크게 두 번 치러졌는데 1차 전투는 1894년 11월 20일(음력 10월 23일)에서 22일 사이에 벌어진 이인·효포·능치 싸움이며 2차 전투는 12월 7일(음력 11월 9일) 충남 공주에서 부여로 넘어가는 견준산 기슭의 높은 고개인 우금치(우금티, 현 공주시 금학동)에서 7일간 벌어진 혈투였다.

농민군에게 치명타는 우금치 혈전이었다. 동학농민군은 우금치 고개를 넘으려고 하루에도 40~50여 차례나 돌격전을 감행했지만 우금치 산마루를 지키고 있던 일본군의 우세한 화력에 매번 당해야만 했다. 농민군은 2만여 명 중 500여 명밖에 남지 않을 만큼 큰 희생을 치렀다. 우금치 계곡과 봉황산 마루는 쓰러진 동학농민군 시체로 하얗게 덮였고 산 밑 시엿골 개천은 여러 날 동안 핏물이 흘렀다는 이야기도 있다.[113]

우금치 전투에서 패한 후 체포된 농민군들.

동학농민군은 관군과 일본군의 연합군을 수적으론 7.4 대 1의 비율로 압도했지만 무기에서 크게 뒤졌다. 농민군은 농기구·죽창·화승총 등으로 무장한 반면 일군 200여 명은 스나이더 소총·무라타 소총·기관총 등으로 무장했으며 여기에 조선 정부군 2500여 명이 가세했다.[114]

농민군의 화승총은 심지에 불을 붙여 사용하고 사정거리가 불과 100보인 데 비해 일본군의 총은 심지에 불을 붙일 필요가 없어서 눈비 속에서도 계속 사격할 수 있었고 사정거리도 400~500보였다. 스나이더 소총은 영국에서 개발되어 수입한 것이었고 무라타 소총은 일본이 직업 개발한 신병기였다. 양측의 화력을 비교하면 250 대 1 수

준이었다는 주장도 있다.[115)]

전략상의 오류도 있었다. 신복룡은 "전봉준은 병법을 이해하는 전략가가 아니었다. 따라서 그가 공주를 결전장으로 택한 것은 무모했다"며 다음과 같이 말했다.

"공주 일대는 방어하기에는 유리한 반면에 공격하기에는 불리한 지리다. 이런 처지에서 일본군·경군·민병 등은 우세한 무기에 유리한 위치를 차지하고 기다리고 있었고 농민군은 지리적으로나 장비에서나 불리한 상태에서 이미 저들이 지키고 있는 공주성을 공격해야 했다. 이런 상황에서 전봉준이 전 역량을 공주에 투입한 것은 전략상의 오류였다."[116)]

동학군의 계급적 고립

'계급적 고립'의 문제도 심각했다. 날이 갈수록 사무친 원한을 갚기 위한 하층빈민의 농민군 점유율이 높아지면서 농민군의 고립이 심화되었다. 손화중마저 농민군에 대해 "접장(接長)이라고 부르는 자들은 어리석은 천인들로 약탈하는 것을 좋아하는 무리들뿐"이라고 개탄했다. 반면 이로 인해 상대적으로 민보군의 농민군에 대한 원한은 상승되었다. 이와 관련 김양식은 "민보군의 농민군 토벌은 무자비하였다"며 다음과 같이 말했다.

"그들은 혹은 독자적으로, 혹은 일본군과 정부군의 지휘통제를 받아 농민군을 닥치는 대로 죽이고 재산을 몰수하고 농민군의 근거지였던 도소와 그들의 가옥을 불태웠다. 특히 민보군은 현지사정에 밝고 농민군을 잘 알고 있었기 때문에 농민군 토벌 외에 잔여세력을 일망

타진하는 데 효과적이었다. 이는 일본군과 서울에서 파견된 정부군의 활동에 큰 도움이 되었다. 농민군을 토벌한 직접적인 군사력이 일본군을 중심으로 한 진압부대였다면 그것을 가능케 한 사회적 토대는 양반사족층과 향리·수령층이 이끄는 민보군이었다."[117]

이재준은 "동학군들은 동학을 믿지 않은 사람들에게 강제로 엄청난 속인전(贖人錢)을 거두었으며 유생이나 토호들은 죽창에 학살되거나 몰살당하는 일이 비일비재했다"며 다음과 같이 주장했다.

"심지어 양반의 씨를 말린다고 거세까지 할 정도였으니 이미 동학혁명군의 기강은 흐트러지고 사리사욕을 탐하는 비도(匪盜)로까지 변질되기도 했다. 대부분의 주민들은 생존을 위해 '시천주 조화정 영세불망 만사지'란 주문을 외우고 가짜 동학교도가 될 정도였다. 이러한 사실들은 좌익사학(史學)과, 전봉준은 영웅이란 결론하에 만들어진 날조된 '영웅사학'으로 철저히 은폐되고 호도돼왔다. 이것은 전봉준 개인으로도 비극이며 동학혁명에 대한 모멸이다. 후일 동학교도는 물론 그 가족까지도 마을 주민들에게 몽둥이로 타살된 예가 많은 것으로 보아 동학을 빌미로 한 개인적인 복수가 널리 행해졌음을 알 수 있다."[118]

위 주장의 일부 표현이 부적절하거나 과격한 문제가 있기는 하나 동학군의 '계급적 고립'을 시사해주는 것으로 보면 큰 무리는 없겠다.

전봉준의 체포·압송

12월 10일 전봉준은 노성으로 후퇴하여 남은 농민군을 수습하면서 '경군과 영병에게 보낸 고시문'을 통해 보국안민(輔國安民)의 이념을 다시 천명하고 농민군과 경군·영군이 연합하여 항일투쟁에 나설 것을 다음과 같이 호소했다.

"두 번에 걸친 싸움은 후회막급이라. 당초 거의(擧義)는 사악함과 아첨을 버리고 멀리하자는 것이다. 경군이 사(邪)를 돕고 영병이 그릇됨을 부추기는 것이 어찌 본심이겠는가. 필경은 천리(天理)로 돌아갈 뿐이니 이제부터 서로 투쟁하지 말고 인명을 죽이거나 인가를 불태우지 말고 대의를 따라 위로는 나라를 바로잡고 아래로는 백성을 편하게 할 것이로다. 우리가 만약 기만하면 하늘의 죄가 있을 것이요 임금이 마음을 속이면 반드시 자멸할 것이니 원컨대 하늘을 가리켜 해에 맹세하여 다시는 상해가 없으면 참으로 다행이겠노라. 어제의 쟁진(爭進)은 길을 빌리자는 것이었노라."[119]

반면 고종은 막바지 공주 전투가 시작될 즈음 "일본국은 다른 뜻이 아니라 오로지 우리를 도와 난을 평정하고 정치를 고치고 백성을 편안케 하여 이웃의 화목을 돈독히 하려고 하는 것"이라고 했다. 왕현종은 전봉준과 고종의 담론을 대비시키면서 "이는 침략자 일본에 대항해 자신에 적대적이었던 이서(吏胥, 고을 수령을 보조하는 자들)와 영병들에게 제휴의 손길을 보내고 있었던 농민군의 태도와 대비된다. 이런 2차 전쟁의 상황을 고려하지 않은 채 농민군의 정치적 지향점이 충군애국의 논리에 입각하여 '일군만민(一君萬民)'적인 이상사회로의 회귀였다는 주장은 너무 현실과 동떨어진 상상에 불과하다"고 주장했다.[120]

공주대회전이 끝난 뒤 주력 농민군은 전주·원평·태인 전투를 끝으로 해산한다. 그 뒤 국지의 전투가 벌어졌는데 그 최후를 장흥 일대와 보은 일대에서 장식했다.[121]

전봉준은 원평 태인에서 최후의 전투를 벌이고 입암산성과 백양사를 거쳐 회문산 아래 순창 피노리로 몸을 피했다. 전봉준에게는 거액의 현상금이 붙었다. 붙잡는 자에게는 돈 1000냥과 신분 여하를 막론하고 군수직을 주겠다고 했다. 입암산성장이나 백양사의 중들도 그를 고발하지 않았는데 전봉준은 피노리의 옛 부하 김경천의 변절에 잡히고 말았다. 전봉준 생포에 주도적 역할을 한 한신현에게는 금천군수가 제수되었고 피노리 마을사람들은 돈 1000냥을 받았다. 밀고자 김경천은 세상의 눈총과 보복이 무서워 마을을 떠나 숨어 살았고 뒷날 피노리는 마을 이름을 바꿔야 했다.[122]

김개남의 체포 · 효시

한편 전봉준이 이끄는 농민군과는 다른 진격로로 북상하다 청주에서 대패한 김개남은 회문산 깊은 산골 종송리(지금의 정읍군 산내면 종성리) 느티마을 매부집으로 몸을 숨겼는데 아랫마을에 사는 옛 친구 임병찬의 밀고로 붙잡혔다. 이이화는 "그런데 이곳은 전봉준이 잡힌 피노마을과 불과 20여 리 거리에 있다. 두 지도자는 서로 만나 재기를 도모하려 각기 이곳으로 왔다고 일부 기록은 전한다. 그러나 서로 만나지 못하고 한 사람은 옛 부하, 한 사람은 옛 친구의 밀고로 12월 2일(음력) 한날에 잡혔던 것이다. 묘한 인연이요 운명이었다"고 했다.[123]

전봉준은 담양의 일본군에게 인계되어 나주 · 전주를 거쳐 보름 만에 서울로 압송되었지만 전라감사 이도재는 전주로 끌려온 김개남을 정식 재판절차를 거치지 않고 서교장(천주교도들의 박해 장소로 전주 풍남문 밖인 오늘날의 전주시 완산구 동서학동 초록바위 부근)에서 처형했다. 황현의 『오하기문』은 "목을 베고 그의 배를 갈라 간을 큰 동이에 담으니 보통 사람의 것에 비해 월등히 컸다"며 "원수진 집안에서 다투어 간을 씹고 인육을 나누어 제사를 지냈다"고 썼다. 김개남의 수급은 서울로 올려보내져 서소문 밖에 사흘간 효시(梟示)됐다가 전주로 옮겨와 다시 효시됐다.[124]

김개남의 즉결처형으로 인해 이도재는 징계를 받았다고 하는데 이이화는 즉결처형을 한 이유엔 두 가지 설이 있다고 했다.

"첫째는 김개남의 부하들이 드세어 그를 탈출케 할지 모른다는 염려 때문이라거나 그가 처형한 남원부사 이용헌의 아들 등이 복수하게 해달라는 요구 때문이라는 것이다. 둘째는 이도재가 그를 국문해보니 흥선대원군의 밀지에 따라 행동했다고 말하여 이런 사정을 숨기려 처형했다는 설이다. 그를 전주 서교장에서 처형하고 그의 배를 갈라 간을 큰 동이에 담으니 보통 사람의 것보다 컸다 한다. 원수진 사람들이 그 고기를 빼앗아 씹기도 하고 제사 지내기도 했다 한다. 그의 머리만 함지박에 담아 서울로 보내져 조리돌렸다. 그리하여 지금 그의 무덤은 없다. 다만 효수된 사진이 전해져왔다. 이 사진은 그동안 전봉준의 것으로 잘못 알려졌는데 근래 김개남의 것으로 확인되었다. 그가 남긴 것은 이 사진뿐일까?"[125]

김개남의 가족들은 도강 김씨 족보에서도 지워지고 성마저 박 씨로 바꾼 채 어렵게 살아남았다. 김개남을 기리는 추모비는 1993년 5월 30일에서야 전주 덕진공원에 세워졌으며 2000년 말 그가 죽은 전주 서문교회 옆 서교장터에 '김개남 길'이라는 이름이 붙여졌다. 신정일은 "남원을 비롯한 전라좌도를 호령했던 김개남의 흔적은 백 년의 세월 동안 지워져버리고 말았다"며 그 이유에 대해 다음과 같이 말했다.

"동학농민혁명 당시 빼어난 활약을 펼쳤던 김개남이 역사 속에 묻혀 있었던 것은 첫째 공초(供招, 죄인을 신문한 내용을 기록한 문서) 기록과 죽음에 이르는 전 과정이 제대로 남아 있는 전봉준과 달리 그가 즉결처분되었기 때문이며 둘째는 한 사람을 영웅시하는 시대적 상황 때문이고 셋째는 전봉준의 그늘에 가려 빛을 보지 못한 탓도 있겠지만 여러 자료들이 김개남을 급진주의자 또는 강경파로 몰아붙였기 때문이다."[126)]

학살당한 농민군은 최소 20만 명

일본군은 3개 연대 8000여 병력에 불과했지만 현대식 병기로 무장해 그들과 조선 관군에 의해 죽임을 당한 농민은 최소 20만 명에 이르렀다.[127)] 박은식은 『조선독립운동지혈사』에서 "동학당은 호미와 곰방메와 가시나무총을 들고 밭고랑에서 분기하여 우리의 관군과 일병을 상대하여 교전한 지 9개월 만에 드디어 항복하였다. 이 변란통에 사망자가 30여만 명이나 되었으니 미증유한 유혈의 참상"이라고 썼다.[128)] 동학농민전쟁의 최대 격전지 중 하나였던 전주는 가옥의 3분의 1이 파괴되었고 주민 수 역시 3만 5000명에서 2만 4000명으로 1만여 명이나 줄어들었다.[129)]

이노우에 가쓰오(일본 홋카이도대 교수)는 「일본군에 의한 동학농민군 대학살」이라는 논문에서 일본 방위청 방위연구소 산하도서관의 동학농민군 진압 관계 사료를 조사해 찾아낸 결과에 근거해 "당시 일본군에 의한 농민군의 진압 과정은 일본군이 동아시아에서 저지른 최초의 민중학살"이라고 주장했다. 그는 "사료에 의하면 일본군은 무라다식 라이플로 무장했다"면서 "동학농민군 희생자는 학살당한 5만

명 등 30만~40만 명에 이른다"고 주장했다.

이노우에는 1894년 10월 27일 일본군 총지휘부인 히로시마 대본영의 작전일지에 "동학당에 대한 처치는 엄렬(嚴烈)을 요함. 향후 모조리 살육할 것"이라고 기록돼 있고 인천에 있던 병참사령부의 기록에는 "참살을 실행하라"고 돼 있다고 밝혔다. 이노우에는 조선 정부에 선전포고를 하지 않은 상태에서 당시 조선 정부의 사법권 아래 있던 동학농민군에 대해 일본군이 참살을 명령한 것은 부당하며 전시라 하더라도 비전투원의 보호조항을 명시한 근대 국제법에 대한 중대한 위반이라고 지적했다.[130]

김용옥은 "우금치에서 동학농민군 수십만 명이 목숨을 잃은 뒤부터 조선은 사실상 일본의 식민지 상태에 들어갔으며 이때부터 일본 제국주의는 조선을 집어먹기 시작했다"며 "우금치 전투 이후 일본의 조선 침탈은 가속됐고 일본은 식민통치 기간에 좌우 이념 대결, 6·25 동란에 이르기까지 한반도에 모든 죄악을 다 뿌려놓은 것입니다"라고 주장했다.[131]

우금치의 동학혁명군 위령탑

우금치의 언덕바지엔 위령탑이 하나 서 있다. 1973년 천도교에서 세운 것으로 '동학혁명군 위령탑'이란 휘호는 박정희 당시 대통령이 썼다. 이선근이 쓴 비문은 동학농민혁명이 5·16과 10월 유신으로 이어진다고 주장했다.

"님들이 가신 지 80년. 5·16 혁명 이래의 신생조국이 새삼 동학혁명군의 순국정신을 오늘에 되살리면서 빛나는 10월 유신의 한 돌을 보내게 된 만큼 우리의 피어린 언덕에 잠든 그 님들의 넋을 달래기 위해 이 탑을 세우노니 오가는 천만 대의 후손들이여! 그 위대한 혁명정신을 영원무궁토록 이어받아 힘차게 선양하라."[132]

누군가가 비문에서 '5·16' '10월 유신' '대통령 박정희'를 정으로 파내버렸다. 동학농민혁명에 대한 모욕으로 여겼기 때문이리라. 모욕은 1990년대에도 계속됐으니 그건 1992년 공주시 당국이 위령탑에서 40미터 거리의 인근에 주유소 설치를 허가한 사건이었다. 이 사건은 공주 지역민들의 우금치에 대한 무관심을 반성케 하는 계기가 돼 1993년 2월 '우금치 동학혁명 전적지 성역화 추진회'의 탄생으로 이어졌다.[133]

이 추진회의 노력 덕분에 우금치는 1994년 2월에 사적지로 지정되었다. 1994년 3월 추진회 회장 진영일은 "벌써 1년이 지났죠. 한 분이 우금치를 차로 넘다가 기름탱크를 묻을 자리를 파는 걸 봤죠. 주유소를 만든단 말만 들었지 예전엔 터 닦는 정도였는데 화들짝 놀랐답니다. 그때부터 서둘러 사람들을 모아 성역화를 요구했고 마침내 지난달 사적지로 지정됐습니다"라고 말했다. 또 진영일은 우금치 일대 1만 5600여 평에 무명 농민군을 위한 위령각, 당시의 탄환과 농민군의 북 등을 전시할 기념관, 조각광장 그리고 혼묘 등에다가 주차장까지 고루 배치할 마스터플랜 구상을 밝히면서 다음과 같이 말했다.

"우선 20억 원가량이 필요합니다. 주로 개인 땅을 사들이는 데 쓰이죠. 정부당국에 추경예산 편성을 요청했습니다. 음력 11월 9일이면 100돌 아닙니까. 최소한 '동학농민혁명군 위령탑'이라도 완공했으면 하는 바람입니다. 주민들 간에 아직까지 호응이 높은 편은 아닙니다. 30여 명의 실무진이 힘겹게 뛰고 있지요. 우금치가 어딘지 모르는 공주 사람도 적지 않습니다. 안 된다는 말도 많고, 아직 보수적인 풍토가 남아 있기 때문이겠죠."[134]

100년의 세월이 흐른 뒤에도 동학농민군을 둘러싼 당시의 내부갈등과 감정의 앙금이 남아 있다니 아직도 우금치의 비극은 계속되고 있는 건 아닐까? 새삼 내부의 갈등을 해소하고 역량을 결집시킬 수 없었던 조선 체제의 한계가 망국의 원인이었다는 교훈을 되새기게 된다.

06

김홍집 · 박영효 연립내각 수립

박영효 내무대신, 서광범 법무대신

조선 정부는 일본의 집요한 압력에 굴복해 1894년 12월 13일 박영효 등이 갑신정변의 결과로 입었던 역적의 죄명을 탕척(蕩滌, 죄명을 씻어 줌)해주고 동시에 정변 전의 직첩(職牒)도 환수(還授)케 했다. 이어 조선 정부는 12월 17일(음력 11월 21일) 박영효를 내무대신, 서광범을 법무대신에 임명함으로써 이른바 김홍집 · 박영효 연립내각이 수립되었다.[135] 이주회 · 우범선 · 이규완 · 정란교 · 유혁로 · 신응희 등 박영효 추종세력은 군부와 경무청에 배치되었다.[136]

그 결과 대원군은 배제되었고 국왕의 친정체제하에서 내각이 국정의 중심이 되었다. 대원군을 견제하기 위해 설치되었던 군국기무처는 폐지되었다. 군국기무처를 대신하여 설립된 중추원(中樞院)은 수구파적 원로대신으로 구성되었는데 이는 내각의 단순한 자문기관으로 격

하되었다.[137]

유영익은 일본공사 이노우에가 부임 도중 인천에서 10월 26일에 박영효와 면담한 일이 있음을 지적하면서 이노우에가 박영효에게 복권 주선의 약속을 했을 것이나 자신이 선수를 쓰지 않고 오히려 고종과 민비 측에서 먼저 박영효를 비롯한 급진개화파들의 복권을 발의하기를 기다렸다며 다음과 같이 주장했다.

"고종과 민비는 알렌 서기관과 협의한 후 박영효를 기용하는 것이 대원군파와 박영효파를 이간하며 일본공사와도 순조로운 관계를 유지하는 데 필요하다고 판단하고 12월 8일에 이노우에 '고문관'에게 박영효의 탕척(蕩滌)·서용(敍用, 죄로 벼슬을 면한 사람에게 다시 관직을 주어 씀)을 제의하였다. 이노우에 공사는 이 제의를 받아들이면서 박영효를 정부요직에 임용토록 권고하였다."[138]

명성황후와 박영효의 일시적 화해

박영효에게도 명성황후가 필요했다. 윤덕한은 "박영효는 벌써 일본의 주선으로 10년 만에 귀국해서 정계복귀를 노리며 왕실과 접촉하고 있었다. 박영효라면 누구보다도 치를 떨던 민비가 일본을 등에 업은 그의 활용가치를 알고 은밀히 관복 한 벌을 지어 보내며 먼저 화해의 손길을 뻗쳤다. 민비와 대원군은 사사건건 상극이다. 그들 중 어느 한 쪽과 가까워진다는 것은 다른 쪽의 원수가 된다는 것을 의미한다. 따라서 이때부터 박영효가 대원군으로부터 미움을 받고 경계의 대상이 된 것은 당연한 일의 순서였다"고 말했다.[139]

명성황후는 박영효에게 대저택까지 하사했다.[140] 이처럼 개화기의 국내 정치는 모든 게 외세에 따라 좌우되었기 때문에 영원한 적도 영원한 친구도 없었다. 박영효와 명성황후의 화해도 그런 경우에 속하는 것이었다. 그러나 박영효는 이노우에의 기대와 달리 꼭두각시에 머물지 않았으며 일본화를 넘어선 서구 지향의 개혁과 더불어 일본의 제국주의적 이권 요구를 거부하는 반일 노선을 걸음으로써 일본과 갈등을 빚게 되었다.[141]

F. H. 해링튼은 "왕비의 술책 중에서 가장 현명하였던 것은 박영효를 끌어들인 것이었다"며 "왕비는 모든 재능을 발휘하여 박영효를 대원군으로부터 떼어놓고는 다시 박영효로 하여금 일본인들과 절연토록 했다. 그 후 박영효는 1895년 6월 서울에서 축출될 때까지 왕비의 지시에 따라 행동했다"고 주장했다.[142]

김홍집 · 박영효 연립내각의 한계

유영익은 김홍집 · 박영효 연립내각은 엄밀히 말해서 김홍집 · 김윤식 · 어윤중 등 소위 온건개화파, 박영효 · 서광범 등 급진개화파, 그리고 박정양 · 안경수 · 이윤용 등 친로 · 친미파(정동파 · 미국파) 등 세 정파의 연립내각이었다고 보았다. 그는 "이노우에(井上) 공사가 김홍집 등의 소위 구파와 박영효 등의 소위 신파를 내각 요직에 안배토록 만든 것은 그 양파로 하여금 상호견제케 하려는 분할통치의 계략에 따른 것이며 동시에 박정양 등 친로 · 친미파를 이 내각에 포함시킨 것은 러시아 · 미국 등 열강의 지지와 고종 · 민비의 협조를 얻기 위한 고려의 결과로 볼 수 있다"며 다음과 같이 말했다.

"이 새로운 내각의 각료 중에서 이노우에(井上) 공사가 가장 큰 기대를 건 인물은 박영효였다. 그는 박영효가 (일반적으로 보호국에서 가장 실권이 큰) 내무대신직을 맡아 조선 정부 내에서 중추적 역할을 담당할 뿐만 아니라 아울러서 왕족(금릉위)이라는 그의 특수 신분을 활용하여 궁중의 고종·민비와도 친밀한 관계를 유지함으로써 부중(府中)·궁중(宮中) 양쪽을 감시하면서 일본공사의 대한(對韓)정책을 도와주기 바랐다. …… 그러나 …… 그에게 정치 불간섭을 언약한 민비는 약속과는 달리 고종의 배후에서 계속 실권을 행사했고 또 그가 가장 신임하여 후원한 박영효도 집권 후 의외로 강한 반골(反骨) 성향을 나타냄으로써 그의 조선 정계 조종 계략에는 미구(未久)에 차질이 빚어졌다."[143]

조선의 입장에선 반겨 마땅한 일일 수도 있지만 문제는 이후 내내 조선 내부의 권력 갈등과 암투(暗鬪)가 일제의 조선 정계 조종 전략에 이용당하는 쪽으로 치달았다는 점이다. 그 어떤 강력한 구심점을 갖기 어려운 조선의 정치 상황은 외세의 개입과 침략을 계기로 개선되기보다는 악화되는 방향으로 나아갔다. 이제 우리는 곧 그런 비극적인 장면들을 목도하면서 "똘똘 뭉쳐도 모자랄 판에"라는 탄식을 내뱉게 될 것이다.

제7장

동학 농민혁명의 좌절

01

홍범 14조 제정 반포

홍범 14조의 내용

정치적 혼란의 와중에서도 갑오개혁은 진행되었다. 일본은 전쟁에 몰두하느라 당시 개혁은 신정부가 정치·경제·사회 전 분야에 걸쳐 독자적으로 수행했다. 그러나 큰 흐름은 여전히 일본의 몫이었다. 1894년 11월 주한일본공사 이노우에는 국왕을 알현하여 "독립의 기초를 공고히 하기 위해서는 내정을 개혁해야 하고 청국과의 관계를 단절했다는 국시의 변경을 종묘에서 고하고 전국에 선포해야 한다"고 권고했다.[1]

이는 고종의 병환으로 한 차례 연기되었다가 1895년 1월 7일(음력 1894년 12월 12일)에 실현되었다. 이날 국왕은 세자·종친 및 신료(臣僚)를 이끌고 종묘에서 독립서고문(獨立誓告文)을 봉고(奉告)했으며 이 서고문에서 '홍범(洪範, 모범이 되는 큰 규범) 14개조'를 선포했다. 박영효가 주도한 제2차 개혁의 지향점이기도 했지만 '청국과의 관계 단절'이라는 일본의 의도가 강하게 반영된 것이었다.[2]

홍범 14조의 내용은, 청국에 의탁하는 생각을 끊어버리고 확실히 자주독립하는 기초를 확고히 세울 것, 왕실 전범(典範)을 제정하여 왕위의 계승과 종실(宗室)·외척의 구별을 밝힐 것, 대군주가 정전(正殿)에 머물러 일을 보되 정사를 친히 각 대신에게 물어 재결하며 왕후·비빈(妃嬪)·종실·척신이 간여함을 용납하지 않을 것, 왕실 사무와 국정 사무를 모름지기 나누어 서로 뒤섞지 아니할 것, 의정부와 각 아문(衙門)의 직무 권한의 제정을 밝혀 행할 것, 인민에 대한 부세 징수는 다 법령으로 정해서 망령되이 명목을 덧붙여 함부로 거두지 아니할 것, 조세의 부과와 징수·경비 지출은 모두 탁지아문이 관할할 것, 왕실 비용을 앞장서서 절감하여 각 아문 및 지방관의 모범이 되게 할 것, 왕실비 및 각 관부 비용은 1년 예산을 세워 재정의 기초를 세울 것, 지방관제를 빨리 개정하여 지방관리의 직권을 제한할 것, 나라 안의 총명한 자제를 널리 파견하여 외국의 학술과 기예를 익히게 할 것, 장관을 교육하고 징병하는 법을 사용하여 군제의 기초를 확정할 것, 민법과 형법을 엄격하고 명확하게 제정하고 함부로 사람을 가두거나 징벌하지 말게 하여 인민의 생명과 재산을 보전할 것, 사람을 쓰는 데 문벌과 지연에 구애받지 아니하고 선비를 구함에 두루 조야(朝野)에 미쳐 인재등용을 넓힐 것 등이었다.

매우 불길한 행사?

송우혜는 "1895년 1월 7일 한겨울의 매운 칼바람을 맞으면서 왕의 행차가 경복궁을 떠났다. 왕세자와 대원군을 비롯한 종친들과 문무백관들이 각기 가마와 말을 타고 배행하는 장려한 행렬의 목적지는 종묘(宗廟). 새로운 법령인 '홍범 14조'를 제정 반포함을 보고하러 가는 길이다"라며 그 장면을 다음과 같이 묘사했다.

"조선을 다스렸던 역대 임금들의 혼령을 모신 종묘에 국왕이 친히 나가 국정의 중요 현안을 보고하는 것은 왕실 행사 중에서 가장 신성하고 중요하고 성대한 행사이다. 그런데 돌연 긴 행렬의 한쪽이 흐트러지면서 심상치 않은 소동이 일었다. '상감마마! 박영효 대감이 낙마하시었삽니이다!' 보고를 들은 임금의 얼굴이 침통하게 일그러졌다. 종묘 거둥길에서 왕실의 인척이자 내무대신인 박영효가 말에서 굴러 떨어진 것은 나라의 미래가 불운함을 예시한 흉조라고 느낀 것이다. '어허! 불길한 일이로다!' 임금은 본래 이번의 종묘 거둥은 결코 실행해서는 안 되는 매우 불길한 행사로서 나라의 명운과 미래를 망칠 것이라고 생각하고 있었기에 낭패감이 극심했다. 손이 덜덜 떨렸다. 감정의 격동을 느낄 때면 나타나는 수전증 현상이었다."[3]

이어 송우혜는 "애당초 경복궁을 떠날 때 임금은 이미 이번 행차의 의미를 폄훼하는 조치를 취했다. 종묘 거둥에 사용하는, 40인이 메는 화려한 의전용 대여(大輿)를 물리치고 4인이 메는 초라한 소여(小輿)를 대령하도록 명했다"며 다음과 같이 말했다.

"'4인 소여에 탄 임금의 종묘 거둥'이란 전례가 전혀 없는 아주 해괴한 행차였다. 굳이 그런 모습으로 경복궁에서 종묘까지의 짧은 길을 도살장에 끌려가듯 가고 있는 중에 흉조까지 나타나니 더욱 참혹했다. 그러나 거둥을 중지할 수도 없었기에 임금의 행렬은 그대로 전진하여 종묘의 역대 열성위 신위 앞에 나아가서 '이날부터 홍범 14조를 실시함으로써 조선은 새로운 체제를 지닌 새로운 나라가 됨'을 고했다."[4]

고종의 눈물겨운 노심초사

정치적인 측면에서는 1637년에 성립돼 258년 묵은 청국과의 종주관계를 청산하고 개국연호를 사용했고 왕실과 내정을 분리했는데 이것만큼은 일본의 내정간섭 의지가 확실하게 반영된 것이었다.[5] 바로 여기에 문제가 있었다. 고종은 청국과의 관계를 단절하고 자주독립을 선언하는 것에 따른 후유증을 염려하지 않을 수 없었다. 송우혜는 "당시 청일전쟁에서 청군이 계속 패배하고 있는 때가 아니었다면 '홍범 14조'의 반포는 불가능했을 것이다"라며 다음과 같이 말했다.

"약소국인 조선 임금 고종의 노심초사는 눈물겹다. 그는 일본공사 이노우에와 처음에 합의했던 종묘 서고일인 갑오년 동짓날이 되자 몸이 아프다는 핑계로 누워버렸다. 핑계가 아니라 후유증에 대한 염려로 정말 아팠는지도 모른다. 어쩔 수 없이 다시 날을 잡아 종묘에 서고하러 가게 된 고종이 짜낸 궁여지책이 '4인 소여'라는 카드였다. 혹시라도 청일전쟁에서 청국이 승리한 뒤 '조선의 일방적인 관계 단절 선언'에 대해 강력하게 문책해올 경우 '당시의 홍범 14조 반포는 일본의 강요로 인한 것이지 결코 내 뜻이 아니었소. 이른바 폐하라는 내가 격식에 전혀 맞지 않는 4인 소여를 타고 갔던 것이 그 명확한 증거요'라고 내세우기 위한 장치였던 것이다."[6]

그렇게 불안해하는 가운데 선포된 '홍범 14조'에 따라 조선 왕실 가족들의 위호는 즉시 격상됐다. 주상전하는 대군주(大君主)폐하로,

고종과 후에 순종이 된 세자.

왕비전하는 왕후폐하로, 왕세자저하는 왕태자전하로 바뀌었다.[7]

1895년 4월 19일부터 24일에 걸쳐 종래의 의정부는 '내각(內閣)'으로 개칭되고 각 아문(衙門)도 '부(部)'로 개칭되었다. 또 농상무과 공무(工務)의 양 아문을 농상공부로 통합하여 외부·내부·탁지부·군부·법부·학부·농상공부의 7부로 되었다.[8]

1895년 4월 1일에 '개화 법률 제1호'로 공포된 '재판소 구성법'에 따라 법관 양성소가 개설되었다. 제1기생 50명 중 47명이 6개월간의 교육 끝에 졸업했는데 수석졸업생은 훗날 대한민국 제3대 부통령이 된 함태영(1873~1963)이었다. 1906년 홍재기가 조선인 제1호 변호사 자격을 얻게 되며 일제강점 이전까지 조선인 변호사는 약 50명이 배출되었다. 김학준은 1895년을 "우리나라 사법제도사와 법학교육사에 있어서 하나의 전환의 해였다"고 평가했다.[9]

승려의 도성출입금지 해제

1895년 4월 24일 그간 천민 대우를 받았던 승려들이 서울을 출입할 수 있는 권리를 누릴 수 있게 되었다. 조선의 배불(排佛)정책으로 1451년 문종 때부터 승려들의 도성 안 출입이 금지되었는데 명종 때의 불교중흥정책과 임진왜란 당시 의승병의 활약으로 잠시 완화되었다가 1625년 다시 인조가 금지령을 내렸으니 270년만의 해금이었다.[10]

승려들로선 감격하지 않을 수 없었다. 서경수는 "불교 근대사의 시점을 어느 특정한 연대에 두려는 생각은 없다. 다만 18세기 중엽을 전후하여 교단에 가장 충격을 준 사건이 일어난 연대를 시점으로 할까 한다"며 승려의 도성출입금지가 해금된 1895년을 근대불교사의 시점으로 보았다.[11]

이는 불교계에선 쟁점 중의 하나다. 일본 승려 사노 젠레이가 일본 공사관의 적극적인 후원을 배경으로 총리대신 김홍집을 통해 조선 승려의 도성출입금지 해제 명령을 고종에게서 얻어냈기 때문이다. 이는 당시의 개혁 분위기로 보아 곧 풀릴 문제였지만 일본 승려의 주선이 부각되면서 조선 불교의 친일화의 계기가 되었다는 주장이 있다.[12]

임혜봉은 "일제로부터 해방된 이후에도 불교사를 연구하는 지식인들 가운데도 일본 승려의 건의로 1895년에 해제된 승려의 도성출입금지를 '한국 불교의 경사'라고 기록한 것을 보아야 하는 것은 참으로 착잡한 일이 아닐 수 없다"고 주장했다.[13]

박경훈은 국가의 관리 아래 두고자 전국 사찰의 통할기관으로 원흥사(元興寺)를 세우고 각도에는 수사(首寺)를 설치한 1899년을 근대불교사의 시점으로 보아야 한다고 주장했다. 그간 불교를 탄압하다가 "개화의 영향을 입어 겨우 시대의 추세를 깨달은 조정이 근대화를 지향하게 되면서 불교계에 주어진 소산이 이 전국 사찰의 통할기관인 원흥사의 설치"이기 때문이라는 것이다.[14]

그러나 고명수는 『고종실록』 1895년 3월 29일자 기록에 근거해 승려들의 도성출입금지 해제 명령은 불교 신자인 내부대신 박영효의 건의가 큰 역할을 한 것이라며 "마치 일본 승려 사노에 의해 이루어진 것처럼 왜곡된 것은 일제의 식민주의 역사가늘이 왜곡한 역사를 철저한 검증과 비판 없이 수용한 데서 온 중대한 오류이다"라고 주장했다.[15]

어찌됐건 일본 일련종(日蓮宗)의 사노가 승려의 도성출입금지 해제를 위해 노력한 건 분명하다. 사노는 조선 정부의 결정에 감사하는 뜻에서 1896년 고종을 위한 만수무강 대기도제를 개최했으며 여기엔 고관 등을 포함하여 1만 4000여 명이 참석했다. 이와 관련해 강돈구는 다음과 같이 주장했다.

"문제는 일련종의 만수무강 대기도제와 개신교의 대군주폐하 탄일 경축회가 같은 시기에 같은 맥락에서 치러졌음에도 불구하고 일련종의 집회는 제국주의적 침략 의도가 깔려 있는 집회로, 그리고 개신교의 집회는 충군애국적 집회로 상반되게 이해되고 있다는 점이다. 물론 19세기 후반이라는 시대적인 상황 속에서 일본은 제국주의적 침략의도를 처음부터 끝까지 지니고 있었고 개신교의 주요 선교 모국(母國)인 미국은 그러한 의도를 지니고 있지 않았다고 할 수도 있다. 이 문제는 정치사학자들이 해결해야 할 문제이기는 하지만 적어도 종교사적으로 볼 때 양 집회에 대한 상반된 설명은 수정을 필요로 한다."[16]

이는 '결과에 의한 규정력'을 어떻게 볼 것인가 하는 문제이기도 하다. 비단 이 문제뿐만 아니라 개화기에 일본과 관련된 모든 사건들이 그런 규정력의 영향을 받아 부정적인 평가를 받는 것이 현실인바 역사 연구의 어려움을 실감케 한다.

02

망명 유학 10년 만에
귀국한 윤치호

조선 기독교 대표자의 탄생

'홍범 14조'가 제정 반포된 지 한 달여 후인 1895년 2월 12일 윤치호가 망명 유학 10년 만에 귀국했다. 윤치호 자신은 그 10년 세월 동안 무엇을 배웠는지 몰라도 조선에겐 '잃어버린 10년'으로도 볼 수 있는 세월이었다. 그의 망명 유학은 갑신정변의 산물이었기에 더욱 그랬다.

윤치호는 갑신정변에 가담하지 않았거니와 거사에 반대했다. 그는 정변이 실패로 돌아간 다음 날 일기에서 "아아, 김옥균 무리의 경망스러운 행동은 위로 나라 일을 실패하게 하고 아래로 민심을 흔들리게 했으며 공적으로는 개화 등의 일을 완전히 탕패(蕩敗)시켰고 사적으로는 자기네들의 가족을 몽땅 망하게 만들었다. 한 번 생각을 잘못해 모든 일이 실패했으니 이 얼마나 어리석고 얼마나 도리에 어긋나는 짓이냐!"고 개탄했다.[17]

그러나 윤치호는 그의 부친 윤웅렬과 함께 김옥균 등과 절친하게 지냈고 3일간 집권한 개화당 정권으로부터 관직이 내려지기도 했기 때문에 갑신정변 이후 매우 곤혹스러운 입장에 처하게 되었다. 고종은 윤치호 부자에게 "나는 너희 부자가 죄 없음을 알고 있으니 걱정하지 말라"고 위로했지만 신변의 위협이 사라진 건 아니었다. 그러던 중 자신을 보호해주던 푸트가 귀국을 결심하게 되자 1885년 1월 19일 인천을 출발해 상하이로 망명했다.[18]

윤치호는 미국 남감리회 선교부가 운영하는 상하이 중서서원(中西書院)에서 3년 6개월간 수학했는데 이곳에서 1887년 세례를 받아 조선 지식인으로서는 최초의 개신교 교인(남감리교) 중의 한 사람이 돼 훗날 '조선 기독교 대표자'로 불리게 된다.[19]

윤치호는 기록벽이 강해 평생 일기를 썼는데 유영렬이 윤치호의 일기를 분석한 바에 따르면 윤치호가 1885년 2월부터 금주하기 전인 1887년 2월까지 25개월 동안 술을 마신 횟수는 67회이며 이 기간 중 여성과 동침한 회수는 11회였다.[20]

윤치호는 1888년 9월 28일 상하이를 출발하여 일본을 경유, 11월 4일에 미국 테네시주의 내슈빌에 도착해 미국 유학 생활을 시작했다. 그는 벤더빌트대학에서 3년간 신학을 전공하고 계속해서 조지아주의 에모리대학에 편입하여 2년간 인문과학을 공부했다.[21]

윤치호는 벤더빌트대학과 에모리대학에서 공부하는 동안 황인종이라는 이유로 호텔 투숙을 거부당하고 야유와 물리적 폭력을 경험하면서 백인의 인종차별에 대한 강한 문제의식을 갖게 되었다. 그는 1891년 11월 27일자 일기에 "당분간 내 자신의 청국인과 일본인에 대한 모든 국가적인 편견은 몽골인종에 대한 넓은 편애(偏愛) 속에 삼켜졌

다"고 썼다.[22]

윤치호의 유교 비판

윤치호는 1893년 5년간의 미국 유학을 마치고 모교인 상하이의 중서서원에서 교편을 잡았는데 그렇다고 해서 그가 청국을 좋아한 건 아니었다. 그는 백인종에 대해서는 단호히 황인종의 편이었지만 황인종만 놓고 말하자면 그는 친일반청(親日反淸)의 자세를 견지했다. 그는 1893년 11월 1일자 일기에서 다음과 같이 말했다.

"만일 내가 살 곳을 마음대로 선택할 수 있다면 일본이 바로 그 나라일 것이다. 나는 지독하게 냄새나는 청국에서도, 인종적 편견과 차별대우가 무섭게 지배하는 미국에서도, 극악한 정부가 계속되는 한 조선에서도 살기를 원치 않는다. 오, 축복받은 일본이여! 동양의 파라다이스여! 세계의 정원이여!"[23]

윤치호는 1893년 11월 17일자 일기에서는 "본질적으로 나쁜 것을 제외하고는 한국화되도록, 본질적으로 좋은 것을 제외하고는 미국화되지 않도록, 전면적으로 기독교화되도록 노력할 것"을 스스로 다짐했으며 1895년 1월 6일자 일기에서는 "외국 교육에 의하여 썩어진 동양인은 썩은 달걀보다 더 나쁘다"고 말하기도 했다.[24]

윤치호는 유교에 대해 매우 부정적이었다. 그는 유교를 효 중심의 윤리로 인간의 모든 의무를 가정에 국한시키는 사리(私利) 중심주의적 체계로 보았으며 이런 체제하에서 인간은 자기의 이익과 직결되지 않는 한 타인에 무관심하여 공공심을 전혀 찾아볼 수 없게 된다고 생각했다.[25] 윤치호는 1894년 3월 11일자 일기에 다음과 같이 썼다.

윤치호는 조선 지식인 최초의 개신교인 중의 한 사람이었으면서도 개신교에 비판적인 자세를 가졌다.

"예수는 그 제자들에게 가서 가르치라고 명하며 반면에 유생들은 와서 배우라고 말한다. 이것은 커다란 차이를 의미한다. 왜냐하면 기독교인은 그가 소유하거나 알고 있는 뭔가 좋은 것을 공유하는 것을 의무로 여기는 반면, 유생들은 자만과 사리를 위해 그것을 자신에게 고수한다. 유교사회에 있어서 공공심의 전적인 결핍은 나의 견해를 입증할 것이다."[26]

그렇다고 해서 윤치호가 개신교의 모든 걸 다 찬양한 건 아니었다. 그는 1894년 6월 10일자 일기에서 예수를 믿지 않으면 지옥에서 영원한 고통을 받게 된다는 식으로 공포심을 유발하는 외국 목사들의 설교를 비판했으며 이후 일기에서도 개신교의 배타적 독선에는 비판적 자세를 보였다.[27]

윤치호는 한국 최초의 진정한 개인주의자라고 해도 과언이 아닌 인물이었다. 그는 미국에서 궁핍하게 살면서도 "앞으로 조선에서의 선교를 보조하기로 약속하면 생계·공부를 도와주겠다"는 제안을 거절하는 등 자신의 개인주의를 지키기 위해 미국 선교사와 일정한 거리를 유지했다. 그는 훗날(1927) 몇 명의 미국 유학생의 학비를 보조해 주면서 그 조건으로 '애걸하지 않는 자' 일 걸 내세웠는데 그 이유인즉슨 애걸할 정도로 자존심이 없는 자는 인물이 되지 못한다는 것이었다.[28]

일본에 대한 생각을 바꾸다

윤치호가 귀국했을 당시 조선 정부는 김홍집 · 박영효 연립내각이 구성되어 큰 갈등을 빚고 있었다. 양 진영은 각기 윤치호를 포섭코자 했지만 윤치호는 당파를 초월하기를 원했고 그리하여 귀국 직후인 1895년 2월에 정부의 참의(參議)가 되었다가 6월에는 학부협판에 임명되었다.[29] 윤치호의 이후 행보가 어떠했는지 미리 알아보자.

1895년 10월에 일어난 일본의 명성황후 시해 사건은 윤치호의 일본에 대한 생각을 바꾸게 만드는 계기가 되었다. 그는 "살인과 암살, 이것이 일본에 의해 도입된 개혁과 문명의 꽃이란 말인가"라고 개탄했다.[30]

양현혜는 "윤치호는, 민비 시해 사건 후 '친일파'의 감시하에 있는 고종을 '근왕파'와 각국의 외교세력이 협력해 구출하려 했던 소위 '춘생문 사건'에 가담했다. 그러나 그 시도는 실패로 끝나고 윤치호는 신변의 안전이 보장될 때까지 약 2개월간 미국공사관으로 피신하지 않을 수 없었다"며 다음과 같이 말했다.

"그 사이 윤치호는 당시 조선을 두고 일본과 주도권 쟁탈을 하고 있던 러시아에 대해 서서히 기대를 걸기 시작했다. 특히 러시아공사관에 국왕이 피신한 소위 '아관파천' 후 러시아에게 조선 개혁의 후

견인의 역할을 적극적으로 요청하게 되었다. …… 그러나 러시아 측은 이렇게 개혁을 요청하는 윤치호의 행동을, 신용할 수 있는 '친러파'가 아니라는 증거로 보고 그를 경계할 필요가 있는 인물로 간주했다. …… 1897년 1월, 10개월의 외유를 끝내고 귀국했을 때 윤치호는 자기가 공직에 재임명되지 못하고 정치적으로 대단히 불안한 입장에 처해 있다는 것을 알았다. …… 윤치호가 '독립협회' 운동을 접하게 된 때는 바로 이런 상황 속에서였다."[31]

윤치호는 방대한 양의 일기를 남긴 덕에 한국 개화기 역사에서 그가 실제로 했던 역할 이상으로 자주 거론되는 인물이지만 그의 삶 자체가 조선 개화파의 일대기를 축약시켜놓은 듯한 모습을 띠고 있다는 점에 주목할 필요가 있다. 선각적인 애국지사가 친일파로 영락해가는 과정과 논리가 그의 삶에 담겨 있기에 앞으로 계속 주목해보기로 하자.

03

일본 『한성신보』의 창간

조선 신문이 없는 7년 8개월간의 공백

1888년 7월 『한성주보』가 폐간된 이후 1896년 4월 『독립신문』이 나오기까지 7년 8개월여 동안은 조선 신문이 없던 공백 기간이었다. 그 기간 중 일본인들이 일본 외무성의 자금을 지원받아 한글신문을 하나 창간했으니 그게 바로 『한성신보』다.

『한성신보』는 1895년 2월 17일 국한문과 일문 4면(세 면은 한글, 한 면은 일본어)의 격일간 신문으로 창간되었는데 이 신문의 기자들은 "언론인이라기보다 한국 침략을 위해 활동하는 일종의 전위적 활동집단이었다."[32] 사실상 '일본공사관의 기관지' 였던 이 신문은 1895년 10월 8일 명성황후 시해 사건에 주도적 역할을 했다.[33]

재일 언론사학자 박인식은 "당시 조선인이 만든 신문이 없었기에 국어와 일어로 발행된 한성신보는 조선인에게도 인기를 끈 전국지였다"고 평가했다.[34] 바로 그런 이유 때문에 이 신문은 『독립신문』의 창간에 적지 않은 자극을 주었다. 『한성신보』는 명성황후 시해에 주도적인 역할을 했을 뿐만 아니라 1896년 2월 18일자에선 고종의 아관파천을 비난하는 기사를 게재하는 등 조선을 모독하는 짓을 자주 저질렀기 때문이다. 조선 정부는 『한성신보』의 한국인 배달부 체포령을 내리는 등 간접적인 탄압 수단을 쓰기도 했지만[35] 보다 근본적인 대책을 강구해야 할 필요성에 직면해 있었다.

1895년 7월 7일 박영효의 일본 망명을 전후한 시기에 내각의 요직을 차지했던 정동파는 『한성신보』에 대항하기 위해 순수한 한글 신문을 발행할 목적으로 조선주재 각국 공사들의 협조를 요청하기도 했다. 비록 정동파의 신문발행 시도는 명성황후 시해 사건으로 말미암아 실패로 끝나고 말았지만 시해 사건 이후 한글 신문의 창간 필요성을 더욱 절감하게 되었다고 볼 수 있다.[36]

『한성신보』의 침투전략

명성황후 시해 사건 이후 전국 각지에서 항일의병운동이 일어나자 일본은 몸을 사리면서 이미 발행하던 『한성신보』를 주요 활동 거점으로 삼았다. 그래서 각종 기사와 읽을거리로 한국인 독자층에 적극 침투하려고 애를 썼으며 1896년 10월 하순부터는 국한문판과 일문판을 분리해서 따로 내기 시작했다.[37]

그런 '침투전략'의 결과 이 신문은 청일전쟁의 조짐을 알린 호외 이외에 '우리나라 최초'라는 한 가지 기록을 갖게 되었다. 우리나라에서 신문에 연재소설이 처음으로 등장한 것은 1896년 『한성신보』부터였다. 1997년 권영민은 "이 신문에 최초의 연재소설이 등장하였다는 점을 신문학사의 첫 장에 기록해야 한다는 사실 자체가 부끄럽다"고 했다.[38]

2002년 한원영은 "개화기의 소설이 민족의 자주독립·개화사상·신교육·신결혼관 등을 계몽·주창하는 주제로 되어 있는 것이 많은데 반하여 이 『한성신보』에 연재된 소설은 표피적으로는 유교적인 인륜도덕을 표방하면서도 소설의 주인공에게 초인적인 힘과 도술(道術)을 주어 인간으로서는 불가능한 일을 가능케 하는 괴기성과 남녀 간의 퇴폐적인 욕정을 그려 오락성을 통하여 흥미를 유발하는 소설이 많다"며 다음과 같이 주장했다.

"『한성신보』가 격일제로 신문을 발행하면서도 소설을 계속 연재한 이유는 욕정과 괴기에서 오는 흥미가 끌어다 주는 독자의 유치를 기도한 것이요, 다음 하나는 저질의 퇴폐적인 오락성이 가져다 주는 민족정서의 저질화, 민족정기의 훼손, 민족정신의 타락을 꾀한 일제의 음흉한 간계가 아닌가 한다. 다만 이 신문이 일인의 손에 의해 발행된 신문이나 이 땅에서 발행된 신문 중 최초로 국문소설을 연재했다는 국문학사적인 의의는 인정된다."[39]

최초의 신소설도 『한성신보』에?

2005년 5월 23일 '최초의 신소설'도 『한성신보』에 실렸었다는 주장이 제기되었다. 연세대 국문과 교수 설성경은 "이인직의 『혈의누』가 최초의 신소설로 알려져 있으나 신소설의 효시는 이보다 8년 앞선 1898년 『한성신보』에 연재된 '토소자'의 『엿장사』"라고 밝혔다. 설성경은 일본의 한 대학도서관에서 발견한 '한문잡록'을 통해 『엿장사』가 1898년 『한성신보』에 연재됐음을 확인했다고 말했다.

설성경에 따르면 『엿장사』는 엿장사인 김생원이 일확천금을 얻었으나 사기꾼에게 속아 모두 날려버리는 과정을 다루고 있다. 김생원은 엿을 팔러 다니다 신서방을 알게 돼 도박판에 발을 들여놓는다. 그는 세간을 팔고 친구에게 돈을 빌려 250냥을 도박에 투자해 100만 냥에 당첨, 세간과 집을 마련한다. 그러나 신서방에게 사기를 당하고 집문서까지 빼앗겨 길바닥에 나앉게 된다. 설성경은 "주인공 성격·문체·구조 등을 보아 고대소설과 구별되는 신소설의 특징을 갖고 있다"며 "문체뿐 아니라 내용에서도 『혈의누』보다 훨씬 주체적"이라고 말했다. 그는 "『혈의누』 작가의 친일 행각과 텍스트 속의 친일 속성 때문에 신소설 전체가 비주체적 친일 작가에 의해 주도된 것으로 여겨왔다"며 "『엿장사』를 통해 신소설을 매판 친일문학으로 여겨온 기존 견해를 수정할 수 있을 것"이라고 주장했다.[40]

『한성신보』는 1903년 3월 1일부터 종래의 격일간지에서 일간지로 전환했다. 『한성신보』는 1906년 7월 31일 제2068호를 마지막으로 그 판권을 통감부에 매도하여 9월 1일에 창간된 통감부 기관지 『경성일보』에 흡수되었다.[41]

04

전봉준·손화중 처형

민중의 영웅으로 각인된 전봉준

앞서 보았듯이 동학농민군은 처참하게 패배했고 그 지도자들은 체포되었다. 그들은 어찌 되었는가? 김개남은 재판 없이 처형당한 반면, 전봉준은 1895년 1월 30일 서울에 도착, 남산 아래 진고개 일본영사관의 순사청에 구금되었다. 황현의 『오하기문』은 서울로 잡혀오는 동안 전봉준이 보인 모습을 다음과 같이 기록했다.

"전봉준이 벼슬아치를 보고는 모두 너라고 부르고 꾸짖으면서 조금도 굴하지 않았다. 길을 오는 동안 죽력고(대나무 진액으로 빚은 술)와 인삼·미음을 달라고 하여 먹으면서 행동거지가 조금도 두려움이 없었다. 조금이라도 그의 뜻을 거스르면 꾸짖기를 '내 죄는 종묘사직에 관계되니 죽게 되면 죽을 뿐이다. 너희들이 어찌 나를 함부로 다루느냐' 하였다. 잡아가는 자들이 이를 보고 '예예' 하며 잘 모셨다."[42]

전라도 순창에서 체포돼 서울로 압송되는 전봉준.

전봉준이 잡혀왔다는 소식에 일본영사관 앞길은 인파로 뒤덮였다. 이에 대해 김정기는 "백성들의 한이 서린 꿈을 안고 좌절당한 전봉준이 백성의 가슴속에서 새롭게 부활하는 민중의 영웅으로 각인되기 시작한 것이다"라고 했다.[43]

전봉준은 체포 직후 일본영사 우치다 사다쓰지(內田定槌)로부터 신문을 받았다. 전봉준은 "일본이 개화라 칭하면서 처음부터 일언반사도 백성들에게 알리지 않고 게다가 격서도 없이 군대를 도성에 끌어들여 밤중에 왕궁을 격파하여 우리 임금을 놀라게 했다는 것을 들었다. 그래서 초야의 선비와 백성들이 충군애국의 마음으로 강개함을 견디지 못하고 의병을 규합하여 일본인과 접전하여 그 일에 대해 한번 묻고자 한 것이다"라고 답했다.[44]

전봉준은 2월 28일 근처 일본공사관으로 이동되었다가 3월 4일 다시 일본영사관으로 넘겨지고 3월 5일 구속 중인 영사관에서 제1차 재판을 받았다. 그는 3월 6일 일본 유력지인 도쿄『아사히신문』기자와 회견, 새 권력의 핵심인 소수 명사의 합의제를 공표했다. 조선의 임금은 상징적으로 왕위만을 유지시키되 왕권을 박탈하여 그것을 소수의 명사에게 위임하는 과두감국(과두집정)체제에다 몇 개월 시행해왔던 지방의 농민 집강소체제를 결합한 백성권 강화의 권력체계였다.[45]

1883년 부산-시모노세키 간 해저전선이 가설되어 일본 수도로 연결되었고 2년 뒤에는 서울-공주-전주-대구-부산을 잇는 남로전선이 개설되었기 때문에 1895년 서울에서의 회견 기사는 그날 도쿄에서 인쇄가 가능해 일본 신문 3월 6일자에 보도되었다.[46]

새야 새야 파랑새야, 녹두밭에 앉지 마라

1895년 4월 23일 오후 동학농민항쟁의 지도자 전봉준·손화중(1861~1895)·최경선(1859~1895)·성두한·김덕명(1845~1895)에 대한 재판이 열렸다. 이들은 모두 사형 선고를 받고 불과 10시간 뒤인 24일 오전 2시에 처형당했다.

일본 신문『시사신보(時事新報)』1895년 5월 7일자에 실린 재판 방청기는 "이미 짐작은 한 바이나 사형을 선고받으면 대개 정신이 혼비백산하고 사지가 떨리는 법인데 이 점에 대해서는 이상하게도 조선 사람은 배짱이 좋다. 동학의 거두로 자임하는 전(全)·손(孫)·최(崔)·성(成)과 같은 사람은 매우 대담했다"고 썼다.[47]

정확한 시점은 알 수 없지만 농민전쟁 중에 나왔던 참요(정치적인 징후를 암시하는 민요)들 중 전봉준을 기리는 노래들이 이후 많이 불려졌다. 가장 대표적인 노래는 '파랑새 노래'였다. 이 노래는 시기와 지역에 따라 여러 형태로 구전되면서 불렸지만 대표적인 가사는 "새야 새야 파랑새야/녹두밭에 앉지 마라/녹두꽃이 떨어지면/청포장수 울고 간다"이다.

이 노래에 대한 해석은 여러 가지지만 '파랑새'는 전봉준의 성인 '전(全)'자를 '八(팔)'과 '王(왕)'으로 파자하여 '팔왕새'라고 부른 데서 나왔으며 '녹두꽃'은 오척 단구인 전봉준의 별명이 '녹두'였던 것에서 유래되었다는 설이 유력하다. 여러 형태로 구전되던 이 노래들은 나중에 하나로 합쳐져서 "새야 새야 파랑새야, 녹두밭에 앉지 마라"라는 파랑새 노래로 훗날 오래도록 불리게 되었다. 전봉준이 정세를 바로 파악하고 시기를 잘 이용했더라면 성공했을 텐데 그렇지 못했다는 것을 애석하게 여긴 노래였다.[48]

"가보세 가보세 을미적 을미적 병신되면 못가보리"라는 노래도 바로 그런 시기의 문제를 다룬 노래였다. 동학군이 갑오년(1894)에 성공을 해야지 을미년(1895)을 지나 병신년(1896)에 이르면 패하고 만다는 뜻이라나.[49] 하긴 시운(時運) 외에 무엇을 탓할 수 있었으랴.

이제 시련과 고통은 그들의 후손에게 넘어갔다. 박기수는 "동학농민의 후손들은 참으로 비참한 삶을 살아왔다. 일본군과 관군은 동학교도 진압작전을 펴면서 잔혹한 학살과 재산몰수라는 극단적 처분을 자행했다. 때론 참여 마을을 통째 소각하는 무자비함도 보였다"며 다음과 같이 말했다.

"목숨을 부지하자면 고향을 등지고 성과 이름을 바꿔야 했다. 만주 유랑에 나서고 의병에 참여하는 후손들도 부지기수. 이도저도 못한 후손들은 절멸하는 수밖에 없었다. 그들은 근현대사의 기구한 운명과 함께 철저히 유린돼 숨어 사는 신세로 전락했다. 지금껏 동학농민군의 후손들은 보이지 않는 연좌제에 묶여 핍박과 수난의 세월을 살아왔다. 쌓이고 쌓인 한을 끝내 추스르지 못하면 그들은 '새야 새야 파랑새야……' 노래를 불렀다. 그 노래만이 그들의 존재를 증명한다."[50]

이준용 모반 사건

1895년 4월 또 다른 충격적 사건이 세상을 떠들썩하게 만들었으니 그건 바로 이준용(1870~1917) 모반 사건이었다. 이준용은 대원군의 큰아들 재면의 아들로서 대원군의 장손이다. 대원군은, 1886년에 문과에 급제하여 도승지에까지 오른 이준용을 매우 총애하여 그를 왕위에 앉히려 했다.

김학우 암살 사건도 이와 관련이 있었던 것인데 김학우 암살범이 붙잡혀 "김학우를 죽인 것은 고종을 폐위시키기 위한 음모의 일부였다"며 저간의 사정을 자백한 것이다. 범인이 자백한 음모의 내용은 "포도대장 이준용이 동학당을 강화도까지 올라오게 한 다음 이를 진압한다는 핑계로 병사들을 이끌고 출정했다가 도중에 회군(回軍), 동학당과 함께 왕궁을 점거하고 왕위에 오른다"는 계획이었다.[51]

1895년 4월 18일 이준용은 체포되어 강화 교동도로 유배되고 대원군은 마포 공덕리 별장에 유폐되었다. 박영효·서광범은 이준용을 극형에 처해야 한다고 주장했으나 김홍집·김윤식·어윤중 등이 관대한 처분을 요청한 것에 따른 결과였다.[52]

30만 명의 사망자를 낸 콜레라

1895년 5월에 의주 등 서북지역에서 시작된 콜레라는 전국적으로 30만 명의 사망자를 낼 정도로 심각한 피해를 남겼다. 정부는 콜레라에 대한 검역·소독·예방의 규칙을 발표했으나 불결한 환경과 근대적 의료기구의 미비로 별다른 효과를 거두지 못했다.[53]

미신도 병을 더 키웠다. 샤를 바라와 샤이에 롱은 1880년대 말의 조선인들이 보통 질병에 대해 취하는 조치에 대해 다음과 같이 말했다.

"직사각형의 작은 탁자에 특별히 온갖 음식을 차려놓고 양끝에는 화병을 놓은 다음 남녀가 그 앞에 앉아 북을 치고 방울을 흔들어대면서 병마(病魔)를 불러 진수성찬을 들고 화를 푸시라고 애원하는 것이었다. 그런데 콜레라의 마귀에게만은 다소 이색적이고도 적대적인 방법이 사용되고 있었다. 단순히 집 대문에다 고양이 그림만 달랑 붙여놓는 것이다. 어이없게도 그 이유인즉슨 콜레라와 경련이 쥐가 물어서 그렇게 된다는 것이었다. 그러니 쥐가 무서워할 게 고양이밖에 더 있겠냐는 식이다."[54]

1890년대 중반엔 좀 달라졌을까? 아무래도 아니었던 것 같다. 1895년 콜레라 습격 시 방역대책위원회는 콜레라가 귀신에 의해 발생되지 않는다는 사실을 설득하기 위해 다음과 같은 방역규칙을 널리 알리려고 애를 썼다.

"콜레라는 악귀에 의해 발생되지 않습니다. 그것은 세균이라 불리는 아주 작은 생물에 의해서 발병됩니다. 만약 당신이 콜레라를 원치 않는다면 균을 받아들이지 않아야 합니다. 따라서 식사 전에 반드시 손과 입안을 깨끗이 씻으십시오. 그리고 음식을 반드시 끓여 먹으십시오."[55]

그러나 고양이 그림 부적은 1902년 콜레라 습격 시에도 널리 애용되었다.[56] 이는 부적을 믿고 적진을 향해 돌진하던 동학군의 모습을 연상시키는 것이긴 했지만 달리 다른 방도가 없는 상황에서 믿고 의지할 건 요행의 신앙화였는지도 모르겠다.

05

동학농민혁명 논쟁

동학란에서 동학농민혁명운동으로

동학농민전쟁이 끝남과 동시에 적지 않은 기념물들이 조성되었는데 이는 모두 반농민군 측의 순절을 기리는 것으로 전통적인 유교적 세계관과 위정척사론적 관점에 근거한 것이었다. 물론 농민전쟁은 '난'으로 규정되었다. 박은식이 1915년 『한국통사』에서 동학당의 난에는 정치를 개혁하고 민생을 구제하려는 혁명성이 있었음을 인정했고 3·1운동 후 쓴 『독립운동지혈사』에서는 "우리나라 평민의 혁명"이라고 평가했지만 주류 시각은 아니었다.[57]

1963년 박정희가 선거용으로 전북 정읍 덕천에 갑오동학혁명기념비를 세웠고 1966년 서울 파고다공원에 의암 손병희 동상이 세워졌고 1969년 정읍시 고부면 신중리에 동학혁명모의탑이 세워지는 등의 변화에 힘입어 1970년대부터 '동학난'은 전혀 다른 평가를 받게 되었다.[58]

동학혁명에 대한 역사적 평가는 '난→혁명→운동→농민혁명'의 과정을 거쳤다. 우윤은 「갑오농민전쟁에 대한 국사교과서에서의 서술과 문제점」이라는 논문에서 혁명에 대한 국사교과서의 기술형식을 1895년 이후 1960년대까지, 1970년대, 1980년대 이후 등 세 시기로 나누었다.

첫 번째 시기는 1895년 최초로 발간된 초등용 국사교과서인 『조선역사』에서부터 1960년대 교과서까지가 해당된다. 이때는 '동학란'의 시대로서 농민전쟁이 왕조질서에 반기를 들거나 기존 체제질서를 어지럽힌 비적의 소요쯤으로 인식됐다. 두 번째 시기는 1970년판 인문계 고교 교과서를 시작으로 동학란에서 '동학혁명'으로 표기가 격상됐다. 그러나 '농민'이라는 용어가 거의 들어가지 않아 갑오농민전쟁의 주체세력으로서보다는 동학교단 중심으로 역사를 서술했다. 세 번째 시기는 1980년 이후로 '동학운동'의 시대이다. 반란도 아니고 혁명도 아닌 중간적 용어를 취한 시기였다. 이에 대해 우윤은 "1990년대에 이르러 학문적 성과가 축적되면서 '동학란'이 '동학농민혁명운동'으로 불리게 되는 등 지배층 중심의 역사에서 민중의 역사로 전화돼갔다"고 평가했다.[59]

1991년 동학농민혁명을 주제로 한 영화 〈개벽〉이 김용옥의 시나리오에 의해 만들어졌다. 이이화는 이 영화가 전봉준을 무수한 희생자만을 내고 동학교단 조직을 결단 내는 부정적인 인물로 그린 데다 그의 역할도 아주 미미하게 다루었다는 등의 문제를 제기하면서 "세계 최초로 '기철학'이라는 명명을 한 기철학자는 그답게 기철학 공부나 할 일이지 섣불리 천박한 역사의식으로 역사를 논단해서는 안 된다는 것이 이 영화를 보고난 뒤 마지막 느낌이다"라고 주장했다.[60]

1995년 '동학농민전쟁 100주년' 사업을 주도한 이이화는 그 어려움에 대해 "공주에서는 유림단체가 중심이 되어 관계요로에 찾아다니며 행사를 방해했고 또 동학농민군 토벌비를 새로 세우기도 했다. 상주에서는 농민군상의 시립도서관 내 건립을 반대하기도 했다"고 털어놓았다.[61]

동학농민혁명 참여자 명예회복에 관한 특별법

일각의 그런 반대에도 불구하고 2004년 2월 9일 '동학농민혁명 참여자 명예회복에 관한 특별법'이 16대 국회를 만장일치로 통과함에 따라 동학농민혁명에 참여한 농민군과 그 유족들에게 110년 만에 명예회복의 길이 열렸다. 또 혁명기념관·기념탑 건립, 유적지 발굴·복원, 혁명자료 수집·조사·관리 등의 기념사업이 활기를 띠게 되었다. 이 특별법은 동학농민혁명 참여자와 그 유족의 명예회복을 위해 국무총리실 소속으로 '동학농민혁명참여자 명예회복심의위원회'를 두고 이 위원회에서 유족과 명예회복에 관한 각종 사항을 결정하도록 했다. 또 정부는 동학농민혁명 참여자의 애국애족 정신을 계승하기 위해 기념관과 기념탑 건립을 포함한 기념사업을 하도록 규정했다.

이에 따라 1894년 혁명 이후 그동안 '비적' 또는 '역적'으로 불렸던 농민군과 그 후손의 명예가 완전히 회복될 수 있는 길이 열렸다. 동학농민혁명유족회 등은 10일 기자회견을 열어 "특별법 제정은 위기에 처한 나라를 구하기 위해 봉기한 동학농민군이 꼬박 110년 만에 명예를 회복한 역사적 장거"라며 "왜곡된 근현대사를 바로잡는 출발점으로 정의로운 사회를 여는 전기가 될 것"이라고 환영했다.[62]

이와 관련해 이이화는 "관군과 관료들은 일본군에 협조하여 반침략세력인 농민군을 탄압"했고 "더욱이 평생 경전의 글을 읽으면서 충효를 가장 중요한 덕목으로 삼는 유림들은 도리어 농민군 섬멸에 앞장서는 자기모순을 범하고 있었다"며 "다만 다음 해 민비가 시해되고 단발령이 내려지자 그때에야 '형체를 보존하고 복수를 해야 한다(保形復)'고 외치고 의병항쟁을 벌였을 뿐이다"라고 말했다. 이어 그는 "살아남은 농민군들은 기존의 양반 지배세력과 일본 제국주의자들로부터 양면의 압제를 받았다. 그리하여 숨도 크게 쉬지 못하고 두더지처럼 살았다. 해방된 조국에서도 농민군들은 명예회복은 물론 후손들마저 입도 뻥긋하지 못하고 살았다. 1895년 '보형복수'의 기치를 내걸고 일제와 개화정권에 항쟁했던 의병들에게는 '독립유공자'로 지정하여 국가적 예우를 베풀었으나 농민군은 여전히 동비(東匪)나 비도(匪徒)로 지목되어 보상이나 명예회복을 해주지 않았다"며 다음과 같이 말했다.

"꼭 110년이 지난 봄(2004) 국회에서는 우여곡절 끝에 '동학농민혁명 참여자 명예회복에 관한 특별법'이 통과되었다. 참으로 오랜 세월을 거친 뒤에야 국가에서 법으로 공인한 명예회복이었다. 그리하여 역적의 누명을 벗기고 역사의 왜곡을 바로잡게 되었다. 농민군의 후손들은 100여 년 동안 온갖 핍박을 받은 끝에 출세도 못하고 가난하게 살아왔다. 후손들은 보상을 받지는 못했으나 조상들이 나라와 민족을 위해 희생되었다는 명예회복 하나만으로 오랜 한을 풀고 새로운 시대에 동참하게 되었다. 이는 역사의 승리였다."[63]

박기수는 "110년의 세월이 흐른 지금 정부와 국민은 동학농민혁명을 제대로 평가하는 데 인색했음을 뼈저리게 느낀다. 시대상황에 따라, 또 지역에 따라 동학농민혁명은 동학란, 동적의 난, 동학 비도의 난, 동학변란, 동학농민운동, 동학혁명 등 이름과 모양이 각기 다르다. 같은 이념과 목적을 가진 하나의 농민혁명이 이리도 다양한 평가를 받을 수 있나, 때론 의문이 든다"며 다음과 같이 말했다.

"정치적 목적이 진실을 감추고 익명과 오명의 수모를 안긴 것은 지역과 세대의 장난이었을까. 근현대사의 기점은 동학농민혁명으로부터 출발해야 한다. 동학농민의 정신과 실체를 파악, 희생자 한 분 한 분을 모두 역사적으로 복권시켜야 한다. 그들의 명예가 회복돼야 찬란한 미래가 열린다. 그들의 넋을 위로하고 산 자들은 그들의 정신에 경건한 예를 표해야 한다. 중국에는 태평천국기념관이 있고 일본에는 자유민권운동기념관이 있다. 독일은 유대학살위령관을 운영하고 멕시코는 농민혁명기념관 등을 국가·사회적 차원에서 운영하고 있다. 그들은 이런 사업을 통해 과거를 반추한다. 현실적 모순을 투영, 극복하고 자기성찰을 위한 장으로 활용하는 것도 바로 이 같은 과거와의 대화에서 출발한다."[64]

유영익의 주장

동학농민운동은 '동학혁명' '갑오농민전쟁' 등으로 불리면서 민주주의나 사회주의 및 민중주의의 원류로까지 평가되기도 했다. 그러나 이에 대한 이의도 제기되었다. "갑오농민봉기는 오히려 보수적 복고적인 민중운동이었다는 인상을 지울 수 없다"고 한 유영익이 그런 이의제기를 하는 대표적 학자다.[65]

유영익은 "1894(갑오)년은 동학혁명·갑오경장·청일전쟁 등 3대역사적 사건이 동시 다발적으로 전개된 해였다. …… 결과론적으로 볼 때 1894년의 3대 사건 중 세계사적으로 가장 중요한 사건은 분명히 청일전쟁이었고 그다음으로 중요한 사건이 갑오경장이었다. 그러나 오늘날 우리나라 학계에서는 청일전쟁과 갑오경장에 대해서는 거의 무관심한 반면 이 두 사건의 기폭제 내지 배경으로서의 의의가 있는 '동학혁명'에 대해서는 각별히 예민한 관심을 쏟고 있다"며 다음과 같이 주장했다.

"이렇게 학계가 '동학혁명'을 중시하는 이유는 무엇인가? 한마디로 그것은 우리가 사는 시대 특유의 역사관 내지 가치관 때문이라고 여겨진다. 즉, 민주주의·민중주의 시대에 사는 우리는 과거 역사 속에서 현재의 우리에게 소중한 가치와 이념의 뿌리를 찾으며 또 이러한 작업을 통해 우리가 서 있는 입장의 역사적 정당성을 재확인하고 더 나아가 그 바탕 위에 미래를 개척하고 싶어하는 것이다."[66]

이어 유영익은 "저자는 1894년 전후의 한국 역사를 전공하면서 '동학혁명'보다는 청일전쟁과 갑오경장에 더 많은 관심을 기울여왔다. 그렇기 때문에 '동학혁명'을 청일전쟁과 갑오경장이라는 사건들의 맥락에서 비교적 '객관적'으로 접근·연구해온 셈이다"라며 다음과 같이 주장했다.

"이러한 연구과정에서 저자는 근래 남·북한 학계에서 1894년 전봉준 등이 주도한 농민봉기를 '동학혁명' 혹은 '1894년 농민전쟁'이라고 부르면서 이를 '반봉건' '반제국주의'의 진보적 민중운동으로 성격 지우는 데 대해 거부감을 느껴왔다. 솔직히 저자는 이러한 통설이 잘못된 것이라고 생각한다. …… 결론부터 앞세운다면 저자는 전봉준이 주도한 1894년의 제1차 농민봉기는 기존 정부에 대해 불만을 가진 농민들이 벌인 '무장개혁운동'으로서 기존의 민씨 척족 정권을 무너뜨리고 그 대신 대원군을 받든 새 정부를 세우려 했던 (좁은 의미의) '정치혁명'이었으며 제2차 봉기는 전봉준 등이 대원군과 협의하여 일으킨 한국 근대사상 최초의 본격적 '의병' 운동이었다고 생각한다."[67]

유영익은 "1894년 농민봉기의 진보성을 강조하는 학자들이 금과옥조로 인용하는 자료는 1940년 출간된 오지영의 역사소설 『동학사』인데 이 책은 일종의 야사(野史)로 글자 그대로 믿어서는 안 되는 신빙성이 낮은 사료"라며 "동학농민운동은 근대적 정치혁명이 아니었다"고 주장했다. 유영익은 1894년 당시 농민군이 제작, 사용했던 구호·격문 등 1차 사료를 중심으로 동학운동의 성격을 재구성하면서 "농민군이 내건 '보국안민' '제폭구민(除暴救民)' 등 구호에서 보듯 동학운동은 유교적인 충군(忠君)·애민(愛民)사상에 의거하여 일어난 보수적인 애국운동"이라고 규정했다. 1894년 봄에 일어난 1차 농민봉기의 목적은 "개화정책을 추구했던 민씨 척족 정권을 타도하고 그 대신 흥선대원군을 권좌에 복귀시켜 복고적인 개혁정치를 펴도록 하는 데 있었"으며 그해 가을의 2차 봉기는 "일본군을 쫓아낼 목적으로 궐기한 한말 최초의 본격적인 항일의병운동이었다"는 것이다.[68]

유영익은 자신이 "국사교과서 문제에 대해 깊이 생각하게 된 계기는 2002년 어느 날 나의 한 제자가 내 연구실로 찾아와 자기가 고등학교 검인정 근현대 교과서를 집필했다고 자랑하면서 교과서 집필과정에서 겪은 실화 한 토막을 털어놓았을 때이다"라며 다음과 같이 말했다.

"그 제자는 동학농민운동을 다룸에 있어 다른 한 명의 공동 집필자

(S대 출신 교수)와 함께 이른바 '동학 12개조 폐정개혁안' 이란 것이 허구임을 알기 때문에 애당초 그 개혁안을 교과서에 싣지 않기로 작정했는데 교육인적자원부에서 집필자들에게 시달한 '국사 교육내용 전개의 준거안' 에 그 개혁안을 의무적으로 인용하도록 되어 있었기 때문에 부득이 교과서에 실었다고 고백했다. 나는 '12개조 개혁안' 이란 것이 1940년에 어느 무명의 아마추어 역사가(오지영)가 역사소설『동학사』라는 책에 임의로 삽입한, 역사상 존재하지 않은 자료임을 논문을 통해 입증했기 때문에 이 '고백' 을 듣고 깜짝 놀랐다. 나는 교과서 검증권을 갖고 있는 교육부가 '국사 교육내용 전개의 준거안' 이라는 것을 내세워 사실(史實)에 어긋나는 비(非)진리를 국사교과서에 싣도록 강요한 사실에 분개했다. 이 얘기를 듣고 나서부터 나는 우리나라 교육부가 일본 문부상 못지않게 역사 왜곡을 자행한다고 생각했고 그 후로 일본 정부의 역사 왜곡에 대해 입을 다물게 되었다."[69]

박노자·하원호의 논쟁

박노자도 동학에 근대적 혁명성을 부여하는 학계 일부시각에 이의를 제기하면서 농민전쟁을 유교적 충군애국적 지향을 가진 것이라고 보았다. 이에 대해 하원호는 "박 교수가 당시(구한말) 사회적 모순을 안고 산 절대다수 농민에 대해 언급하지 않은 것은 모든 민족주의적 성향을 파시즘과 동격화하는 요즘 학계의 시각에서 텍스트 중심으로 역사를 읽은 탓"이라며 다음과 같이 주장했다.

"박노자의 책 몇 권 모두에 한국 사회의 소외된 자에 대한 애정이 넘쳐흐르는데도 이 시기 농민에 대한 언급이 없다는 것은 기이한 느낌마저 준다. …… 혹시 농민전쟁을 전봉준의 발언을 문제 삼아 유교적 근왕주의운동이라고 보는 어느 보수 학자의 말을 그대로 믿은 탓일까? 전봉준의 사고방식을 문제 삼는 그 학자에게 대다수 농민의 사회적 모순에 대한 저항이 보이지 않았듯이 박노자도 마찬가지 인식을 갖게 된 것은 아닐까? 그리고 그들이 절대다수라는 점이 박노자의 '소수'에 대한 사랑이라는 철학과 달랐던 탓은 아닐까?"

이에 박노자는 "하원호가 필자의 '농민전쟁' 의식의 원천으로 지목한 '보수 학자'는 아마도 다름 아닌 연세대학교 사학과의 명예교수 유영익일 것이다"며 "'보수 학자'의 딱지를 붙인 것은 이승만에 대한 유영익의 종합적인 긍정적 평가에 대한 논란과 관련된 일이겠지만 동학운동과 1894년의 농민봉기('전쟁')의 연구에 유영익이 기여한 바를 순수 학술적인 차원에서 높이 평가할 수밖에 없다"고 했다.

이어 박노자는 "일각의 민중파 사학이 이미 서구화한 오늘날 우리들의 '혁명' 의식에 맞춰 100년 전 동학의 모습을 인위적으로 뜯어고치고 자료 근거조차 미약한 동학의 '토지분작 요구'를 무리하게 강조하여 동학을 공산혁명처럼 묘사하는 것은 문제"라고 주장했다. 그는 동학농민군의 보수적 성격(왕조체제 옹호, 유교적 가치 지향)에 대한 지적은 보수주의자들뿐 아니라 대표적 공산주의 운동가였던 박헌영이나 진보주의적 사학자들도 마찬가지였다는 점을 환기시켰다.

또 박노자는 "동학사상의 탈계급사회 지향성과 일련의 사회변화 과정의 긍정적 측면을 강조한 것은 분명 '민중파' 사학의 공로"라고 평가하면서도 "'동학의 혁명화'는 서구 근대의 '혁명'을 준거틀로 한 만큼 서구중심주의라는 비난을 면하기 힘들다"고 주장했다. "농민봉기가 조선의 근대화에 크게 기여하지 않았다 하더라도 그들의 변혁에

너지가 후대 개혁·혁명가들에게 영감의 원천이 된 만큼 동학을 있었던 그대로 귀중히 여기고 존중하는 것으로 충분하다"는 것이 그가 '동학을 사랑하는 방법'이라는 것이다.[70]

이에 하원호는 박노자가 "1940년에 발행된 『동학사』가 역사적 사실을 기록한 것이 아니라 오지영의 소설이라고 보고 그 내용을 전면 부인하면서 전봉준의 발언을 문제 삼아 농민전쟁 자체를 유교적 근왕주의운동이라고 보는 견해에서 출발한다"며 다음과 같이 반박했다.

"현재 농민전쟁에 대해 일반적으로 학계가 동의하는 인식에 대한 '도발적' 사고를 받아들인 셈인데 이를 논증하기 위해 박헌영이나 전석담 같은 마르크스주의자도 마찬가지로 농민의 한계를 지적하고 있다는 점을 지적한다. 박노자의 비판대로라면 농민전쟁을 연구하는 연구자들이 대부분 농민에 대한 환상과 근대주의에 빠져 자료 비판도 제대로 못하는 소아병에 걸린 사람쯤 되는데 우리 학계가 그렇게 단세포적이지는 않다. 이 방면 연구자들의 정열적인 노력으로 이미 조선후기 이래 수많은 농민의 역사적 요구가 담긴 거의 모든 문헌자료가 정리되어 있고 연구자들은 이 같은 연구 축적의 바탕 위에서 학문적 주장을 하고 있다. 박헌영이나 전석담의 경우는 마르크스주의의 농민에 대한 교조적 인식에 대한 언급일 뿐이지 학문적 축적이 전혀 없는 속에서 쓰여진 것이다."

이어 하원호는 "『동학사』에 나오는 농민 요구사항 중 '평균분작'에 관해서는 학자마다 차이가 있다. '분작'을 소유권의 균등분배라고 보는 견해도 있고 경작권이라고 주장하는 학자도 있다"며 다음과 같이 말했다.

"박노자는 『동학사』를 소설이라고 보는 견해를 택했기 때문에 당연히 '평균분작' 자체가 역사적 사실이 아니라 하지만 이미 농민전쟁 이전의 토지문제에 대한 수많은 자료가 있고 농민전쟁 연구자들의 주장도 사실은 이에 근거한 해석이다. 물론 한때 지나칠 정도로 근대적 의미에서 '평균분작'을 비롯한 농민전쟁의 지향을 해석하고 근대화 운동의 일부로 규정짓기도 했지만 현재의 연구는 이런 한계도 극복하려고 노력하는 중이다."[71]

허동현의 주장

허동현은 "바깥세상을 보지 못한 전봉준·김개남·손화중·오지영 등 농민군 지도부는 개혁의 전범을 안에서 구할 수밖에 없다"며 "그들이 꿈꾼 것은 왕조 교체의 역성(易姓)혁명도, 근대적 성격의 국민혁명도, 평등사상에 입각한 사회혁명도 아니었다"고 주장했다.

"그들은 안팎으로 유교적 전통 질서를 다시 세우는 보수적 복고적 구국방안에 머무르고 말았다. 그렇기에 그들은 또 하나의 외세 청국에 대해서는 어떠한 언급도 하지 않았으며 썩은 민씨 척족 정권 대신 대원군 정권을 다시 세우려 했다."[72]

허동현은 "한 세기 전 분연히 일어섰던 농민군들은 모두 철두철미한 애국자이자 원초적 민족주의자(proto-nationalist)였다는 점은 누구도 부인할 수 없다"며 "그러나 농민군 지휘부가 남긴 자료들을 읽노라면 그때 농민군들이 근대적 민주주의나 사회주의를 지향하는 사회혁명(social revolution)이나 계급전쟁(class war)을 꿈꾸었다는 주장에 동감하기 어렵다. 이들이 말하는 봉기의 진보성은 이데올로기가 모든 것을 지배하던 시대에 자신들이 상상하는 세상에 정당성을 주기 위해 연역적으로 만들어진 도식은 아닐까?"라고 말했다.

또 허동현은 "역사의 재해석은 과거의 기록을 토대로 한다. 역사가가 발할 수 있는 상상력의 크기와 넓이는 작가(作家)와 다르다. 봉기의 진보성을 말하는 이들은 그 근거를 오지영(吳知永)이 1940년에 쓴 역사소설 『동학사』에서 보이는 폐정개혁(弊政改革) 12개조에서 찾는다. 그러나 '노비제도 혁파'와 '토지 평균분작(分作)'이라는 혁신적인 개혁 요구는 이 역사소설 책에만 있는 신빙성이 떨어지는 이야기이다"라며 다음과 같이 말했다.

"'대원군이 국정에 간여하는 것이 민심이 바라는 바이다.' 농민군이 백산(白山)에서 전라감사에게 내놓은 12개조의 '원정(原情, 폐정개혁 요구서)'에 나오는 요구이다. 전봉준이 남긴 기록을 비롯한 당대 문건들에서는 오히려 보수의 최고봉 대원군과의 밀약과 같은 복고와 보수의 목소리만이 넘쳐흐른다. 이런 점에서 봉기가 유교라는 전통 가치에 바탕 한 보수적 의거 내지 무장개혁운동이었다는 '갑오농민봉기' 론이 실체적 진실에 가깝다고 생각된다."[73]

배항섭의 주장

동학농민혁명 연구와 관련 배항섭은 "근대 이행기의 민중운동이 근대를 지향했다는 논리는 설득력이 떨어진다"며 "민중운동이 전근대 사회의 모순을 드러내고 붕괴를 촉진함으로써 그 사회의 근대를 진전시키는 역할을 하였고 또 투쟁과 갈등 속에서 새로운 의식이나 문화를 형성하여 스스로 근대적 시민이나 국민으로 자기 변용의 길을 모색해나가기는 했지만 민중운동 그 자체가 근대사회를 지향한 것은 아니었다"고 말했다.

이어 배항섭은 "지금까지의 연구가 가진 또 하나의 문제는 계급환원론 혹은 경제구조환원론적인 시각이다"라며 "주로 경제구조의 분석에 입각하여 변혁주체를 설정하는 방식은 민중운동의 객관적 조건과 주체(운동)를 구체적으로 연결하여 파악하는 논리와 방법론에 대한 고민을 원천적으로 차단하고 민중이 가진 독자성과 운동에 내재한 고유한 리듬을 분석하는 데 오히려 방해가 된다"고 했다.

또한 배항섭은 "농민전쟁 연구가 전봉준이라는 '영웅'을 중심으로 이루어진 것도 민중의 일상생활이나 그 속에서 형성되어가는 의식세계에 대한 관심의 외면과 관련이 있다. 근대 민족주의라는 틀로 바라볼 때 전봉준이라는 존재는 농민군 가운데 최고 수준의 생각과 행동을 보여주었다. 전봉준은 농민군들을 대변하고자 했다. 그들의 삶의 질곡을 타파하고 사람 사는 세상을 만들고자 하였다"며 다음과 같이 주장했다.

"그러나 그의 생각이 곧 농민군 대중 모두의 생각일 수는 없다. 집강소 시기에도 전봉준과 농민군 대중 사이에는 갈등이 초래되었다. 전봉준은 자신의 지시를 따르지 않는 농민군들을 '무뢰배'라고 지칭하였다. 이를 보더라도 지도부와 농민군 대중을 묶어서 이해하는 것은 곤란하다. 어떤 점에서 '민족적' 위기를 외면하고 '계급적' 모순에 입각하여 사적인 분풀이를 한 농민군 대중들의 의식세계야말로 보다 더 민중적일 수도 있다. 농민전쟁을 유교적 질서를 지키기 위한 보수적 의거였다는 견해도 '영웅주의적' 이해라는 혐의를 벗어나기 어려울 것이다."[74]

김용옥의 주장

김용옥은 '갑오농민전쟁'이라는 개념은 '동학란' 못지않게 '잘못된 개념'이라고 주장했다. 그는 "우선 이것은 남한의 학계에서 주체적으로 사용한 개념이 아니라 북한 학자들이 유물사관에 의하여 날조한 개념을 반성 없이 차용한 결과로 생겨난 개념일 뿐이다"며 다음과 같이 말했다.

"우리가 알아야 할 것은 동학혁명은 농민전쟁이 아니다. 농민이라는 계급성분이 주도한 전쟁이 아니다. 그 운동에 참여한 사람은 신분이나 직업이나 계급으로 규정키 어려운 다중일 뿐이었다. 그런데 북한 학자들이 굳이 '농민'을 고집하는 이유는 동학혁명에 참여한 사람들을 프롤레타리아 무산계급의 혁명역량을 아직 갖지 못한 봉건질서 속의 농민으로 규정해야만 직선적 발전사관을 정당화할 수 있고 후대의 공산혁명을 정당화할 수 있기 때문이다. 그들은 동학을 봉건농민의 낙후성을 벗어나지 못한 사상운동으로 간주할 뿐이다. 봉건제도 없었는데 봉건이라 하고 농민이라 해서 낙후할 것이 아무 것도 없는데 낙후하다 하니 참 한심스러운 역사인식이다. 나는 '갑오동학민중항쟁'이라는 말을 채택한다."[75]

전봉준과 대원군의 관계

이미 앞서 거론되었지만 전봉준과 흥선대원군의 관계는 학계의 쟁점이 되고 있다. 전봉준은 체포당한 후 여러 차례 신문 과정에서 대원군과의 관계를 완강히 부인했다. 유영익은 "근래에 '동학혁명' '1894년 농민전쟁' 논자들은 전봉준의 이 발언을 액면대로 받아들여 '혁명적'

이었던 전봉준이 '보수적'인 대원군과 제휴했을 리가 없다고 단정하려 한다"며 다른 가능성을 제시했다.[76]

유영익은 1892년 초반 민씨 척족이 자객을 동원하거나 폭발물을 사용하여 대원군과 그 일족을 암살하려고 시도했던 점에 주목하면서 "대원군은 정적들이 벌인 이 같은 암살기도에 대항하여 보복할 기회를 백방으로 찾게 되었는바 마침 동학도들이 교조신원이란 명목으로 경향(京鄕)에서 반정부 시위를 전개하자 그는 이 세력을 포섭, 이용하기로 마음먹게 되었다고 여겨진다"고 주장했다. 대원군의 그런 시도가 발전돼 대원군이 전봉준과 내약(內約)을 맺었을 가능성이 충분히 있다는 것이다.[77]

반면 배항섭은 전봉준이 대원군을 이용했다고 주장했다.[78] 배항섭에 따르면 일본『니로쿠신포』(이육신보) 1894년 11월 14일자 '동학당의 진상'이란 기사에 "동도(동학농민군)의 지도자 전봉준이 지략이 뛰어나지만 동도의 의기가 한계에 달했으므로 이에 대원군이라는 목상을 대중의 안전에 세움으로써 조종의 방편으로 삼으려 한 것 같다"고 기록돼 있다는 것이다. 이는 전봉준이 대원군의 사주를 받았거나 대원군의 비호를 기대하여 농민전쟁을 일으킨 것이 아니라 오히려 전봉준이 고을 범위를 벗어난 '민중봉기' 참여를 꺼려온 대중의 의식수준을 고려해 대원군을 이용하려 했음을 보여주는 명백한 증거라는 게 배항섭의 견해다.

배항섭은 "전봉준은 대원군의 의도와 중앙정국의 동향, 청일전쟁의 추이 등에 관한 정확한 정보를 입수하기 위해 대원군을 비롯한 중앙정계 인물들과 외국 공사관들을 접촉했지만 대원군의 농민군 동원 기도나 정변계획과는 일정한 거리를 두고 있었다"고 지적했다.

배항섭에 따르면 동학당의 접주 장재두는 1894년 7월 9일 동학군의 다른 접주 김덕명·김개남·손화중 등에게 보낸 편지에서 "대원군과 상의하였으니 빨리 봉기하여 청국 군대와 합세, 일본군을 물리치자"고 호소했다. 하지만 전봉준은 일주일 후 각지에 보낸 통문에서 "일본군이 범궐하여 국왕이 욕을 당했으니 마땅히 목숨을 걸고 싸워야 하나 저 도적들의 예봉이 매우 날카로우므로 갑자기 맞서 싸웠다가는 그 화가 종사에 미칠지도 모르니 관망한 연후에 기세를 올려 계책을 취하는 것이 만전지책"이라는 명령을 내려 대원군의 농민군 동원을 통한 정변계획에 동조하지 않았다는 것이다.

배항섭은 "전봉준은 대원군의 정치적 야욕에 따른 농민군 동원 의도와 달리, 폐정을 개혁하고 외세를 배척해 보국안민을 달성하기 위해 농민군의 역량을 효과적으로 보존하고자 다양한 계층과의 연합을 도모했다"면서 "전봉준의 숭고한 애국정신을 훼손하는, '농민군이 대원군의 이용대상이었다'는 주장을 재검토해야 한다"고 주장했다.[79]

전봉준은 동학교도였나?

전봉준이 과연 동학교도였는가 하는 것도 한 쟁점이다. 신복룡은 1981년 전봉준이 동학교도가 아니었다는 주장으로 천도교 측과 치열한 논쟁을 편 바 있다. 신복룡은 2001년 『동아일보』에 연재한 '한국사 새로 보기'에서 이 주장을 다시 폈다가 곤욕을 치렀다. '신복룡 죽이기' 시리즈가 연일 홈페이지에 올라올 정도로 그는 엄청난 사이버 공격을 받았다.[80]

신복룡은 "전봉준은 접주이기는커녕 동학교도조차도 아니었다. 그는 후사 세가들의 곡필(曲筆)에 의해서 동학도로 규정되었을 뿐이다"라며 다음과 같이 주장했다.

"전봉준이 동학도였다거나 아니면 그가 고부의 접주였다는 주장은 그가 동학을 주요한 변수로 하여 전개되었던 혁명을 주도한 지도자라는 사실을 지나치게 의식한 선입견에서 온 성급한 단정이거나 아니면 영웅과 자신의 동일시를 통해 위광효과(威光效果)를 얻으려는 동학교단 측과 학문적 수련이 철저하지 못한 몇몇 학자들의 일방적인 해석에 지나지 않는다."[81]

유영익도 전봉준은 봉기 과정에서 한 번도 동학교단의 이익을 대변하는 발언을 하지 않았으며 동학의 주문(呪文)과 의식(儀式) 따위에는 관심이 없었다고 말했을 뿐만 아니라 동학을 믿으면 병을 고칠 수 있다는 미신에 대해서 냉소적이었다고 지적하면서 다음과 같은 결론을 내렸다.

"전봉준은 모범적인 유교적 선비로서 동학조직을 정치적으로 이용하기 위해 조선왕조가 한때 사교(邪敎)로 단정했던 동학교단에 투신했지만 동학 교리에 내포된 '혁명적' 사상이나 '미신적' 의식 따위에는 관심이 없었던 사이비 동학교도였다고 간주할 수밖에 없다."[82]

이 문제는 영원히 풀리지 않을 쟁점이다. 아니 앞서 소개한 다른 사안들도 마찬가지다. 역사는 '오늘'에 의해 채색되고 굴절되기 마련이다. 설사 그런 의도가 없다 하더라도 인간의 생각과 행동이란 자료에 모두 담길 수 없는 성격의 것이기에 논쟁은 늘 불가피하다. 그런 불가피성을 전제하고 들어가는 것이 오히려 '오늘의 의미'를 넘어서 조금이라도 더 진실에 접근할 수 있는 길이 아닐까?

제**8**장

3국 간섭·을미사변·단발령

01

러시아 · 독일 · 프랑스 3국 간섭

시모노세키조약

갑오개혁이 진행되는 동안 일본은 청일전쟁에서 승리했고 이로써 일본은 조선에서의 우위를 확실히 했다. 1895년 3월 20일 일본은 미국의 중재로 시모노세키(下關)에서 청국과 강화회담을 시작했다. 회담 도중 72세의 노인이 된 리훙장이 한 일본인의 저격을 받아 안면에 총상을 입는 일이 벌어져 회의가 중단될 뻔하기도 했다. 청일 양국은 3월 30일 휴전을 했고 4월 17일 시모노세키조약을 체결했다. 전쟁이 시작된 지 8개월 20여 일 만이었다.

청의 리훙장과 조약을 체결하고 일본으로 돌아간 이토 히로부미는 개선장군처럼 대환영을 받았다. 1만 7000여 명(사망자 1만 3619명)의 희생 치고는 수확이 예상 밖으로 컸기 때문이라고 한다.[1] 조약의 주요 내용은, 청국은 조선의 독립을 승인할 것, 랴오둥반도 · 타이완 · 펑후

열도의 할양, 7년에 걸쳐 배상금 2억 량 지불, 사스 · 충칭 · 수쩌우 · 항저우의 개시 개항, 구미 열강과 같은 통상상의 특권 허용 등이었다.[2]

이 조약의 제1조는 "조선국은 완전무결한 독립국임을 승인한다"로 되어 있다. 송우혜는 청나라와 일본 두 나라가 싸운 전쟁의 강화조약 첫 조문이 전쟁 당사국도 아닌 제삼자에 관한 규정인 것이 의미하는 것은 "이제 조선은 독립국이라는 미명 아래 아무런 보호장치도 없이 흡사 도마 위에 놓인 생선처럼 일본을 비롯한 세상의 탐욕스런 칼잡이들 앞에 놓였음을 드러냄에 다름 아니었다"고 했다.[3]

그러나 당시 일부 개화 지식인들은 조선을 청국으로부터 '독립' 시켜준 일본에 대해 비교적 우호적인 생각을 갖게 되었다. 이는 1년여 후인 1896년 6월 20일 『독립신문』에 다음과 같은 논설이 실린 걸로 미루어 짐작할 수 있겠다.

"조선 인민이 독립이라 하는 것을 모르는 까닭에 외국 사람들이 조선을 업신여겨도 분한 줄을 모르고 조선 대군주폐하께서 청국 임금에게 해마다 사신을 보내서 책력을 타오시며 공문에 청국 연호를 쓰고 조선 인민은 청국에 속한 사람들로 알면서도 몇 백 년을 원수 갚을 생각은 아니하고 속국인 체하고 있었으니 그 약한 마음을 생각하면 어찌 불쌍한 인생들이 아니리오. …… 하나님이 조선을 불쌍히 여기시어 일본과 청국이 싸우게 된 까닭에 조선이 독립국이 되야 지금은 조선 대군주폐하께서 세계 각국 제왕들과 동등히 되시고 그런 까닭에 조선 인민도 세계 각국 인민들과 동등히 되었는지라. 이 일을 비교하여 볼진대 남의 종이 되었다가 종 문서를 물은 셈이니 이것을 생각하면 개국한 지 500여 년에 제일 되는 경사라."[4]

또 『독립신문』 1896년 4월 25일자는 "어떻게 그런 작은 국가가 그토록 큰 국가를 이길 수 있었을까?"라며 의아해했다. 이 신문은 일본이 "단층짜리 오두막에서 3~4층짜리 벽돌집을 지었다"며 일본의 교육정책과 서양을 받아들이는 방식에서 그 해답을 찾았다. 이처럼 신문들은 한동안 조선의 나아갈 바를 찾기 위해 청일 비교분석에 몰두했다. 물론 그 답은 일본의 경우처럼 '더 많은 개화'였다.[5]

일본의 랴오둥반도 반환

그러나 조약체결 6일 만인 4월 23일 러시아·프랑스·독일의 이른바 '3국 간섭'이 시작되었다. 시모노세키조약엔 일본이 타이완과 랴오둥반도를 할양받는다는 내용이 들어가 있어 이에 위협을 느낀 러시아가 독일·프랑스와 함께 강력하게 반발한 것이다. 3국은, 일본의 랴오둥반도 점령으로 조선의 독립을 유명무실하게 한다, 유럽 각국의 상업상의 이익을 방해할 것이다, 청국의 수도를 위협한다, 동양의 평화에 장애가 된다 등을 들어 랴오둥반도 포기를 요구했다.[6]

영국은 중립을 지켰다. 일본의 전력으로 3국을 상대로 전쟁을 하는 건 불가능했다. 당시 일본의 육군은 6만 7000명의 병력만을 보유하고 있었으며 해군은 단 한 척의 전투함도 갖고 있지 못했다.[7] 결국 일본은 5월 5일 '3국 간섭'에 굴복해 랴오둥반도 반환에 동의하지 않을 수 없었다. 이때 일본이 러시아에 대해 갖게 된 원한이 훗날 러일전쟁의 한 원인이 되었다.

3국 간섭은 일본에 큰 충격이었다. 한상일은 "3국 간섭은 전승의 미주(美酒)에 취해 있던 일본인들에게는 청천벽력이었고 이로써 가장 중요한 전승의 결실은 아침 안개처럼 일순간에 사라졌다. 천황으로부터 일반 백성에 이르기까지 모든 일본인은 굴욕감에서 헤어날 수가 없었다"고 했다.[8] 3국 간섭에 분개해 자살한 일본 군인만 40여 명이나 되었다고 한다.[9]

진보적 평민주의의 옹호자였던 도쿠토미 이치로마저 "힘의 뒷받침 없이는 어떠한 올바른 행위도 그 정당성을 인정받지 못한다"고 선언하고 국력 신장을 강조했다. 그는 훗날 "랴오둥반도를 중국에 되돌려준 사건은 나의 인생행로를 바꾸어놓았고" 3국 간섭의 결과로 "힘의 복음에 의하여 세례를 받았다"고 회고했다.[10]

정동파의 대두

국내에서 3국 간섭을 가장 반긴 건 두말할 필요 없이 민비였다. 한때 중앙 정부에만 40명이 넘었던 민씨 일족은 일본군의 경복궁 점령 이후 모두 추방되었기에 민비의 기쁨은 이루 말할 수 없었다.[11]

3국 간섭은 그간 일본의 조선에서의 이권 획득을 비판하는 자주적인 입장을 보여온 박영효에겐 양면적이었다. 우선 당장은 박영효의 입지가 더 넓어진 점이 있었지만 그의 궁극적인 권력 기반은 일본이었기에 멀리 보아선 위기이기도 했다.

박영효는 3국 간섭로 인해 조선에 대한 일본의 영향력이 크게 약해진 틈을 이용하여 그동안 일본에 굴종적 자세를 보였던 김홍집과 군부대신 조희연을 내각에서 축출해버렸다. 이는 박영효와 김홍집 간의 권력투쟁이기도 했다. 그간 둘 사이에서 중간적 입장을 취해온 조희연이 김홍집파에 가담하자 박영효는 개인 비리 문제를 들어 조희연의

서울 정동에 위치한 러시아공사관.

해임을 주장했다. 어전회의에서 국왕이 박영효의 주장에 동조하여 조희연에 대해 면직 처분을 내리자 김홍집은 총리대신직을 사임했다.[12]

결국 5월 28일 김홍집·박영효 내각은 무너지고 박영효가 임시 총리대신직을 맡다가 6월 2일에 학부대신이었던 박정양을 총리대신으로 하는 박정양·박영효 연립내각이 조직되었다. 후임 학부대신으로는 외무협판 이완용이 취임했다. 실권은 박영효파가 장악했지만 이 연립내각을 계기로 총리대신 박정양을 포함하여 학부대신 이완용, 농상공부협판 이채연, 학부협판 윤치호, 회계원장 이하영 등 정동파 인사의 정계진출이 본격적으로 이뤄졌다.[13]

정동파는 미국과 러시아 세력을 배경으로 한 새로운 정치집단을 가리키는데 1895년 6월 말경 만들어진 정동구락부라는 교류모임이 모태가 되었다. 당시 서울 정동이 미국·러시아·영국 등의 공사관과 영사관이 모여 있는, 조선의 외교 중심지였기에 붙여진 이름이었다. 이들 구미 국가의 외교관들과 선교사들은 정동을 모임 장소로 이용했는데 이완용을 비롯한 주미공사관원 출신 조선인 관리들은 정동에서 구미 외교사절들과 어울렸다. 이들 정동파 관리들은 일본에 적대적인 반면 구미세력에 호감을 갖고 있었으며 명성황후와 왕실에 절대적인 충성을 바쳤기에 일명 '왕비파' 라고도 불렸다.[14]

선교사들은 인간적인 유대에 의해 사실상 '왕비파' 가 되었다. 명성황후는 미국 의료선교사, 미국 · 러시아공사관 여인들을 종종 궁으로 초대해 그들의 호감을 샀다. 언더우드 부인은 1894년 크리스마스 전날 명성황후를 만나 크리스마스에 대한 명성황후의 자세한 질문에 다 대답을 해주면서 사실상의 선교활동을 하기도 했다. 명성황후는 1894~1895년 겨울 두 차례나 언더우드 부인에게 선교사 친구들을 모두 초대하여 궁궐 내의 연못에서 스케이트를 탈 수 있도록 배려해준 적도 있다.[15]

그러나 스케이트 건에 대해선 다른 설도 있다. 선교사들은 동대문 밖에 논물을 막아 빙판을 만들고 스케이팅을 즐겼는데 이게 대단한 구경거리가 되었다. 스케이트장 주변은 인산인해(人山人海)를 이루었던바 떡장수가 우글대고 심지어 자릿값이 암매(暗賣)되기도 했다나. 나들이가 자유롭지 못했던 한 양반댁 규수가 남장을 하고 구경하다가 들켜 소박까지 맞았다는 거짓말 같은 이야기도 전한다. 사람들은 스케이팅을 양인들의 발놀음굿이라는 뜻으로 '양발굿' 이라고 불렀는데 명성황후가 이 양발굿을 꼭 보고 싶다고 선교사 부인에게 청했다는 것이다.[16]

박영효의 재망명

이 당시 내각은 박정양과 이완용 등과 같은 정동파 이외에도 다른 두 파로 나뉘어 있었는데 한 파는 전 총리대신 김홍집을 중심으로 한 외부대신 김윤식(1835~1922), 탁지부대신 어윤중(1848~1896), 내부협판 유길준(1856~1914) 등과 같은 갑오파였고 또 다른 한 파는 내부대신 박영효와 법부대신 서광범 등 해외망명파였다.[17]

한편 박영효는 명성황후가 러시아공사 베베르와 접촉하는 것을 저지하고자 했다. 이에 고종과 명성황후는 정동파인 이하영과 현흥택을 미·러 공사관에 파견하여 박영효에 의한 '내각전제(內閣專制)'의 진상을 폭로하고 왕권회복을 원조해줄 것을 호소했다. 박영효의 독주에 서광범마저 등을 돌리는 등 고립무원(孤立無援)의 상태에 처한 박영효는 반역음모 죄목으로 몰리게 되었다.[18]

정교의 『대한계년사』에 따르면 이 반역음모 사건은, 박영효에게 구직을 청했다가 거절당해 반감을 품고 있던 일본 낭인 사사키 히데오가 "박영효가 조만간 왕비를 살해하고 정부를 전복하려는 음모를 꾸미고 있다"고 떠들고 다님으로써 일어난 것이었다.[19] 수구파의 특진관 심상훈이 국왕에게 박영효는 왕비를 시해할 음모를 꾸미고 있다고 무고하여 국왕은 사실을 조사하지도 않고 7월 6일에 박영효를 모역(謀逆) 범인으로 체포령을 내렸으며 박영효는 7월 7일 일본으로 재망명했다.[20]

유영익은 "박영효가 정권을 잡고 있었던 200여 일 동안 무려 213개 항에 이르는 개혁안들이 한꺼번에 발포되었다는 사실을 중시해야 한다"며 "(박영효가 서명한) 68개의 개혁안 가운데 과반수가 1895년 5월 말부터 7월 초까지, 즉 박영효가 일본의 간섭을 배제하고 개혁의 주

도권을 장악했던 시기에 발포되었다는 사실은 주목할 만하다"고 주장했다.[21]

이어 유영익은 "박영효의 개혁사상과 정치활동은 갑오경장이 단순히 일본에 의해 강요된 타율적 개혁운동이 아니었음을 증명한다. 따라서 기왕의 갑오경장 타율론은 수정되어야 마땅할 것이다"라며 다음과 같이 주장했다.

"조선의 개혁파 관료들은 오랜 개화운동의 전통을 이어받아 갑오경장에 참여하였다. 이들은 개혁운동에 불가결한 사상과 정열, 그리고 일정한 경험을 두루 갖추고 있었다는 점에서 외부로부터 경장에 뛰어든 일본인들보다 더 중요한 역할을 수행했다고 볼 수 있다."[22]

여우사냥을 위해 입국한 미우라 고로

7월 8일 박영효 망명 사건에 놀란 야마가타 아리토모 대장은 "도저히 참을 수 없다"는 편지를 요양 중인 무쓰 무네미쓰 외상에게 보냈다. 한편 6월 20일 정부와 협의차 일본에 도착한 이노우에는 7월 2일 일본 각의에 기증금을 미끼로 명성황후 회유책을 제안하기도 했지만 박영효의 실각을 보고 방향을 전환했다. 7월 10일 이노우에는 무인 출신 미우라 고로를 자신의 후임으로 천거했다. 이와 관련해 강창일은 "박영효 실각 사건은 일본에게는 최악의 사태였다"며 다음과 같이 주장했다.

"종래 '문치'적 방법으로는 '조선 문제' 해결이 무망하다는 것을 그들에게 확인시켜준 셈이었다. 그리하여 이노우에 · 이토 등은 자신들과 정치성향을 전혀 달리하는, 우익적이고 무단적인 미우라를 내세워 '조선 문제'를 해결하려고 했다. 결국 이노우에는 추임자로 미우라를 추천하고 나서 자신은 조선으로 귀임했다."[23]

박영효가 망명한 뒤 박정양이 총리대신이 되었으나 그가 역량 부족으로 사표를 제출하자 국왕은 김홍집을 다시 총리대신 자리에 앉혔다. 8월 24일에 성립된 이른바 '제3차 김홍집 내각'은 서울에 재귀임한 이노우에의 입김이 작용했지만 궁극적으로는 고종과 민비가 왕권을 공고히 하기 위해 단행했던 개각이었던 만큼 정동파와 궁정파(왕비파)가 내각에서 여전히 우세를 차지했다. 이 내각에서 박정양은 내부대신에, 이완용은 학부대신에, 이범진은 궁내부(1895년 설치)협판 겸 서리대신에, 이윤용은 경무사에 임명되었다.[24]

예비역 육군 중장인 미우라 고로가 주한일본전권공사로 내정된 건 7월 22일이었고 조선에 부임한 건 9월 1일이었다. F. H. 해링튼은 "부임하자마자 이 새 공사는 한국 왕실을 모욕했다. 1882년의 임오군란 시 왕비가 피난하여 생명을 구한 것을 축하하는 공식연회가 열렸을 때 미우라는 평복을 입고 나타났고 이것과 때를 같이하며 궁정에서 미움을 받고 있는 한국의 정치인들을 돕고, 왕비의 오랜 적 대원군과 밀접한 관계를 맺고 있음이 드러났다"고 말했다.[25]

9월 17일 이노우에는 미우라에게 업무 인수인계 후 서울을 떠났다. 9월 21일 미우라는 『한성신보』 사장 아다치 겐조에게 '여우사냥' 운운하면서 명성황후 시해 음모를 꾸미기 시작했다.

02

명성황후를 시해한 을미사변

일본 낭인들의 천인공노할 범죄

민씨 척족은 3국 간섭으로 일본의 영향력이 약해진 틈을 타 더욱 강력한 친러배일정책을 추구하면서 을미년(1895) 10월 4일 친일파 김가진을 농상공부대신 자리에서 내쫓고 친러파의 이범진을 그 자리에 앉혔으며 내부협판 유길준도 의주부관찰사로 쫓아내는 등 친일파를 내각에서 완전히 제거해버렸다. 바로 그날 일본은 대원군과 접촉해 민비 제거에 관한 합의를 보았다.

10월 7일 밤 경복궁 안에서는 왕후 민씨가 민영준의 궁내부대신 내정을 축하하는 야간 파티가 벌어지고 있었다. 민영준은 왕후의 친정 여흥 민씨 가문의 중심인물로, 청일전쟁 동안 청국에 망명하여 지내다가 귀국한 지 며칠 되지 않았다. 같은 시각 서울 남산자락 일본인 거주지역인 진고개(지금의 충무로 2~3가) 파성관(巴城館)에선 일본인 검

명성황후가 시해당했던 경복궁의 옥호루.

객들과 낭인패들 그리고 서울에서 발간되던 일본어 신문 『한성신보』 기자들이 파티를 벌이고 있었다. 주한일본공사 미우라 고로(三浦梧樓)는 조선 왕후 시해 작전 '여우사냥'의 실행 명령을 이미 내린 뒤였다.[26]

10월 8일(음력 8월 20일) 새벽 5시 30분경 일본 낭인들은 경복궁 정문인 광화문 앞에 들이닥쳐 궁궐을 수비하고 있던 훈련대 연대장 홍계훈 일행을 살해하고는 곧바로 근정전을 지나 건청궁(乾淸宮)으로 쳐들어갔다. 이들은 고종의 침전인 곤령전에 난입, 난폭한 행동을 자행했는데 이 과정에서 고종은 옷이 찢겨지는 등 수모를 당했으며 또 왕세자는 일본군 장교복장을 한 폭도에게 상투를 잡힌 채 그가 휘두른

칼에 목을 맞고 쓰러졌으나 칼등을 맞아 겨우 목숨을 건졌다.[27]

낭인들 중 한 무리는 인근 왕비의 침전인 옥호루(玉壺樓)로 내달렸다. 궁내부대신 이경직(1841~1895)이 길을 막고 나서자 폭도들은 이경직을 총으로 사살하고는 고종이 보는 앞에서 다시 칼로 베었다. 이어 왕비 침전에서 여인들의 비명소리가 울려퍼졌다. 폭도들은 궁녀와 왕세자 이탁(李拓, 순종의 본명)을 통해 피살된 자 중의 한 사람이 명성황후임을 확인하고는 명성황후의 시신을 홑이불에 싸서 인근 녹원(鹿園) 솔밭에서 석유불에 태워버렸다.[28]

명성황후 시해의 음모 단계에서부터 가담한 조선인이 한 명 있었는데 그는 훈련대 제2대대장으로 있던 우범선(1857~1903)이었다. 훈련대는 그해 4월 친일정권에 의해 창설되었는데 우범선은 민씨 정권의 훈련대 해산계획에 불만을 품고 있었다. 주한일본공사 미우라 고로에게 포섭된 우범선이 이 사건에서 맡은 임무는 훈련대 병력동원과 명성황후의 시신 '처리'였다. 폭도들에 의해 시해된 후 불태워진 명성황후의 시신이 타고 남은 재는 궁궐 내 우물에 버려졌고 유해 일부는 우범선의 지시로 휘하의 윤석우가 증거인멸을 위해 땅에 묻어버렸다.[29]

앞서 소개했듯이 우범선은 양반 자제들로 구성된 별기군 생도들이 교관인 자신에게 중인 출신이라는 이유로 반말을 하는 것에 격분했던 인물이다. 그는 탈영으로 처벌받게 되자 일본으로 망명했다가 돌아와 훈련대에 복귀한 것이다. 이규태는 우범선의 명성황후 시해 가담을 이전의 별기군 사건과 연계시켜 양반 지배체제하에서 "'실'보다는 '이름'이 강하게 지배한 한국 사회에 대한 증오심의 소치"라고 보았다.[30]

고종은 선교사들의 보호를 받았다. 선교사 게일은 사변이 있던 날의 모습을 다음과 같이 적어놓았다.

"국왕이 처한 처참한 모습은 보기에도 딱하였다. 그는 흐느껴 울었다. 민비를 일본 사람들이 죽였다고. 누가 이 비참에서 그를 구원할 수 있을까. 그는 머리털을 잘라 신발을 짜서 국모의 죽음을 갚는 사람에게 주겠노라고 뇌었다."[31]

대원군의 처신

이른바 을미사변(乙未事變)이다. 그간 일제는 을미사변에 대해 위증·날조·은폐로 일관하면서 범죄 사실을 인정하지 않았다. '대원군 주도설' 과 심지어는 '고종 주도설' 까지 유포하며 그 진실을 은폐하려고 했다.[32] 아니면 기껏해야 일본 정부와는 무관한, 낭인들의 범죄라는 식이었다. 그러나 최문형은 이 문제를 집중적으로 다뤄 명성황후 시해의 주범이 일본 정부임을 분명히 밝혔다.[33]

이창훈은 "민비 시해 사건은 청일전쟁 이후 러시아가 일본의 독점적 지위를 위협했음에도 불구하고 그들과 즉각 전쟁의 모험을 감행할 형편이 못되었던 일본이 택할 수밖에 없었던 차선의 대응책이었다"고 보았다.[34]

국내에서 정작 논란이 된 것은 당시 대원군의 처신에 관한 것이다. 명성황후가 시해되던 날 새벽 3시 한 패거리의 일본 낭인들과, 일본군이 훈련시킨 훈련대 병사들은 대원군을 호위하고 마포 공덕리에 있는 대원군 별장을 떠나 경복궁으로 향하고 있었다.[35]

윤덕한은 "우리 역사는 민비가 잔인무도한 일본인에게 살해되었다는 것만을 강조하면서 대원군의 역할에 대해서는 입을 다물고 있다. 그리고 민비가 일본인에게 살해되었다는 사실만으로 마치 그녀가 무슨 항일 구국 열사나 되는 것처럼 추모하는 분위기도 없지 않다"며 "민비 시해에 대해 우리는 마땅히 일본인에게 책임을 물어야 한다. 그러나 그에 못지않게, 아니 그보다 훨씬 더 통렬하게 자신의 개인적인 원한을 풀기 위해 일본인들을 끌어들여 나라를 세계의 웃음거리로 만든 대원군의 행동을 비판해야 할 것이다. 아울러 이런 사태를 초래한 민족사에 대해 스스로 부끄러워하고 깊이 자성해야 할 것이다"라고 말했다.[36]

반면 한영우는 대원군은 일본인들과 오랜 동안 실랑이를 하다가 집을 나서 시간이 지체되었다며 "그들은 대원군을 반강제로 끌어낸 것으로 보인다. 아무리 권력욕에 취해 있었다 하더라도 76세 노령의 대원군이 새벽 찬 공기를 무릅쓰고 선뜻 이 쿠데타에 가담했다고는 믿어지지 않는다"고 주장했다.[37]

서영희는 "이날 일본 낭인들과 함께 입궐한 75세의 노인 대원군 역시 일본의 꼭두각시가 되어 며느리의 죽음에 암묵적으로 동의했다는 비난을 면치 못하게 되었다"며 다음과 같이 말했다.

"양자의 갈등에 지나치게 집착하다 보면 자칫 국정운영의 주체였던 고종의 역할을 폄하하게 되고 시아버지와 며느리 간의 권력다툼이 망국의 원인이었다는 식민사관의 논리를 뒤따르게 될 위험성이 있지만 어쨌건 두 강한 캐릭터의 잘못된 만남이 한말 궁정비극의 씨앗이었던 것만은 사실인 것 같다."[38]

제3차 김홍집 내각과 을미의병

일본은 대원군을 떠받들고 이른바 3차 김홍집 내각을 만들어냈다. 친미·친러파로 지목되던 학부대신 이완용, 농상공부대신 이범진, 군부대신 안경수, 경무사 이윤용 등을 해임하고 조희연을 군부대신에, 정병하 농상공부협판을 대신서리에, 법부대신 서광범을 학부대신서리 겸임으로, 권형진을 경무사로, 유길준을 내부대신으로, 이재면을 궁내부대신으로, 김종한을 동 협판으로 임명하고, 총리대신 김홍집, 외부대신 김윤식, 내부대신 박정양을 유임시켰다.

이어 10월 10일 왕비를 폐한다는 조칙을 고종의 명의로 발표했다. 왕비의 죽음을 감추고 "옛날 임오 때와 마찬가지로 짐을 떠나 피난했다"고 거짓말을 하면서 왕비가 "친당(親黨)을 좌우에 포진하여 왕의 총명을 막고 인민을 착취하며 매관매직을 일삼는 등의 죄를 지었다"는 이유를 댔다. 이 조칙에 서명한 이는 김홍집·김윤식·조희연·서광범·정병하 등이었으며 탁지부대신 심상훈만이 서명을 거부한 채 벼슬을 버리고 낙향하면서 "나라의 원수를 갚지 않으면 벼슬하지 않겠다"고 봉곡했다.[30]

일본은 이 사건의 진상을 철저히 숨기고자 했지만 조선인·외국인 목격자들이 너무 많았다. 특히 당시 궁궐에 머물고 있던 미국인 고문 다이(General Dye)와 러시아인 기사 세레디나-사바틴(V. Seredina-Sabatin)의 생생한 목격담은 미국·러시아공사에 보고돼 온 세계에 알려지게 되었다. 일이 이렇게 되자 사태의 심각성을 인식한 일본은 10월 15일 외무성 정무국장 고무라 주타로를 서울로 파견했다. 일본은 10월 17일 미우라를 공사직에서 해임하고 그 대신에 고무라를 공사로 임명했고 이어 미우라 등 사건 관계자 전원을 본국으로 소환해 감옥에 구속하고 재판을 했지만 모든 게 '쇼'였다.[40]

10월 25일 러시아·미국·독일·이탈리아·오스트리아 등이 일본

명성황후의 장례식 모습. 장례식은 시해 후 2년이 지나서야 치러졌다.

군 철수와 조선에 대한 불간섭을 촉구하는 성명을 발표했으며 10월 30일 일본이 장악하고 있던 훈련대가 해산되면서 새롭게 친위대(왕궁)와 진위대(지방)가 설치되었다. 11월 26일 왕비가 복위되고 시해 사건에 관계한 군부대신 조희연과 경무사 권형진이 파면되었으며 대원군은 스스로 은퇴했고 이준용은 유학을 명목으로 일본에 망명했다.[41]

왕비가 시해를 당한 후 달이 바뀌었어도 상복을 걸치는 사람이 아무도 없자 강화도 큰사골 집에 칩거하던 영재 이건창(1852~1898)은 홍승헌 · 정원용과 함께 궐하에 엎드려 폐비의 칙명을 거두고 죄인을 잡아 처형하라고 주장했다. 그러나 이건창의 상소는 친일내각에 의해 두 번이나 묵살되었다.[42] 전국 곳곳에서 유림들은 자결을 하거나 단식을 하며 국치에 치를 떨었으며 의병활동을 전개했다. 의병들은 친일내각 타도를 외치고 나섰다.[43] 이때의 의병을 가리켜 을미의병이라고 한다. 을미의병은 전기의병, 1905년 을사늑약 시의 을사의병은 중기의병, 1907년 정미7조약 시의 정미의병은 후기의병으로 나누어 부르기도 한다.[44]

김홍집 내각은 12월 1일에야 왕비 시해 사실과 국상을 공표했다. 그리고 이주회·박선·윤석우 등 세 명을 주동자로 체포하여 처형했다. 진상을 은폐하기 위해 날조된 희생양이었다. 그 외 조선 측 가담자인 조희연·권형진·훈련대 대대장 우범선·이두황 등은 일본으로 망명했다.[45]

을미사변으로 재판에 회부된 일본인들은 모두 56명이었고 이 중에서 '민간 낭인'으로 분류된 자는 32명으로 특히 규슈 지방의 사족(士族) 출신이 많았다. 메이지유신 이래 정치적으로 소외돼 불평불만을 지닌 사람들이 조선과 중국대륙으로 건너가 정치활동을 하려 했던 이른바 '대륙 낭인'의 전형적인 사례였다. 시해범 중 상당수는 당시 서울에서 일본어로 발행되던 신문인 『한성신보』의 기자이거나 신문사에서 숙박하고 있었다.[46]

유길준의 역할

1895년 10월 8일에 벌어진 을미사변 시 유길준이 한 역할에 대해선 논란이 있다. 윤치호는 훗날(1919년 4월 17일) 자신의 일기에서 동양척식주식회사 총재 이시즈카가 주최한 만찬모임에 참석한 걸 기록하면서 다음과 같이 당시를 회상했다.

"1895년 10월 어느 달 밝은 밤이었다. 이시즈카 씨가 유길준 씨와 날 경복궁 앞 어느 공관에 있는 자기 방으로 초대했다. 이시즈카 씨는 조만간 도쿄로, 유길준 씨는 이튿날 아침에 평북 의주로 떠날 예정이었다. 그것이 사실인지 아닌지는 잘 모르지만 아무튼 그들은 내게 그렇게 말했다. 10시쯤 유씨와 내가 이시즈카 씨와 헤어져 말을 타고 전동과 안동으로 갈라지는 지점까지 왔다. 거기에서 난 유씨에게 작별인사를 했다. 유씨는 자기가 서울에 없는 동안 자기 말안장을 써도 좋다고 말했다. 몇 시간 후 일본인들이 경복궁에 들어가 민비를 시해했다. 물론 유씨는 그 음모자들 중 한 사람이었다. 내가 그 음모를 알아채는 걸 방해하려고 그와 이시즈카 씨가 날 저녁식사에 초대했던 것 같다. 이제는 이 모든 게 고대사에 속한다!"[47]

그러나 유동준의 『유길준전』은 을미사변이 발생하자 김홍집이 자결하려 했고 유길준이 이를 말렸다는 이야기가 있는데 윤치호의 주장과는 좀 다르다. 유동준은 김홍집의 집에서 이루어졌다는 유길준과 김홍집의 대화를 다음과 같이 소개했다.

"대감, 좀 고정하십시오. 대감께서 돌아가신다 해서 모두가 수습된다면 모르지만 모후(母后)께서는 이미 참변을 당하셨고 사태는 벌어졌습니다. 우리는 거꾸로 일격을 당한 셈이 되었습니다. 그러나 우리가 이 사태를 수습하는 데 노력하는 것도 충절이 될 것입니다. 대감께선 그 뒤에 가서 돌아가신다 해도 늦지 않으니 제발 좀 고정하시고 심사숙고해주시기 바랍니다."

"유공, 그대가 말하는 뜻은 다 알아요. 우리는 지금까지 우리나라의 보전과 개혁을 위하여 모든 굴욕을 참아오지 않았습니까. 그러나 이번 사태만은 절대로 용서할 수가 없어요. 세록지신(世祿之臣)으로 또

일국의 중신(重臣)된 자가 국모(國母)의 참변을 보고 어찌 살아서 폐하와 만백성을 대할 수가 있겠습니까. 나는 유공의 처지와는 다릅니다. 유공은 어떤 난국이라도 극복해서 앞으로 이 나라를 건져야 할 사명이 있지만 내가 할 일은 이제 내 스스로 죽는 일밖에 아무것도 없습니다."[48]

무엇이 진실이건 유길준이 민비에 대해 악감정을 갖고 있었으며 명성황후 시해를 개혁의 완성을 위해 불가피한 것으로 보았던 건 분명하다. 그는 자신의 미국 은사인 모스에게 보낸 영문편지(날짜 미상)에서 "우리의 왕비는 세계역사상 가장 나쁜 여자입니다"라면서 다음과 같이 주장했다.

"그녀는 폴란드의 메리(Mary, 존 3세의 왕비)나 프랑스의 마리 앙투아네트(Marie Antoinette, 루이 16세의 왕비)보다 더 나쁩니다. …… 우리 국민들 사이에서는 국왕은 일개 인형이고 왕비는 그 인형을 갖고 노는 사람이라고 말합니다. …… 그녀는 도움을 정하기 위해 러시아 공사와 비밀 접촉하고 …… 지난가을 개혁가 모두를 살해하려는 계획을 세운 바 있으나 국왕의 아버지인 대원군에게 발각되었고 대원군은 일본공사와 협의하여 일본인들로부터 약간의 도움을 얻어 그녀를 죽이기로 결정하였습니다. 그것은 실행되었지만 대원군이 이 문제를 일본공사와 협의하고 공사에게 약간의 도움을 청한 것은 큰 실수였습니다. 그러나 도움을 얻기 위해서는 달리 방법이 없었습니다."[49]

명성황후 시신 능욕설

워낙 비극적인 죽음인 데다 조선으로선 씻을 수 없는 치욕이었기에 명성황후(1897년 명성황후로 추존됨)는 이후 내내 개화기 역사의 한복판에 선 인물로 수많은 논쟁과 화제의 주인공이 되었다.

1960년대엔 폭도들의 명성황후 시신 능욕설까지 제기되었다. 일본인 사학자 야마베 겐타로(山邊健太郞)는 1966년에 출간한 책에서 당시 구한국 정부의 고문으로 있던 이시즈카(石塚英藏)가 사건 직후 본국으로 보낸 보고서 내용('…… 왕비를 끌어내 두세 군데 도상(刀傷)을 입히고 또한 발가벗겨 국부검사(局部檢査)를 했다. ……')을 인용하면서 "폭도들이 사체(死體)를 능욕했다"(『日本の韓國倂合』, 1966)고 폭로했다.

이에 대해 한양대 교수 최문형은 "시체에 대한 국부검사란 있을 수도 없는 일이며 '능욕'이란 표현도 적당치 않다"며 "왕궁 침입에 앞서 이미 술에 만취한 자들이 시간(屍姦, 시체를 강간함)도 서슴지 않았다고 봐야 한다"고 보다 적극적으로 해석했다. 정운현은 "일국의 왕비가 괴한 무리들에게 살해당하고 그 시신이 능욕을 당한 것이 바로 '을미사변'의 진상이다"라며 "흔히 우리가 알고 있는 이상으로 '을미사변'은 비참하고 치욕적인 사건이었음을 알 수 있다"고 했다.[50]

이 능욕설은 2002년 6월 『오마이뉴스』의 보도와, 소설가 김진명의 관련 자료 공개로 다시 화제가 되었다.[51] 이에 대해 서울대 교수 신용하는 "당시 상황은 그럴 만한 시간적 여유가 전혀 없었던 아수라장이었다"며 "이는 호기심으로 역사를 윤색하는 일"이라고 반박했다. 국사사료편찬위원 이민원도 "그런 일을 저지를 여유가 없는 다급한 상황이었다"고 했다.[52]

명성황후 시해에 가담한 조선군 대대장 우범선과 그의 아들 우장춘도 화제가 되었다. 1987년 『민비암살』을 출간한 일본인 여류저술가 쓰노다 후사코는 1990년 『나의 조국: 우박사(禹博士)의 운명의 씨앗

(種)』이라는 책을 출간했다. 흔히 '씨 없는 수박'을 개발한 주인공으로 유명한 육종학자 우장춘(1898~1959)의 이야기를 다룬 책이었다.[53]

명성황후 시해 사건 후 부산을 거쳐 일본으로 망명한 우범선은 사카이(酒井ナカ)라는 일본 여자를 만나 결혼을 했지만 1903년 말 자객 고영근에게 암살당했다. 우범선의 두 아들 중 장남이 우장춘이었다. 차남은 모계(母系) 집안에 입적돼 호적상으로는 완전한 일본인이 된 반면, 우장춘은 아버지의 과오를 속죄하기 위해 훗날 6·25 와중에 귀국해 일생을 한국의 농업 발달을 위해 연구에 전념했다.[54]

뮤지컬 〈명성황후〉 논쟁

1995년 12월 30일 뮤지컬 〈명성황후〉(이문열 원작, 윤호진 연출)가 막을 올렸다. 〈명성황후〉는 국내에서도 인기를 얻었을 뿐만 아니라 1997년 8월 국내 창작 뮤지컬로는 처음으로 미국 뉴욕 브로드웨이 무대에 올려져 갈채를 받았다.

〈명성황후〉는 찬사와 더불어 명성황후를 너무 미화했다는 비판도 받았다. 이런 비판에 대해 서울대 교수 이태진은 명성황후의 부정적 이미지는 모두 일본이 조작한 것이며 명성황후는 세도가가 아니라 애국자였다고 주장했다.[55]

이문열은 "알려지기로는 황후는 미신에 깊이 빠져 무당을 군(君)으로 봉하고 매사를 거기에 물어서 결정했으며 세자를 위해서는 금강산 일만이천 봉에 봉우리마다 쌀 한 섬과 비단 한 필을 바치게 했다. 얼핏 들으면 황당해 보이지만 이해하려고 들면 이해 못할 일도 아니다"며 다음과 같이 주장했다.

"토속신앙이 미신으로 몰리고 무당이 위험스러운 사기꾼처럼 격하된 것은 일본인이 들어온 뒤의 일이다. 당시로 보면 무속신앙과 그 주관자인 무당은 대중적으로 신봉되고 있던 흠잡을 데 없는 신앙체계였다. 금강산 일만이천 봉과 관계된 낭비벽도 그렇다. 외형상으로 거기에 바쳐진 쌀과 비단은 낭비처럼 보이지만 결국은 누군가 우리 백성이 먹고 입었을 것이다. 그러나 합리와 과학이란 믿음 위에 자란 친일(親日)은 그 몇십, 몇백 배의 쌀과 비단을 일본으로 실어내 그들을 배불리고 따뜻하게 했을 뿐이다."

또 이문열은 '척족(戚族)정치'에 대해서도 '거의 변명의 여지가 없어보이'지만 변명할 게 있다고 했다. 그는 "과연 명성황후 아래 정부 요직은 민씨 일족이 오로지한 감이 있고 그게 조선 말의 정치를 그르친 원인 중 하나가 될 수도 있다"고 인정하면서도 다음과 같이 주장했다.

"그러나 이때도 먼저 부끄러워해야 할 일은 황후가 그런 인사정책을 쓰지 않을 수 없게 한 신민(臣民) 일반의 불충이다. 지엄해야 할 왕실의 수라간에 독(毒)이 들어 왕세자를 평생 불구로 만들고 황후 침실에 화약을 묻히는 그런 왕조가 어디 있던가. 봉록은 그 왕실에서 받으면서 마음으로 섬기는 것은 침략해오는 외국세력인 신하들로 그득한 조정이 어찌 온전한 조정일 수 있는가. 그래서 한 가닥 핏줄에 의지할 수밖에 없었던 외로운 황후를 떠올리면 연민으로 가슴 저릴지언정 공정치 못한 인사만을 나무랄 수는 없을 것이다."[56]

반면 김원우는 명성황후의 조울증 가능성을 제시했다. 그는 "이 조울병의 줄기찬 암류가 중전 민비의 정사 개입에 숱한 파란을 일으키는 관건이었다. …… 어떤 대상(代償)을 쫓는 집요성이라는 측면에서 중국 근대사의 한 평지풍파였던 서태후도 중전 민비와 정확히 맥을 같이한다"며 다음과 같이 주장했다.

"뮤지컬이든 서사시든 장편소설이든 어떤 예술 장르를 빌려도 중전 민비라는 인물은 흥미진진한 추구의 대상이다. 또한 그이를 희화화하든 비극의 주인공으로 만들든 장엄한 여걸로 그리든 그것은 전적으로 작가의 고유한 안목의 반영물일 테지만 그 이미지가 실체와 동떨어진 어떤 이물(異物)로 떠오를 때 그것은 이미 역사의 차원을 벗어나 있다. …… 우리는 지금 '자기의식'의 시대를 살아가고 있는데 정확한 역사 해석을 도외시한 자기의식의 무분별한 발산은 그 목적이 수상쩍은 가짜거나 곡두의 어릿광대짓일 뿐이다."[57]

명성황후 우상화?

명성황후의 인기는 계속 치솟아 2001년 폐가나 다름없던 명성황후 생가(경기도 여주)가 새 관광 명소로 떠올랐다. 10월 8일 명성황후 시해 106주기를 맞아 여주대학이 주최한 '명성황후 재조명을 위한 심포지엄'에서 이화여대 교수 이배용은 명성황후는 그 자신이 권력욕의 화신이라기보다 대원군과 고종 사이에서 대리전을 수행했다고 주장했다. 1880년대 중반 중앙과 지방 관직에 진출한 민씨 친족은 260여 명에 이르렀지만 민씨 일파는 왕을 압도하면서 세도정치를 일삼은 기존 친족세력과는 달리 왕권을 보좌하는 정치적 지지기반 역할을 수행했다는 것이다.[58]

2001년 한영우는 "서울의 장충단공원을 모르는 이는 없을 것이다. 그러나 이곳이 1895년 을미사변 때 명성황후를 위해 목숨을 던진 홍계훈과 이경직 등 애국충신들을 추모하기 위해 1900년에 국가에서

사전(祠殿)을 세우고 봄가을로 제사를 지내던 성역(聖域)이었다는 사실을 아는 사람은 얼마나 될까"라며 다음과 같이 개탄했다.

"1910년 우리나라를 강점한 일본은 장충단 제사를 중단시키고 여기에 상하이사변 때 죽은 일본 육탄 3용사의 동상을 세우고 벚꽃을 가득 심어 시민공원을 만들고 그것도 부족하여 이등박문을 위한 박문사(博文寺)라는 절을 세워놓았다. 그리하여 장충단은 화사한 벚꽃동산에서 일본혼을 추모하는 휴식처가 되어버렸다."[59]

뮤지컬 〈명성황후〉 인기의 고공행진이 계속되면서 '명성황후 우상화'를 우려하는 목소리도 나왔다. 2005년 서기원은 "근래 명성황후를 주인공으로 한 여러 공연물 등에서 그녀를 무슨 대단한 인물인 양 미화하고 있는 것을 볼 수 있다"며 다음과 같이 주장했다.

"이는 객관적 사실(史實)에 입각한 공정한 평가라고 할 수 없다. 일부 식자(識者) 간에서도 명성황후를 미화하려는 경향이 없지 않다. 그 심정은 이해할 수 있으나 일종의 가치 전도(顚倒)가 우려된다. …… 명성황후를 영국의 빅토리아여왕, 혹은 러시아의 예카테리나여제(女帝)쯤 되는 존재로 미화하는 논평을 본 적이 있다. 어느 공연물은 그런 인상을 관객에게 주려고 애쓴 것도 있다. 그건 가당치 않은 역사의 덧칠이다. 그녀는 왕조의 멸망에 부정적인 기여를 한 것밖에는 없다. 그녀가 일본의 야만적인 국가범죄의 희생이 된 것은 사실이다. 그렇다고 반사적으로 희생자가 탁월한 인물로 역사에 공헌했다고 미화할 수는 없는 것이다."[60]

시해범 후손들의 사죄 방문

2005년 5월 9일 명성황후 시해범의 후손들이 사건 110년 만에 사죄(謝罪)의 뜻을 전하기 위해 방한했다. 명성황후를 시해한 일본 낭인(浪人) 중 주역급으로 당시『한성신보』주필이었던 구니토모 시게아키(國友重章)의 외손자 가와노 다쓰미(河野龍巳)와 이에이리 가키쓰(家入嘉吉)의 손자며느리 이에이리 게이코(家入惠子)는 '명성황후를 생각하는 모임' 회원 열 명과 함께 한국에 왔는데 '명성황후를 생각하는 모임'은 2004년 11월 결성된 시민단체로 구마모토 출신의 전직 교사 20여 명이 회원이다.[61]

2005년 5월 10일 오후 경기 남양주시의 고종황제와 명성황후의 합장묘인 홍릉 앞 잔디밭에서 가와노 다쓰미(河野龍巳, 84세)와 이에이리 게이코(家入惠子, 77세)가 홍릉을 향해 차를 올린 채 무릎을 꿇고 연방 고개를 땅에 조아리며 눈물을 흘렸다. 이들은 "할아버지가 저지른 나쁜 짓에 대해 사죄합니다. 할아버지도 이런 저의 모습을 이해하실 겁니다"라고 말했다.[62]

1995년 12월 30일 막을 올린 뮤지컬 〈명성황후〉가 2007년 2월 관객 100만 명을 돌파했다. 국내 뮤지컬 사상 유료 관객이 100만 명을 넘어서는 작품은 〈명성황후〉가 처음이었다. 초연 12년 만에 '100만 관객 첫 돌파'라는 대기록을 세우게 된 연출가 윤호진은 "(이)문열이에게 2009년 안중근 선생의 하얼빈 의거 100주년을 기념해 뮤지컬 안중근을 만들어보자고 했다"고 밝혔다.[63]

2007년 5월 을미사변의 현장 경복궁 건청궁이 복원되었다. 복원된 건청궁은 대지 약 1000평에, 고종의 침전이었던 장안당(長安堂), 명성황후의 침전이었던 곤녕합(坤寧閣) 등 14개 건물(연건평 296평)이 포함돼 있다. 건청궁 내부에는 명성황후 순국 숭모비(明成皇后殉國崇慕碑, 1982년 제작)도 들어서 있다.[64]

명성황후 사진 논쟁

명성황후 관련 논쟁 중에 '사진 논쟁', 즉 이게 명성황후 사진이네 아니네 하는 논쟁이 여러 차례 있었다. 신복룡은 명성황후의 사진은 없다며 그 이유를 두 가지로 정리했다.

"첫째 명성황후의 노출기피증 때문이었다. 다 아는 바와 같이 그는 시아버지인 대원군과 목숨을 노릴 정도로 서로를 증오했고 결국 그의 친정 오라버니인 민승호(閔升鎬) 일가는 대원군이 보냈으리라고 추정되는 우편폭탄을 맞고 몰사했다. 이후로 명성황후의 대인기피증과 노출기피증은 더욱 심해져 근친이 아니면 만나지도 않았고 초상화나 사진을 일절 찍지 못하게 했다. 둘째 그 당시 서양 문물에 익숙하지 않았던 한국인들은 사진을 찍으면 혼마저 빠져나간다는 속설을 믿고 있었기 때문에 사진을 찍지 않았다. 그 당시의 선교사들이나 여행가들이 한국인의 사진을 찍으려다 몰매를 맞는 장면은 여러 곳에서 진기하게 묘사되어 있다. 한국인들이 스스럼없이 사진을 찍기 시작한 것은 1900년대 초에 들어와서였다."[65]

반면 김종욱은 "비숍 여사의 기록 중 명성황후는 사진 찍기를 좋아했다는 언급이 있으며 고종실록에도 '(고종이) 지시하기를 내일 홍덕전에 가서 참배한 다음 영정(影幀)을 본떠 그린 초본을 보겠다'는 언급이 나오는 것으로 보아 분명 사진이든 초상화든 있는 것은 분명하다"고 주장했다.[66]

그간 명성황후라고 알려져왔던 사진(왼쪽)과 이승만의 『독립정신』에 실린 명성황후 사진(오른쪽).

명성황후에 대한 논쟁이 워낙 뜨겁기 때문에 그만큼 사진 논쟁도 가열되는 것이리라. 명성황후 재평가 문제는 이렇게 보는 게 어떨까? 옛 노인들은 며느리를 흉볼 때 가끔 '민후(閔后) 같은 년'이란 말을 쓰곤 했다.[67] 물론 민후란 명성황후를 가리킨다. 명성황후를 이런 부당하고도 지독한 욕으로부터 구출해내는 건 꼭 필요한 일이라 여겨진다. 그러나 과유불급(過猶不及)이라고 했다. 명성황후를 지나치게 미화하는 일은 자제하는 게 좋지 않을까?

03

실패로 끝난 춘생문 사건

명성황후 시해 6일 만에 떨어진 황후 간택령

을미사변이 발생하자 이완용·이윤용·이하영·이채연·민상호·현흥택 등은 미국공사관으로 피신했고 이범진·이학균 등은 러시아공사관으로 피신했다. 정동파의 몰락과 함께 김홍집을 수반으로 하는 친일내각이 다시 수립되었다. 김홍집의 가족들이 그의 총리대신 수락을 반대하자 김홍집은 "이 난세에 상감께서 잠을 못 이루고 조르시니 어찌 내 한 몸이나 아끼려고 거부할 수 있겠느냐? 부득이 어명대로 승낙했으니 내 생명은 이미 각오한 바이다. 너희들도 미리 짐작하여라"라고 타일렀다.[68]

친미·친러파이자 민비파로 지목된 학부대신 이완용과 농상공부대신 이범진, 경무사 이윤용이 해임되었고 군부대신 안경수도 사태의 책임을 물어 면직시켰다. 학부대신 서리는 법부대신을 맡고 있던 서

광범이 겸직토록 한 것을 비롯해 유길준·정병하·조희연 등의 친일파 일색으로 내각이 개편되었다.[69]

일본은 명성황후가 시해된 지 불과 이틀 만에 고종에게 '왕후 폐위 조칙'을 내려 왕후를 폐하여 '서인(庶人)'으로 만들도록 강요했고 생명의 위협을 느낀 고종은 이에 따랐다. 각국 외교관들의 강력한 항의 사태가 일어나자 이는 바로 다음 날 취소되어 명성황후의 사후 지위는 후궁의 대우로 바뀌었다. 명성황후에 대한 기억을 지우고 싶어 광분한 일본은 이번엔 고종에게 다시 압력을 가해 아예 새로운 왕후를 뽑도록 했다. 그리하여 명성황후가 처참하게 시해된 지 불과 6일 만인 1895년 10월 14일 임금의 이름으로 '황후 간택령'이 내려졌다. 새로운 황후엔 안동 김씨 가문의 처녀인 정화당(貞和堂) 김 씨가 뽑혔지만 그녀는 입궁을 하지 못하는 비운에 처하게 된다. 이른바 '춘생문 사건' 때문이었다.[70]

공포로 잠을 못 이룬 고종

명성황후 시해 이후 고종의 처지가 어떠했는지 그것부터 살펴보자. 명성황후와 가깝게 지냈던 언더우드 부인은 자신이 직접 보고 들었던 이야기를 기록으로 남겼다. 그녀는 "임금과 태자는 궁궐 안에서 일본 정부를 지지하는 조선인들로 구성된 내각의 포로가 되어 있었다. 왕후가 피살된 뒤 미처 그 살해자들이 흩어지기도 전에 일본공사가 대궐에 들어와서 임금을 뵙기를 청했다"며 다음과 같이 말했다.

"공식 보고서에 따르면 일본의 삼포(三浦, 미우라 고로) 공사는 자기 공사관의 서기관과 대원군과 일본 '장사(壯士, 왕후 시해범인 일본 낭인들)'의 우두머리인 한 일본인과 함께 나타나서 임금에게 문서 셋을 내놓고 서명하라고 요구했다. 하나는 이제부터는 내각이 나라 일을 전부 관장한다는 것이고 또 하나는 이재면 공(대원군의 장남)을 궁내부대신으로 임명하는 것이며 또 그 부서에 협판을 한 사람 임명한다는 것이었다. 간밤의 사건에 무척 공포를 느낀 데다가 적의 손아귀에 잡혀 무력했던 임금은 그들이 하라는 대로 모두 서명했다. 그런 뒤에야 일본 군대가 물러가고 훈련대(일본인들이 훈련시킨 친일 성향의 조선인 군대) 군사들이 왕궁 경비를 맡았다. 그 뒤 곧 국방과 경찰을 관장하는 책임자들이 친일파로 바뀌었고 '그리하여 정부의 군사력은 물론 심지어 폐하의 개인 시종들까지' 모두 왕실의 적대자들이 장악해버렸다. 러시아공사 웨베르 씨와 미국대리공사 알렌 박사가 총소리를 듣고 대궐에 도착했을 때 일본공사는 아직 그곳에 있었다. 그들은 임금에게서 방금 일어난 일들에 대해 얼마만큼 들을 수 있었다. 가련한 임금은 거의 지쳐서 쓰러질 지경으로 충격을 받은 상태였다. 간밤의 끔찍한 경험, 그가 우상처럼 여기는 왕후의 잔인한 살해를 겪은 뒤의 그 모습은 차마 볼 수 없을 정도였다. 수천 명이나 되는 왕실의 친지 · 측근 · 관리 · 군인 · 시종 들, 그리고 대궐 일대에 있는 사람들은 모두 엄청난 공포에 휩싸였다. 그들은 저마다 대궐을 빠져나가려고 미친 듯이 서둘렀고 궁중에 소속된 사람임을 표시하는 제복이나 그 밖에 여러 가지 것들을 주저 없이 찢어버렸다. 미국공사관과 러시아공사관과 영국공사관에는 조선인 매국노 일당의 손아귀에서 도망쳐 피난처를 구하려는 사람들이 끊이지 않았다."[71]

고종은 을미사변 직후 한동안은 독살당할까 두려워서 깡통 연유와 날달걀만 먹고 지냈다. 그나마 믿을 수 있는 건 미국 선교사들이어서 언더우드 부인이 고종을 위해 손수 음식을 장만해서 대궐로 보내곤 했다. 언더우드 부인은 "임금은 언제나 독살의 공포를 느끼고 있었으니 거기에는 그럴 만한 까닭이 충분히 있었다. 비양심적이고 비정상적인 그의 아버지 대원군이 다른 아들에게서 난 손자를 임금 자리에 앉히려고 갖은 애를 쓰고 있었고 또 임금을 둘러싸고 있는 그의 많은 공모자들 또한 그 일이 자신들의 목숨이 걸린 위험한 일이었기에 그 뜻을 이룰 수만 있다면 무슨 일이든지 저지를 사람들임이 이미 입증됐기 때문이다"라며 다음과 같이 말했다.

"그래서 임금은 한동안 자신이 보는 앞에서 딴 깡통 연유나 날달걀 요리 외에는 아무것도 들지 않았다. 이 소식을 듣고 우리는 보잘것없으나마 우리의 동정심을 나타낼 기회를 얻은 것을 기뻐하면서 한 유럽 공사관의 부인과 내가 교대로 특별히 음식을 만들어 임금에게 보냈다. 그 음식들은 영양가가 풍부했을 뿐만 아니라 맛도 좋았다. 우리는 그 음식들을 놋상자에 담아 예일 자물쇠(미국인 예일이 발명한 원통형 자물쇠)로 잠가서 보냈다. 공사관과 대궐 사이의 연락과 통역 일을 맡고 있던 언더우드 씨가 어떤 때는 하루에 두 번씩 열쇠를 가져다 임금에게 건네주었다. 음식통은 그 임무를 맡은 관리가 편리한 때에 가져갔다."[72]

고종은 공포로 인해 잠마저 이룰 수 없었다. 그래서 고종의 부탁으로 미국 선교사들이 매일 밤마다 두 사람씩 대궐에 가서 임금의 곁을 지켰다. 이는 7주간이나 계속되었다.[73] 춘생문 사건은 바로 이 같은 배경에서 일어난 것이다.

미국공사관으로의 피신 기도

을미사변이 일어난 지 50일 만인 1895년 11월 28일(음력 10월 12일) 새벽 친러파와 친미파 인사들이 협력하여 고종을 미국공사관으로 피신시킨 다음 친일내각을 타도하려다 실패한 사건이 일어났다. 이들이 군사를 이끌고 춘생문을 통해서 고종이 있는 경복궁 내의 건청궁으로 들어가려 했기에 이른바 춘생문(春生門) 사건이라는 이름이 붙여졌다.

이 계획은 궁궐 안에서 호응하기로 한 친위대 대대장 이진호(1867~1943)의 배반으로 실패했는데 거사 주동자들은 대부분 러시아와 미국의 공사관과 미국 선교사들의 숙소로 피신했다. 일부 선교사는 권총을 차고 가담했다는 설도 있다. 친러파 이범진은 러시아공사관의 도움을 받아 국외로 탈출했다.[74]

춘생문 사건의 주동자들은 고종과도 은밀한 연락을 취해 "나를 궁궐에서 구출하라"는 고종의 비밀칙령을 받아놓았지만 주동자였던 전(前) 시종(侍從) 임최수(1853~1895)는 신문을 받을 때 "내가 밀지(密旨)를 위조(僞造)하여" 동지들과 거사한 것이라고 말해 사형을 당했다. 당시 사건의 내막을 전부 파악하고 있었던 임최수의 동지인 정교가 지은 『대한계년사』는 "임최수가 실제로 임금의 비밀칙령을 받았음에도 불구하고 일이 이에 이르자 자신이 위조했다고 진술한 것은 사실대로 말하면 임금에게 이롭지 못하게 됨을 두려워해서였다"고 기록했다.[75]

이 사건으로 임최수 외에 이도철이 사형을 당했다.(아관파천 후 임최수와 이도철에게는 즉각 복작(復爵)과 추증(追贈)의 은사와 함께 '충신'의 칭호가 내려졌다) 다른 가담자들은 제주도 종신 유배, 서해 백령도 3년 유배형에 처해졌다. 왕족인 이재순은 특전을 받아 형을 면한 대신에 3년간 향리로 추방되어 거주 제한을 받았다. 이승만은 이 사건과 직접적인 관련은 없었지만 제주도 종신 유배형을 받은 이충구로부터 거사 계획을 미리 들었을 정도로 친했기 때문에 한동안 수배를 받아 피신 생활을 했다.[76]

춘생문 사건의 또 다른 피해자는 황후로 간택된 정화당 김 씨였다. 당시 친일세력의 극심한 감시망 속에서 공공연하게 병력을 동원하는 일이 불가능했기에 주동자들은 김 씨의 존재를 거사에 이용했다. "새 왕후를 봉영하여 입궐하도록 하랍시는 어명"이라고 속여 군사 800명을 경복궁까지 당도하게 한 것이었다. 800명의 군사는 경복궁으로 들어가는 춘생문을 돌파하지 못해 거사는 실패로 돌아갔는데 이 불똥이 정화당 김 씨에게까지 튀었다.[77]

김 씨는 아무 영문도 모른 채 이용만 당한 것이었지만, 역모에 이름이 연루된 왕손들이 비록 무고할지라도 연좌되어 처벌을 면치 못했던 전통에 따라, 입궐할 수 없게 된 것이다.(김 씨는 1896년에 간택됐었다는 이유만으로 홀로 수절하고 살다가 1917년에 가서야 마흔일곱의 나이로 비로소 덕수궁에 입궁할 수 있게 되었다)[78]

춘생문 사건은 일본의 음모?

이 실패한 '친위 쿠데타'를 가장 반긴 건 일본이었다. 일본은 사건 당시 궁궐 안에 고종을 보호하는 미국 선교사들이 있었음을 물고 늘어지면서 "일부 서양세력과 그에 결탁한 조선인들이 시도한 '조선 대군주 탈취 사건'으로 본질상 을미사변과 같은 사건"이라고 궤변을 늘어놓았다. 일본이 저지른 '을미사변'의 죄악에 대한 물타기를 시도한 이런 선전 공세를 방패 삼아 일본 사법부는 미우라 전 공사 등 히로시

마로 송환되어 '조선 왕후 모살(謀殺)' 혐의로 재판을 받고 있던 을미사변 관련자 전원을 '증거 불충분'이라며 석방했다.[79]

시해범 56명 중 미우라 등 수감자 48명은 1896년 1월 20일 히로시마재판소에서 무죄 방면된 후 연도에서 시민들이 환영하는 가운데 개선장군처럼 행진했다. 수감 중에는 일본 내무성 고위 인사 미즈노 렌타로(水野鍊太郎) 등이 면회를 했으며 이어 이노우에 가오루가 석방 축하연회를 베풀어주었다.[80] 메이지 천황은 미우라가 석방되어 도쿄에 도착했을 때 요네다 시종을 보내 그 '노고'를 치하했다.[81]

이태진은 '일본파'인 안경수가 춘생문 사건의 주동자 중 한 사람이었다는 사실, 그리고 안경수가 사건 이후에 보인 여러 친일적 행태에 주목해 "춘생문 사건은 일본 측의 사주를 받아 반일의 정동파 인사들을 끌어내 일망타진하려는 음모였을 가능성이 대단히 높다"고 주장했다.[82]

04

미국에 망명한 서재필의 귀국

11년 만에 귀국한 서재필

명성황후 시해에 적극 잠여하는 등 신문이라기보다는 조선 침략의 교두보로 기능한 『한성신보』에 대항할 신문의 필요성이 강하게 대두된 시점에 서재필이 등장했다. 서재필(1864~1951)은 스물의 나이에 김옥균 등과 갑신정변을 일으킨 인물로 당시 3일 천하의 '4흉'(김옥균 · 박영효 · 서광범 · 서재필) 가운데 한 명이었다. 그는 갑신정변이 실패로 끝나자 일본을 거쳐 미국으로 망명했다. 그랬던 서재필이 11년 만인 1895년 12월 25일 귀국했다.

당시 조선 사회가 서재필 귀국에 보인 반응은 어땠을까? 서재필을 둘러싼 논쟁이 여러 분야에 걸쳐 뜨겁지만 여기서부터 견해가 엇갈린다. 1963년 진단학회가 펴낸 『한국사』 현대편(이선근 저, 을유문화사)은 "서재필의 귀국을 기다렸던 이 겨레는 비로소 '자유'가 무엇이며 '독립'이 무엇이고 국민의 권리가 무엇인가를 깨닫게 되었다"고 했다. 과장이 심하다는 생각이 들지만 어찌 되었건 서재필이 환영을 받았다는 취지로 그리 쓴 것이리라. 그러나 박성수는 이 책이 사실을 왜곡하고 있다며 아무도 그의 귀국을 환영하지 않았을 뿐만 아니라 오히려 불안한 눈초리로 지켜보았다고 반박했다.[83]

당시엔 신문이 없었으니 어느 쪽이 옳은지 확인할 길이 없다. 다만 한 가지 분명한 건 서재필의 귀국을 환영한 사람들도 있었을 것이고 불안한 눈초리로 지켜본 사람들도 있었을 것이고 더 나아가 분개한 사람들도 있었으리라는 사실이다. 알 수 없는 건 어느 쪽 세력이 가장 컸는가 하는 점인데 그걸 알 길이 없다는 것이다.

서재필은 1893년 미국에서 컬럼비아 의과대학(Columbia Medical College, 조지 워싱턴대학 의과대학의 전신)을 고학으로 졸업하고 워싱턴에서 병원을 개업하고 있었다. 한국인으로서 최초로 미국 대학의 졸업장을 획득한 사람은 서재필로 알려져 있으나 그보다 2년 앞선 1891년 6월 메릴랜드주립농과대학에 입학해 이학사(Bachelor of Science) 자격을 취득한 사람이 있었으니 그는 바로 변수였다. 유길준과 함께 보빙사의 수행원으로 미국에 갔다 돌아와 있던 변수는 갑신정변에 가담했다가 정변이 실패하자 일본을 거쳐 미국으로 망명해 1887년 메릴랜드주립농과대학에 입학했다. 그러나 변수는 졸업한 지 겨우 4개월 뒤 모교 앞에서 열차에 치어 사망하고 말았다.[84]

서재필은 미국인으로 귀화한 상태였으며(미국명 Philip Jaisohn) 1894년 스물세 살의 미국 여성 뮤리엘 암스트롱(Muriel Josephine Armstrong)과 결혼했다. 1895년 5월 박정양이 내각총리대신으로 취임하면서 서재필을 외부협판으로 임명하고 속히 귀국하도록 요청했

11년간의 미국 망명을 끝내고 귀국한 서재필.

지만 서재필은 그때에는 응하지 않았었다. 그러다가 미국에 온 정변 동지 박영효가 요청하자 귀국하게 된 것이다. 박영효가 서재필의 귀국을 요청한 것은 그의 개인적인 의견이 아니라 갑오경장 때에 집권한 개화파 내각의 종용에 따른 것이었다.

　서재필이 개인적으로 잘 알거니와 믿을 수 있는 사람은 김홍집 내각의 내부대신으로 있는 유길준이었다. 유길준은 1896년 1월 8일 서재필이 고종을 알현할 수 있는 기회를 만들어주었다. 이 장면을 보도한 일본 신문 『한성신보』는 서재필이 고종의 따뜻한 인사말을 듣고 그 자리에서 감격의 눈물을 흘렸다고 보도했다.[85]

그러나 당시 정치 상황은 서재필에게 결코 호의적이지 않았다. 자신과 가까운 박영효는 5개월 전인 7월에 일본으로 망명했고 서광범은 서재필이 제물포에 도착한 지 6일 후인 12월 31일 주미공사로 떠났다.

서광범의 활동

여기서 잠시 서광범 이야기를 하고 넘어가자. 미국시민권을 획득한 한국인 1호는 서재필(1888년)이며 2호는 서광범(1892년)이다. 서광범이 미국시민권을 얻은 건 극심한 생활고(生活苦)에서 벗어나기 위한 취업 목적이었지만 그는 대신으로 일할 때 미국시민권을 버리지 않았다. 김원모는 "미국시민권을 가진 자가 조선 정부의 대신(장관)이 된 것은 서광범이 처음이 아닌가 생각된다"고 했다.[86]

2007년 박노자는 "아무리 외국 국적을 가졌더라도 일단 조선 신민으로 태어난 사람은 완전한 타자가 될 수 없다는 것이 당시의 의식이었다"며 "그러면 최근의 국적 포기 사태 때 감지됐던 '국적'의 신비화 · 절대화는 언제 이루어졌을까?"라는 질문을 던졌다.

"아마도 결정적 시기는 박정희 집권기, 특히 유신시대로 보인다. 민주적 정통성도 민족적 정통성도 결여된 무법 정권이 대민 세뇌 도구로 삼았던 것이 일제식의 국가주의였다. 이 국가주의의 핵심 개념은 '대통령 각하'를 모시고 병역의무를 기꺼이 이행하는 '대한민국의 선량한 국민'과, '악마 같은 이북 공비'나 '불온사상'에 감염될 확률

이 높아 믿기 어려웠던 해외동포 사이의 확실한 경계선을 긋는 '국적'이었다."[87]

그랬다. 개화기 시절엔 모든 게 '피' 중심이었다. 그래서 서재필의 국적이 미국이라는 건 용서되었는지 모르지만 그의 부인이 미국인이라는 건 다른 기준에 의해 평가되었을 것이다. 서재필의 귀국으로부터 13년이 지난 시점에서도 국제결혼 불가론이 공적으로 제기될 정도였다. 예컨대 『대한매일신보』 1909년 1월 10일자 논설 「내·외국인의 상혼(相婚) 금지가 가능하다」는 다음과 같이 주장했다.

"외국인과 결혼하여 자손을 낳으면 분명히 종족의 경계도 모호해질 것이며 국가의 경계도 모호해질 것이고 애국 관념도 어느 나라에 대해서 생기겠는가? …… 유학 나가는 사람 중에서 외국 여성을 데려오는 사람이 더러 있는데 외국 여성과 결혼하는 날은 바로 애국심을 죽이는 날이 아닌가?"[88]

서광범은 법부대신 재직 당시 행형(行刑)제도를 개혁했다. 종래 중죄자들에게 행하던 능지처참제도를 폐지하고 교수형(絞首刑)제도를 설치했고 살인을 제외하곤 사형제도를 금지했다. 또 그는 기독교 선교사에 대한 선교 제한을 철폐하기도 했다.[89]

서광범이 주미공사로 떠나게 된 건 자신이 법부대신으로서 '민비 폐서인 조칙'을 시행했던바 을미사변에 관련돼 있다는 혐의를 변명할 도리가 없자 사실상의 미국 망명을 위해 택한 방안이었다. 미국으로부터 귀국한 지 1년도 못되어 자의반 타의반 다시 미국행을 하게 된 셈이다. 그러나 아관파천 이후 친로파가 득세함에 따라 서광범은 1896년 7월 주미공사에서 해임되었으며 그로 인한 좌절과 지병인 폐병이 겹쳐 1897년 8월 13일 서른아홉의 나이로 사망했다.[90]

유길준의 지원

다시 서재필 이야기로 돌아가자. 이광린은 "정계 실력자들은 박영효·서광범 등 갑신정변을 일으킨 개화당 인사들을 좋아하지 않고 있었다. 말할 것도 없이 서재필도 개화당에 속해 있었으므로 경원(敬遠)을 당하게 되었다"며 "귀국할 때에는 좋은 벼슬자리에 앉아 능력을 발휘해볼 꿈을 갖고 있었지만 그렇게 할 수 없게 되었다. 자연히 정부에서 제의한 중추원 고문직을 수락하게 되고 그 대신 야(野)에서 사업을 해보려는 생각을 굳히게 되었다. 그리하여 먼저 손을 댄 것이 신문의 간행이었다"고 했다.[91]

반면 이정식은 서재필이 벼슬자리를 차지하고 싶어 했을 것 같지는 않으며 "'위로부터의 혁명'의 한계성을 느꼈기 때문에 '민중'(또는 백성)의 교육을 통한 개혁에 주력하기로 결정했을 것으로 보인다"고 했다.[92] 진실이 무엇이건 이때는 아관파천 직전에 해당하는 때였기 때문에 서재필로서는 김홍집 내각에 참여하지 않은 것이 큰 행운이었다.

서재필은 훗날 당시 상황에 대해 "돌아와 보니 민중전(명성황후)께서는 이미 승하하셨으나 정부의 배후에서는 일본공관이 있던 왜성대의 일본공사가 절대의 권력을 휘두르고 있었다. 나는 그때 나라의 중신들이 암살을 두려워해서 미국공사관에 피신하고 있는 것을 많이 보았다. 그리고 또 조야를 막론하고 서로 모해하고 서로 죽이는 못된 버릇인, 옛날이나 다름없는 '조선적' 광경을 목도하였다. 그리하여 나는 낙심 실망한 끝에 변복을 하고 다음 선편으로 다시 미국으로 가려고 하였다"며 다음과 같이 말했다.

"그러나 유길준은 백방으로 나를 만류하고 이런저런 벼슬을 나에게 권했다. 나는 내가 미국으로 다시 가지 않는다고 하더라도 벼슬은 절대로 하지 않겠고 민중을 교육하는 의미로 신문을 발간해서 정부가 하는 일을 백성이 알게 하고 다른 나라들이 조선에 대해서 무엇을 하고 있나를 일깨워주는 일이나 해보겠노라고 했다. 유 씨는 나의 말에 쾌락을 하고 재정적으로 나를 후원하겠다고 단단히 약속을 했다."[93]

유길준은 신문의 필요성에 대해선 누구보다도 이해가 깊었으므로 신문창간에 필요한 경비를 정부에서 보조하고 신문사 건물을 빌려주도록 주선하는 등 적극적인 역할을 했다.[94]

일본의 방해 공작

그러나 일본의 방해 공작이 만만치 않았다. 1896년 1월 31일 서재필은 자신을 방문한 윤치호에게 다음과 같이 털어놓았다.

"일본인들이 가만두지 않으려 한다. 그들은 조선은 2개의 신문이 유지될 정도로 발전되지 못했고 그들의『한성신보』가 계속 간행되므로 경쟁지를 만들려는 어떠한 시도도 분쇄하겠다고 말하였다. 그들은 일본의 호의에 반하는 일을 하는 자는 누구든 죽이겠다는 것을 시사하였다. 언젠가 내가 조선의 몇몇 기술자들을 상대로 석유를 미국으로부터 직수입하면 가격이 싸서 소비자들에게 도움이 된다고 이야기를 한 적이 있어 그들은 나를 대단히 싫어하고 있다. 여기에는 나 혼자이다. 미국 정부는 나를 도와주지 않을 것이다. 조선 정부나 국민은 일본인의 암살로부터 나를 보호할 능력도 의사도 없다. 나는 혼자이고 보호도 받지 못하고 있다. 나는 아무것도 할 수 없다."(윤치호 일기 1896년 1월 31일자)[95]

실제로 일본의 반대는 결사적이었다. 일본은 서재필을 후원하는 유길준마저 내각에서 쫓아내려고 할 정도였다. 이정식은 일본의 결사반대는 신문 그 자체보다는 서재필이 1896년 1월 26일 발족한 한성상무회의소에서 한 발언 때문이었다고 보았다. 서재필은 그 자리에서 일본인들이 중간에서 폭리를 취하고 있는 석유를 조선 상인들이 직수입하는 회사를 만들라고 권고했다. 이런 직수입은 다른 수입품으로도 확산될 것이기에 이미 대규모로 진출해 있는 일본 상인들에게 치명적인 타격을 줄 수 있는 것이었다. 그래서 일본은 서재필에게 살해 위협까지 가했던 것이다.[96]

서재필과 이승만의 만남

서재필이 귀국했을 때의 나이는 서른두 살이었다. 갑신정변으로 부모와 형과 아내는 음독자살했고 동생은 참형을 당했으며 아들은 굶어죽는 등 삼족이 멸문을 당했기 때문에 그에게는 재회를 반길 친족이 없었다. 그는 미국에서 '필립 제이슨(Philip Jaisohn)'이라는 이름을 썼는데 귀국해서도 이름을 '제손(한자로는 堤仙)'이라고 미국 이름을 그대로 썼다. 그가 공식 활동에서도 '제손'이라는 미국 이름으로 일관한 것은 신변안전을 고려하여 미국 시민임을 강조하기 위해서였다. 그가 실크해트에 모닝코트 차림을 하고 재혼한 미국인 부인과 같이 길을 걸을라치면 구경꾼이 몇 십 명씩 뒤를 따라다니곤 했다.[97]

이정식은 "당시 한국에서 서양 사람을 본다는 일 자체가 아주 드물게 있는 기이한 일이었으며 서양 여자를 본다는 것은 더욱 그랬다. 당시 한국 전역에 백인 여자가 열 명이라도 되었는지 모르겠다"며 다음과 같이 말했다.

"따라서 거리에 백인 여자가 나타나기만 해도 구경꾼이 모여들었을 터인데 서재필이 서양 여자와 결혼했고 또 그 여인을 데리고 돌아왔다고 하니 관심을 모을 수밖에 없었다. 특히 25세 나는 서재필의 부인은 키가 충천하고(172센티미터, 서재필은 175센티미터) 피부가 희고 머리가 갈색이었으니 장안이 떠들썩할 수밖에 없었다. 미국이나 영국에 가는 것이 다반사가 되어버린 오늘의 서울 거리에서도 서양 여자를 데리고 다니는 남자는 눈길을 끌고 있는데 아직도 밤이면 호랑이가 나타나곤 했던 100년 전 그때의 서재필 부부의 모습은 상상할 수조차 없다."[98]

배재학당에선 서재필 환영회가 열렸는데 환영회가 열린 날짜나 모임의 성격에 대해서는 알려진 것이 없다. 이 무렵 서재필은 『독립신문』의 발간 준비를 위하여 분주하던 때였다. 그가 귀국한 뒤에 청중들 앞에서 강연을 하기는 이때가 처음이었다. 그는 이 강연에서 미국의 정치제도를 소개했는데 크게 감명을 받은 청중 속에 이승만이 있었다. 이승만이 특히 감동을 받은 건 다음 대목이었다.

"미국에서는 인민의 권리라는 것을 대단히 존중합니다. 각 도, 각 고을에서 백성들이 각기 자기들 마음에 맞는 훌륭한 인물을 선거해서 정부에 보내면 정부에서는 이들로써 국회를 조직하고 그들이 정하는 대로 온갖 정치를 운영하게 됩니다. 법도 그렇게 해서 정합니다. 그러니 미국에서는 정부가 하는 일에 대해 백성이 불평을 갖는 일이 없습니다. 그건 왜냐하면 국회는, 즉 그들이 뽑아 보낸 사람들이 모인 곳이니까요."[99]

이후 이승만은 이 이론의 실천을 위해 청년 돌격대 지도자로 맹활약하게 된다.

05

태양력 도입 · 변복령 · 단발령

500년 조선사 최대의 개혁안

을미사변 후 개편된 김홍집 내각은 그동안 중지되었던 개혁을 재개했으니 이를 을미개혁이라 한다. 1895년 12월 30일(음력 11월 15일) 김홍집 내각은 '500년 조선사 최대의 개혁안'[100]을 공포했으니 그게 바로 태양력 도입과 단발령(斷髮令)이었다. 또 "양력으로 세운다"는 의미의 건양(建陽)이라는 새 연호(年號)를 1896년 1월 1일부터 쓰기 시작했다.

태양력 도입에 앞서 1895년 4월 『관보』엔 "일본의 지침에 따라 제1호 개국 504년 4월 1일 목요일"이라고 표기되었는데 이게 국가가 공식적으로 요일을 사용한 최초 사례다.[101]

일본이 음력에서 태양력으로 바꾼 건 1872년 12월 9일(음력 11월 9일)이었는데 일본에선 이 문제가 '실용적 · 실리적인 방향'으로 전개돼 큰 논란이 없었다. 오히려 후쿠자와 유키치 같은 이는 "일본국의 인민 가운데 이 개력을 이상하게 생각하는 사람은 필시 무학문맹의 바보임에 틀림없다"고 윽박지르기까지 했다.[102]

그러나 조선에서 이 문제는 이념적 정치적 문제로 비화되었다. 태양력 사용에 강한 반발이 일어났다. 경북 영양의 의병장 김도현은 "우리가 본래 인월(寅月)을 정월(正月)로 삼는 것은 공자가 말한 하(夏)나라의 역법(曆法)을 쓰는 것인데 양력을 사용하는 것은 천기(天紀)를 어지럽히는 것이 된다"고 주장했다.[103]

태양력 도입과 관련해 신동원은 "미시적으로는 시간과 관련된 모든 일상생활과 근무일·공휴일 등 절일의 변화를 들 수 있다. 거시적으로는 중국을 기준으로 한 표준시간을 서양을 기준으로 한 표준시간으로 바꿨다는 점을 들 수 있다. 좋게 말하면 국제질서에 맞춘 것이며 나쁘게 말한다면 제국주의 열강이 정한 코드에 맞물려 들어가게 된 것이다"라며 다음과 같이 말했다.

"기존의 달력인 태양태음력과 새 태양력 사이에 과학적 이론의 우열이 존재했던 것은 아니며 오직 힘의 관계에 따른 가용의 성격을 띠었다. 달력 자체의 논리만 놓고 따진다면 실제 달과 해의 운행을 엄밀히 맞추려고 노력했던 전통적인 태양태음력이 임의 시간을 정해놓고 기계적으로 오차를 맞추는 방식보다 더 과학적인 방식이라고도 볼 수 있다. 1896년 태양력을 공식 달력으로 채택했지만 대한제국 정부는 사실상 양력과 음력을 같이 병용했다. 정부의 공식 활동은 양력을 썼지만 탄일과 제사 등 문화생활에서는 황실에서도 음력을 썼다."[104]

태양력의 도입에 따라 달력이 보급되기 시작했다. 아니 『독립신문』의 경우는 의도적으로 태양력 사용을 위해 달력을 보급했다. 그러나 거저 줄 수는 없어서 매품(賣品)으로 보급했다. 『독립신문』 1898년 1월

13일자에는 "광무 2년(1898) 음양력서를 벽에 걸어두고 보게 만들었는데 보기가 매우 간편하고 긴요한지라 한 권 값이 십륙 전이니 누구든지 이 음양력을 사서 보실 이들은 독립신문사로 오시오"라는 광고가 실리기도 했다.[105]

1990년대까지 지속된 과세 논쟁

태양력 도입과 관련해 송우혜는 "그로부터 100년 넘는 세월이 지난 오늘날도 생일과 제사·절기는 음력으로 챙기는 것을 생각하면 '양력' 도입이 얼마나 큰 충격이었을지 짐작이 갈 바다"라고 했다.[106] 하긴 설을 양력으로 지낼 것이냐 음력으로 지낼 것이냐 하는 문제는 이후 내내 쟁점이 되었다.

이미 『독립신문』 1899년 2월 15일자에 「부끄러운 이중과세」라는 논설이 등장했다. 이 논설은 "대한 신민들이 양력으로 이왕 과세들을 하고 또 음력으로 과세들을 하니 한 세계에 두 번 과세한다는 말은 과연 남이 부끄럽도다"라고 했다.[107] 이런 논란은 1990년대까지 지속되었다.

역사학자 조동걸은 1993년 11월 26일 "양력 1월 1일이 설이다"라는 글을 발표했고 이후 양력과세선양회(陽曆過歲宣揚會)라는 조직까지 결성되었다. 조동걸은 1995년 9월 양력과세선양회 강연에서, 양력 1월 1일은 설이 아니니까 양력 연말연시의 휴일은 하루로 줄이고 2일에 새해 시무식을 행한다는 소문이 나돌자 더 참을 수 없어 청와대를 찾아갔다며 다음과 같이 말했다.

"담당자를 만나 항의하였습니다. 그리고 마지막에 양력 설을 지키는 사람들은 어떻게 하라고 하루만을 휴일로 하자는 것이냐고 강력하게 항의하였습니다. 그랬더니 당신은 국사 교수인데 전통을 중시하여 음력과세를 환영할 줄 알았다고 말하기에 전통과 개혁에 대하여 장황하게 이야기하고 돌아왔습니다."[108]

조동걸은 1895년 태양력 도입에 일본의 간섭이 있었을망정 주체적인 결정이었음을 강조했다. 그는 "혹간 양력 설은 일제 식민지시대에 강요했기 때문에 음력 설을 고집한 것은 독립운동의 의미를 갖는다고 합니다. 상당히 의미 있는 말이기는 합니다. 그러나 그것은 그때 전후 사실을 알지 못하고 일제에 대한 저항만을 생각한 나머지 부린 고집이었습니다"라며 다음과 같이 주장했다.

"일제가 양력 설을 강요했던 것은 식민지적 강제가 아니었습니다. 일본도 당시에 음력을 양력으로 고친 지가 얼마 되지 않아 음력과세가 우세하여 양력을 강요했던 것입니다. 일본은 1873년(메이지 6년)부터 양력으로 고쳤으니 우리보다 23년 전의 일이있습니다. 그러므로 지금도 음력을 사용하는 일본인이 있을 만치 당시에는 음력을 고집하는 이가 많아 이중과세(二重過歲)를 막기 위하여 양력과세를 강요했던 것입니다. 즉 신사참배나 창씨개명처럼 일본의 전통을 한국에 강요한 식민지적 강제와는 달랐습니다."

변복령에 대한 저항

1895년 12월 당시 태양력 도입보다 더 충격적인 건 단발령이었다. 단발령 파동 이전에 변복령이 있었다. 유생들의 경우 변복령에 대한 저항은 단발령에 대한 저항으로 이어졌기에 변복령에 대해 잠시 살펴보기로 하자.

　1894년 7월 30일(음력 6월 28일) 갑오개화파는 사회신분제의 폐지와 함께 복제개혁을 단행했다. 조관(朝官)은 공복과 사복을 다르게 입도록 하고 8월부터는 넓은 소매의 옷을 착용하는 걸 금지시켰다. 넓은 소매는 대원군 때도 규제 대상이었지만 양반들의 넓은 소매에 대한 집착은 집요했다. 12월 17일 내무대신에 기용된 박영효는 넓은 소매의 옷을 착용하는 걸 금지시키는 복제개혁을 전폭 지지했으며 1895년 2월엔 흑색의 서양식 복제를 채용하도록 했다.[110] 이런 분위기에 맞춰 1896년경부터는 신사복이 들어왔으며 세종로 네거리에 최초의 양복점인 윤태헌양복점이 생겨났다.[111]

　이런 변복령에 대해 가장 반발한 건 화서학파 유생들이었다. 그들은 오랑캐의 '양복(洋服)'에 분노했다. 1895년 2월 유인석은 전통복제를 지키기 위해 죽음도 불사하겠다는 뜻을 피력하면서 소장파 유생들에게 들고 일어날 걸 주창하기에 이르렀다. 복제개혁이 단행되어 사대부의 연소한 자제들이 무관학교에 들어가 양복을 입고 머리를 깎게 되자 유인석의 동지인 이소응은 1895년 5월 소매를 좁게 하고 머리를 깎는 자들은 '금수(禽獸)의 앞잡이'라고 격렬하게 비난했다.[112]

　1895년 6월 제천 장담에 모인 150여 명의 화서학파 유생들은 박영효를 매도하면서 박영효 등 중앙의 개화파들에게 대항하기로 결정했다. 그러나 7월 7일 박영효가 일본으로 망명함에 따라 변복령 반대운동은 잠시 주춤하게 되었다.[113]

　박영효 망명 직후 최익현은 1876년 이후 19년 동안의 침묵을 깨고 상소를 올려 박영효에 대한 응징을 주장하는 동시에 갑오개혁 이전의 의복제도를 다시 실시할 것을 요구했다. 변복령을 계기로 다시 정치활동을 시작한 최익현은 동학농민군이 양반 중심의 사회질서를 혼란시킨다며 보수유림으로서의 반동학적인 성향을 드러내보였다.[114] 최익현의 분노는 곧 단발령에 대한 저항으로 이어지게 된다.

강압적인 단발령 시행

단발령은 내부대신 서리 유길준의 이름으로 공포되었다. 주요 이유는 "위생에 이롭고 활동하기 편하다"는 것이었다. 단발령이 공포된 그날 고종은 태자와 함께 단발을 했다. 일본군이 대포로 궁궐을 둘러싸고 삭발하지 않는 자는 모조리 죽이겠다고 엄포를 놓는 가운데 농상공부 대신 정병하가 임금의 머리카락을 자르고 유길준은 태자의 머리카락을 잘랐다. 다음 날엔 정부의 관료·군인·순검 등 관인들에 대한 단발이 강행되었고 1896년 1월 1일부터는 일반 백성에 대한 단발이 강요되었다.

그럼에도 머리를 깎는 사람들이 없자 강압적인 방법이 동원되었다. 순검은 가위를 들고 유동인구가 많은 곳에 배치돼 신분을 막론하고 상투를 틀고 지나가는 사람들에게 가위를 들이댔다. 또 순검들은 마을마다 돌아다니며 상투를 잘랐는데 이에 대해 이이화는 다음과 같이 말했다.

"머리를 깎이지 않으려고 뻗대는 젊은이는 머리통을 잡아 무릎을 꿇리고 깎았다. 거리마다 골목마다 통곡소리가 들렸다. 이처럼 단발령으로 인해 온 나라가 가마솥에 물이 펄펄 끓는 형국이었다. 모처럼 서울에 나들이 왔다가 잘린 상투를 싸들고 통곡하며 내려가는 자, 돼지를 몰고 장터에 나왔다가 상투가 잘려 땅을 치며 통곡하는 자, 순검

서로 머리카락을 잘라주는 사람들. 갑작스럽게 내린 단발령은 사람들에게 큰 충격을 주었다.

의 칼날 앞에서 눈물을 떨구며 머리를 내미는 자, 아예 문을 걸어 잠그고 벽장에 숨어 있는 자 등 가지각색이었다."[115]

『신여성』 1925년 8월호엔 당시 단발을 강요당한 사람의 회고가 실려 있다.

"이제야 말이지, 30년 전 그때에 상투를 뚝 잘라 떨어뜨리는 그 순간에는 퍽 섬뜩합니다. 눈물이 글썽글썽한 사람도 없지 않았답니다. 제일 마음이 선뜻한 것은 상투를 풀어놓고 베는 것이 아니라 꼿꼿하게 짠 그것을 그대로 두고 가장자리로부터 싹싹 밀어 올라가 상투 그

대로가 털썩 떨어지는 그것이었습니다. 어떤 사람들은 그 떨어진 상투나마 보존한다고 집으로 싸가지고 갑디다만 나는 그렇게까지 하고 싶지는 않아서 그 자리에서 난로에 집어넣고 말았습니다."[116]

단발령은 많은 사람들을 분노케 했다. 유교 윤리가 일상생활에 깊이 뿌리내린 조선 사회에서 두발은 부모로부터 물려받은 것이므로 고이 보존하는 것이 효의 시작으로 인식되어왔기 때문이다.[117] 서울 4대문에서는 가위를 든 순검들이 문 안으로 들어오는 시골 선비들의 상투를 강제로 잘랐기 때문에 아예 문 안에 들어서는 선비나 상인들의 발길이 끊겼을 정도였다. 그래서 서울의 물가가 앙등했다.[118]

약삭빠른 상인들은 스스로 머리를 자르고 도성을 드나들며 장사를 해 몇 배의 이윤을 남겼지만 외국의 수출업자들은 그럴 수도 없어 속이 탔다. 독일공사 크리인은 외무대신 김윤식에게 통상에 방해가 된다며 단발령을 금지시켜 달라고 요청할 정도였다.[119]

최익현과 보형(保形)의병

동시에 격렬한 저항도 일어났다. 송우혜는 "단발령은 즉각 조선 사회를 바닥까지 뒤흔들어놓았다. 을미사변의 충격이 생생하던 마당에 단발령은 타는 불에 기름을 들이붓는 것 같았다. 곳곳에서 반발이 잇따랐고 고종이 거처하던 궁 앞에는 상소문을 들고 온 유생들로 하얀 바다를 이뤘다"고 했다.[120]

당황한 유길준 등은 묘안으로 최익현을 떠올렸다. 면암 최익현은 유림으로부터 두터운 신망과 존경을 받고 있으니 그가 단발을 한다면 전국 유림들이 따를 것이라는 생각이었다. 그래서 최익현을 서울로 압송해 설득하고 협박했지만 어림도 없었다. 최익현은 "내 목을 자를지언정 내 머리카락은 자를 수 없다"는 한마디로 거절했다.[121]

이때에 유길준과 옥에 갇힌 최익현 사이에 편지로 이루어진 논쟁이 전한다. 유길준은 23년 연상인 '최익현 선생'에게 정중함을 가장한 독설을 날리고 최익현은 유길준을 '역적'으로 간주하는 답장을 보낸다. 일부를 소개하면 다음과 같다.

유길준: "부모의 병환이 위독하면 손가락을 끊고 다리를 잘라 부모의 명(命)을 구제하는 것이 효자의 떳떳한 도리라면 이제 나라가 병들어 시든 것을 구하려 하는 마당에 어찌 한줌의 머리털을 그리도 아끼십니까? 선생은 대신의 몸으로써 마땅히 향중(鄕中)의 청소년들을 모아놓고 국왕으로부터 머리 깎으라는 조칙이 내렸음을 알리신 다음 선생부터 먼저 머리를 깎고 솔선수범하시는 것이 마땅한 일인데도 무리를 이끌고 성묘(聖廟)에 나아가 통곡을 하시다니 가령 공자께서 오늘에 계신다하더라도 머리를 깎으실 일이어늘 선생께서는 장차 이 일을 어찌하실 작정이십니까? 이는 선생께서 지하에 가계신다 해도 부모의 혼령이 나무라실 일이요, 또 만일에 남의 나라에 가신다 해도 오늘날 세계의 만국이 모두 머리를 깎고 있으며 저 청나라 사람들마저도 따아내렸던 긴 머리를 돌려 깎아버려 머리를 깎지 않은 선생께서 오히려 부끄럽게 되실 터이니 선생은 이를 알아 빨리 회답해주소서."

최익현: "돌아보건대 지키는 이 머리털에는 선왕으로부터 받은 바 있으니 여기에는 백세성현(百世聖賢)의 문정(門庭)을 지키고 일대풍속(一代風俗)의 융성함을 주장함에 그 의의가 중차대한 것이다. 하물며 오늘 이 단발의 명령이 결코 우리 임금의 정사(政事)가 하신 것이 아니요, 집사 같은 사람들이 (외인外人들의) 위협과 제재를 받아 부득이 한

짓들인 것이니 거기에 잘 따르는 것이 결코 경(敬)도 아니며 또 거기에 따르지 않는 것이 결코 역이 아니라 오히려 경을 다하는 소이(所以)인 것이다. …… 이 늙은이는 불행하게도 늙어서 죽지를 못하고 이런 때를 당하였으니 그 의리로 보아서는 오늘의 역적배들과 결코 한 하늘 밑에 같이 살 수 없다. 그러나 내 이미 능히 그 역적들을 죽여 없애지 못하였은즉 나는 마땅히 그 역적들의 손에 죽는 것이 이치에 당연하다. 그러기에 입 다물고 다만 죽이는 명령만을 기다렸더니 보내온 글에서 회답 독촉하는 소리가 높아 가슴 안 뜻의 만 분의 일을 대략 펴서 초초(草草)히 이렇게 회보하는 것이다."[122]

명나라가 망하고 청나라가 건국된 후 조선의 사대부들은 "중국이 망해 오랑캐의 나라가 됐으니 우리가 성현지도의 전통을 이어간다" 하여 소중화(小中華)를 주장했던바 변복(變服)과 단발은 소중화에 반하는 금수화(禽獸化)로 여겨졌다. 최익현이 펄펄 뛴 이유도 바로 여기에 있었다. 그는 의복과 머리 모양은 "선왕들이 오랑캐와 중화를 분별하고 귀천을 나타내도록 한 것인데 역적의 모의대로 변복과 단발을 실시한다면 국가의 법을 혼란시켜 당당한 소중화로 하여금 이적의 풍속을 따라 금수의 류(類)가 되게 하는 것"이라고 주장했다.[123]

유림 안병찬은 "차라리 단두귀(斷頭鬼)는 될지언정 상투 자른 사람은 되지 말자"고 외친 뒤 자결했으며 단발령에 맞서 곳곳에서 몸을 지키자는 이른바 보형(保形)의병이 일어났다.[124] 뿐만 아니라 머리카락에 목숨 거는 사람들이 수없이 자결했다. 아들이 상투를 자르자 아버지가 자살하는 사건, 남편은 단발을 하겠다는 데 아내가 단발을 반대하며 자결한 사건마저 연이어 일어났다.

함양 정여창의 후손인 정순철에게 시집간 창녕 조 씨는 남편이 할

아버지 밥상머리에서 상투를 자르겠으니 허락해달라고 말하는 걸 엿듣고 그럴 수는 없다며 식칼로 자기 목을 찔렀다. 홍산 조씨 가문에 시집간 김 씨 부인은 열여섯의 나이였음에도 남편이 상투를 자르고 들어오자 난신적자(亂臣賊子)의 아내로 살 수 없다는 유서를 남기고 자결했다. 이순신의 후예인 보은 현감 이규백의 부인 창녕 성 씨는 남편에게 단발을 거부하고 귀향할 것을 요구했다가 거절당하자 목매어 죽었다. 그녀가 남긴 유서는 그 후 명문가문에서 여인네들을 가르치는 교재가 되었다고 한다.[125]

피차 양보할 수 없는 상징 투쟁

돌이켜보건대 단발령은 이해하기 어려운 사건이었다. 정치적으로 도무지 '수지타산'이 맞지 않는, 너무도 어리석은 조치였다는 것이다. 왜 친일내각은 단발령에 집착했던 걸까? 송우혜는 "권력기반이 취약했던 당시 정권은 '개혁 강박증'에 억눌렸다. 빠르고 가시적인 성과를 원했던 그들은 서양식 짧은 머리를 개혁 내지 개화의 모습으로 간주했던 것이다"라고 해석했다.[126]

그러나 친일내각의 뒤에 버티고 있는 일본을 생각하면 '어리석음'은 전혀 다른 의미를 가질 수도 있겠다. 이성무는 일본의 단발령 추진엔 네 가지 전략이 있었다며, 정치정략으로 백성들의 반정부 투쟁을 유발하는 것, 군사전략으로서 조선 조정을 위기로 몰아 일본군의 증파의 구실을 마련하는 것, 상업전략으로 일본 상품의 판로를 확장하는 것(양복·모자·시계·구두·양말 등), 문화전략으로 조선인들의 유가적 관념과 자존심을 일거에 제거하여 굴욕감과 패배감을 조장하는

것 등을 들었다.[127]

그 동기와 음모가 무엇이었건 단발령은 피차 '상징' 투쟁이었다. 단발령에 저항했던 민중은 친일내각 이상으로 머리카락에 큰 의미를 부여했기에 충돌은 불가피했다. 송우혜의 말마따나 "과연 머리카락만을 그토록 아껴서 목숨을 걸었겠는가. 전통과 자긍심의 고수, 폭력과 위압과 침략을 거부하는 정신을 '머리카락'이라는 단어로 표상하여 그들은 삶 전부를 걸고 투쟁했던 것이다."[128]

사실 고종도 단발을 몹시 못마땅하게 생각했다. 단발을 한 직후에 의료선교사 올리버 애비슨(Oliver. R. Avison)을 만난 고종은 "보시오. 그들이 우리 모두를 중으로 만들어놓았소"라고 말했다. 애비슨도 단발령이 "일본인들이 이미 자행한 여러 가지 일 때문에 야기된 조선인들의 적개심에다 극히 불필요한 모욕감을 더 보태게 했다"고 평가했다.[129]

선교사 언더우드의 부인 L. H. 언더우드도 『상두의 나라』(1904)에서 "그들의 긍지·자존심과 위엄은 모두 비난받고 발 아래서 짓밟혔다"며 "통곡과 비탄과 울부짖음 소리가 들려왔다"고 기록했다.[130]

앞서 지적했듯이 단발령은 그렇잖아도 명성황후 시해로 들끓고 있던 민심을 크게 자극하여 전국적으로 의병이 일어나 일본과 친일정부에 대해 무력으로 항쟁하는 결과를 낳게 만들었다.[131] 그렇지만 학생들의 생각은 좀 달랐던 것 같다. 1896년 6월 학부대신 신기선이 고종에게 단발과 양복에 반대하는 상소를 올리자 한성사범학교 학생들은 이 상소에 반발하여 자퇴하겠다고 학부에 청원서를 제출했다. 육영공원의 교사와 학생 90여 명도 신기선에게 직접 편지를 보내 상소를 철회할 것을 요구했다. 다른 학교 학생들도 격렬히 저항했다.

특히 『독립신문』은 연일 신기선의 상소가 시대를 역행하는 행동이라며 비판하는 글을 게재했다. 예컨대 6월 4일자 '잡보'는 신기선에 대해 "삼가지 아니하면 세상에 다만 못생긴 사람 노릇만 할 뿐이 아니라 국가에 큰 죄를 짓는 걸로 우리는 생각하노라"고 했다. 신기선은 기독교를 비난하고 서양인을 배척했다는 이유로 각국 공사들의 집단 항의를 받았는데 『독립신문』 영문판은 신기선의 상소 내용을 소개하는 동시에 이를 논박하여 외국인들의 주의를 환기시킴으로써 이런 집단항의를 끌어내는 데에 일조했다. 결국 신기선은 1896년 10월 학부대신 직책을 사임했다.[132]

이승만과 김구

매우 드물지만 단발령 이전에 개화의 상징으로 스스로 단발을 한 사람들도 있었다. 조선인 가운데 최초로 상투를 자른 사람은 초기 개화파인 서광범이었다. 신사유람단의 일원으로 요코하마를 방문했다가 세브란스병원의 설립자인 언더우드의 권유로 양복을 입고 머리를 깎았다. 이후 김옥균·박영효·홍영식·유길준 등 개화파들도 서슴없이 머리를 깎았다.[133]

단발령이 떨어지자 흔쾌히 단발에 응한 사람들도 있었는데 스물한 살 청년 이승만(1875~1965)도 그런 사람 중의 하나였다. 그는 상투를 "조선이 결별해야 할 낡은 보수적인 과거의 상징"으로 생각하고 거의 일요일마다 찾아가서 영어를 연습하고 조선의 장래에 대해 논의하곤 했던 제중원 의사 애비슨과 단발 문제를 상의했다. 훗날 이승만은 다음과 같이 회고했다.

"닥터 애비슨이 가위로 나의 머리를 잘랐다. 그때에 몇몇 외국 사람들이 동정어린 눈으로 그것을 지켜보았는데 머리카락이 잘리고 상투가 내 앞에 떨어질 때에 나는 싸늘한 전율을 느꼈다. 그리고 나는 병원에 딸려 있는 작은 방에서 이틀 밤을 지냈다. …… 내가 나타나자 어머니는 무척 놀라고 자식이 죽기나 한 것처럼 통곡을 하였다. 나의 그 귀중한 상투는 어느 여선교사가 필라델피아 근처의 자기 친구에게 보냈는데 그 뒤에 행방불명이 되었다."[134]

손세일은 "단발령에 반대한 관료들이 벼슬을 내어던지고 낙향하는 등 전국이 단발 반대로 들끓고 있는 상황에서 승만이 단발을 결행한 것은 외국인들과 어울려 생활하는 동안에 그가 급진적인 개화파가 되고 있었음을 말해준다"며 다음과 같이 말했다.

"그리고 그것은 그가 일생을 통하여 크고 작은 많은 결단의 고비에서 보여준 과단성의 한 보기이기도 하다. 그러나 불행하게도 이때에 공포된 단발령은, 조선의 정황을 파국으로 몰고 가면서 자신들의 상업적 이익을 추구하려는 일본의 강압에 의한 것이라는 사실을 승만은 정확하게 인식하지 못했다."[135]

당시 이승만이 다니던 배재학당의 당면 3대 교육목표가 영어를 배워주고 상투를 자르게 하고 기독교를 믿게 하는 것이었기에 모든 배재학당 학생들이 단발을 했으며 이에 아펜젤러가 크게 기뻐했다는 설도 있다.[136]

이승만보다 한 살 아래인 김구(1876~1949)는 단발령 당시 평양에 있었다. 그는 훗날 『백범일지』에서 "평양에 도착하니 관찰사 이하 전부가 단발을 하고 길목을 막고 서서 지나가는 행인들을 붙들고 머리를 깎고 있었다. 단발령을 피하려고 시골로나 산골로 숨어들어가는

백성들의 원망이 길을 가득 메운 것을 목격하고 나는 머리끝까지 분기가 가득하였다"고 회고했다.[137]

단발령 특수

김구와 이승만의 상반된 모습처럼 상반된 '단발령 특수'가 있었으니 그건 바로 '결혼 특수'와 '양복·모자 특수'였다. 상투를 틀지 않으면 평생 어른이 못 된다고 생각한 사람들은 단발하기 전에 서둘러 자식을 결혼시키느라 그간 따지던 조건을 무시하고 마구잡이로 밀어붙여 동네마다 때 아닌 결혼 잔치가 벌어졌다. 일본 『호치신문(報知新聞)』 1896년 2월 2일자에 실린 「단발령 – 양복·시계·모자·조선문명 일시 약진」이라는 제목의 기사는 당시 분위기를 다음과 같이 전했다.

"단발령의 시행으로 특히 일본 이발관이 번창하게 되어서 매일 수십 명의 조선 사람이 몰려들고 각 집마다 20원 내외의 수입을 올리고 있다고 한다. 또한 양복·구두·모자 그 외 양복 부속품도 평소의 두 배 이상이나 팔렸으며……."[138]

한국인 최초의 이발소는 1901년 서울 인사동에 유양호가 차린 동흥이발소였다. 임종국은 이 시절의 이발소에 대해 "상투도 짜고 백호(상투를 앉히는 자리)도 친다는 광고를 써 붙였으니 개화당 제조란 부업이요 차라리 수구파 제조가 본업인 그런 상태였다"며 다음과 같이 말했다.

"그 무렵 개화당 제조소(이발소)의 내부에서는 갖가지 희비극이 속출되고 있었다. 중이 제 머리 못 깎는다는 격으로 주인영감부터 상투에 동곳 꽂고서 남의 상투 자르던 꼴도 볼만 했지만 그보다 더한 희비극을 손님들은 서슴지 않고 연출했던 것이다. 기껏 결심하고 왔던 손님이 칼질 한 번에 대성통곡하는가 하면 기계자국만 남긴 채 되돌아 가는 사람도 없지 않았다. 부모 몰래 단발을 하러 왔다가 부모가 이발 소까지 쫓아오는 통에 반은 깎고 반은 안 깎은 머리를 움켜쥐고서 꽁 지가 빠지게 달아나는 꼴조차 하루에 몇 번씩을 볼 수 있었다."[139]

조선은 모자의 나라

어느 나라에든 머리카락을 둘러싼 논란은 있었겠지만 한국처럼 그 논 란이 뜨거웠던 나라는 많지 않을 것 같다. 개화기의 조선을 다녀간 서 양인들이 발간한 조선 관련 저서에는 조선인들이 머리카락과 모자를 중요하게 생각하는 것에 대한 그들의 놀라움이 자주 등장한다.[140]

앞서 거론한 바와 같이 대원군마저 갓의 규모를 규제했으며 언더우 드 부인이 낸 책의 제목도 『상투의 나라』가 아니던가. 조선인의 모자 에 대한 집념은 이른바 존두(尊頭)사상 때문인데 이는 양반문화와 접 목돼 관모(官帽) 숭배로 나타났다. 이를 잘 보여준 사건이 갑신정변 때 일어났다. 갑신정변이 일어난 날 밤 김옥균은 고종을 만나러 왕궁에 들어가다가 무감(武監)에 의해 제지당했다. 왜 그랬을까? 이규태는 다 음과 같이 설명했다.

"황제를 지키는 근위(近衛)의 사명감에서가 아니라 평복무관(平服無 冠)으로는 입궐할 수 없다는 이유 때문이었다. 김옥균이 일갈하자 겁 을 집어먹은 이 무감은 착관(着冠)의 예장만이라도 갖추어달라고 애걸 하였다. 이 무장에게는 관(冠)이 쿠데타보다 더 중요했던 것이다."[141]

1902년 고종의 공식 초상화를 그렸던 프랑스의 화가 드 라네지에 르는 "한국은 가장 독특한 모자문화를 가진 나라이다. 모자에 관한 한

아리스토텔레스에게 자문을 해주어도 될 수준이다. 그들에게 모자는 이미 외관의 소품을 넘어서 자신을 나타내주는 상징물인 것이다"라고 말했다. 또 프랑스인 앙리 갈리도 1905년 발간한 저서 『극동전쟁』에서 "한국 모자의 모든 형태를 전부 나열한다는 것은 불가능한 일이다. 한국 모자의 종류는 너무나 다양하여 약 4000종에 달할 것이라고 들었다"고 말했다.[142]

1929년 뉴욕에서 나온 미국 선교사 스텔라 벤슨의 책 『천태만상』에 '사라진 모자'라는 제목의 그림이 실렸다. 저자는 "모자문화는 한국인의 품성을 매우 온유하게 만든 반면에 이러한 온순성으로 인해 이웃 국가들의 침략 대상이 되곤 했다"며 다음과 같이 말했다.

"그러나 이렇게 전통적으로 모자를 통해 온유한 문화를 지녀왔던 한국에서 최근 한복에 어울리지 않는 차양이 달린 일본식 학생모를 쓰고 활보하는 젊은이들의 모습에서 모자 속에 담겨 있는 정신적 문화유산이 급속히 상실되어감을 느낀다. 이로 인해 한국인들은 과거의 온유함과는 상반되게 격한 품성으로 치닫고 있다."[143]

처음에 모자는 신분과 권력의 상징이었지만 그 상징을 생활화한 세월이 길어지면서 숭배 대상이 되었고 존두사상은 그 탄생의 근원을 잃은 채 널리 생활습속으로 자리 잡았다. 먼 훗날에도 한국인은 개성을 표현하고 유행을 따르기 위한 '생활예술'의 차원에서만 머리카락에 집착하는 건 아니었다. 단발령 시대부터 머리카락은 전통과 개화가 충돌하는 지점이었다. 머리카락은 통제와 자율의 충돌지점이었고 억압과 저항이 동시에 표출되는 마당이자 상징이었다. 개인적인 심경과 결단의 표현 매체이기도 했다.

06

운산금광 채굴권 양여

외국어학교의 설립

1892년 미국 선기회사가 궁궐에서의 전기사업 영구 독점권을 헐값으로 얻으려고 교섭 문서를 보내자 조정에서는 아무도 읽을 줄 아는 사람이 없어 쩔쩔맸다. 이것을 해독하고 '절대 불가'라는 회신까지 영어로 작성한 사람이 유폐 중에 있던 유길준이었고 그는 이 공으로 유폐가 풀려 귀가할 수 있었다.[144]

이 일화는 사실 여부에 관계없이 당시 조선이 열강들의 '이권 사냥터'가 된 배경 중의 하나를 말해주는 데엔 부족함이 없다. 이런 언어 문제를 넘어서기 위해 1895년 5월 10일 고종의 칙령에 따라 관립 한성외국어학교가 설립되었다. 처음엔 각 외국어별로 분과를 해 가르치다가 각기 다른 외국어학교로 독립했다. 1895년에 영어학교·일어학교·청어학교가 독립했고 1896년엔 러시아어학교가 개교했다. 일본

어학교는 이미 1891년에 설립돼 있었으며 1895년에는 인천, 그리고 1907년에는 평양에 신설되면서 그 세를 확장해갔다.[145]

앨런이 따낸 운산금광 채굴권

조선에 주재하는 각국 공사들의 가장 큰 과업은 경제적 이권을 따내는 것이었다고 해도 과언이 아니었다. 열강이 눈독을 들인 것이 조선의 1차 자원들이었고 그중 가장 크게 욕심을 낸 것이 금광이었다. 금이 난다고 하면 중국에서 조공물품으로 금을 요구할 것을 꺼린 나머지 금광을 여는 것을 일절 허락하지 않았기 때문에 조선은 본래 금광업이 전혀 발달하지 않은 사회였다.[146] 그러니 열강이 더 욕심을 낼 수밖에. 행운은 미국에게 돌아갔다.

1887년 고종이 앨런에게 물었다. "한국이 어떻게 하면 미국 정부의 관심을 끌어 중국의 정치적 간섭으로부터 벗어날 수 있겠는가?" 앨런이 답하기를 "금광 채굴권을 미국인 회사에게 주십시오." 그로부터 8년 후인 1895년 가장 질 좋은 금광으로 알려진 평안북도 운산금광 채굴권이 앨런의 주선으로 미국인 사업가 모스(James R. Morse)에게 허가되었다. 앨런이 채굴권을 무상으로 하사받아 거액의 구전을 받고 모스에 넘긴 것이다. 또 모스는 이 채굴권을 1897년 미국인 자본가 헌트(Leigh J. Hunt)와 파셋(J. Sloat Fassett)에게 넘겼다.[147]

주진오는 "고종은 금광 이권을 미국인에게 주면 미국이 조선 문제에 관심을 가질 것이라는 알렌의 기만에 속아 넘어갔던 것이다. 이때 체결된 계약조건은 어처구니없을 정도로 미국인들에게 유리하게 작성되었다. 그것은 하나의 사기 계약이라고 할 수 있을 정도였다. 왕실

사금을 채취하는 모습. 앨런이 따낸 운산금광 채굴권은 미국인에게 넘어가 금광 채굴이 본격적으로 이루어지게 되었다

이 얻는 수입은 25퍼센트에 불과하였으며 금광에 필요한 모든 기계 및 물품에 대해서는 면세특권을 부여받았다. 그 과정에서 알렌이 많은 사례비를 챙겼음은 물론이다"며 다음과 같이 주장했다.

"그 후 이익이 막대한 것을 안 미국인들은 계약을 수정하여 조선왕실의 지분을 모두 싼값에 사들였다. 운산금광을 통해 미국인들은 실로 막대한 이윤을 챙겼는데 1938년에 철수할 때까지 그들은 약 900만 돈의 금을 채굴하였고 1500만 달러의 순이익을 얻었다. 흔히 어떤 이들은 미국인들이 조선에 학교·병원·교회를 세워주었다고 감사하고 고마운 은인으로 생각한다. 그러나 이러한 시설에 대한 투자는 그들 자신의 목적을 위한 것이라는 점과 함께 그들이 운산금광을 비롯한 한국의 재원을 약탈해간 것이 훨씬 더 많은 액수라는 점을 우리가 인식해야만 할 것이다. 이들은 운산금광을 경영함에 있어 그전에 이미 그것을 채굴하고 있었던 조선인들에게 한 푼의 보상도 하지 않았으며 조선인들을 극도로 낮은 임금으로 고용하여 착취하였다. 그리고 연료나 금광시설을 위해 필요한 목재를 마음대로 벌채하였으며 살인행위를 범하고도 오히려 그 책임을 뒤집어씌우기까지 하였다. 이 모든 과정에서 문명인임을 자처하고 복음을 전파한다는 선교사들 역시 조선인들을 동정하기는커녕 광산가들과 한 패거리가 되어 그들의 행동을 합리화하고 있었다."[148]

그러나 왕실만 놓고 보면 손해만 본 건 아니었다는 주장도 있다. 왕실은 사례비조로 많은 돈을 챙겼기 때문이라는 것이다.[149] 1900년 앨런은 1만 2500달러의 현금을 고종에게 바치고 운산금광의 이권을 15년간 연장시켰고 또 이것은 임의에 따라 15년을 더 연장할 수 있도록 했다.[150]

노다지라는 말이 나오게 된 이유

다른 나라들도 광산 이권을 얻었지만 운산금광처럼 돈을 벌지는 못했다. 1904년 말 한 영국인은 미국인들이 "한국에서 수지가 맞는 유일한 광산을 소유했다"고 평했다.[151] 을사늑약 이후에도 앨런 등의 동양광업개발주식회사는 계속 광산을 운영했는데 1903년부터 1917년까지 연평균 12퍼센트의 이익배당을 실현했다. 제1차 세계대전 이후 이익이 반 토막으로 떨어졌지만 1903년에서 1938년까지의 연평균 이익배당은 9퍼센트 이상이었다. 일본의 강경 태도로 1939년 일본의 금광회사에 소유권을 넘겨야 했는데 매각대금은 800만 달러였다.[152]

송우혜는 '노다지'라는 말도 운산금광에서 나왔다고 했다.

"쿵, 무거운 곡괭이가 검은 흙벽을 크게 찍어내자 돌연 반짝반짝 노랗게 빛나는 것이 보였다. '노 터치! 노 터치!' 즉각 미국인 채굴 감독의 고함이 광구 속을 쩡쩡 울렸다. 조선인 광부들은 고개를 끄덕였다. 또 금맥이 나왔구나. 땅속에서 금맥이 드러날 때마다 미국인들이 지르는 소리는 똑같았다. 노 터치(No touch, 손대지 마라)! 혹여 금을 훔칠까봐 소리치는 것인데 조선인 광부들의 귀에는 '노다지'로 들렸다. 그들은 '노다지'는 '금'을 가리키는 양인들 말이라고 믿었고 그래서 자신들도 금맥을 발견하면 즉각 소리쳐서 금이 나왔음을 알렸다. '노다지! 노다지!' 평안북도 운산(雲山)금광의 조선인 광부들에게 황금은 곧 노 터치였다. '노다지'라는 단어는 처음에는 '광물이 쏟아져나오는 광맥이 발견되었다'는 뜻의 광산 용어로 쓰이다 이내 '큰 횡재'를 뜻하는 말로 조선인의 일상생활 속에 들어갔고 이제 100여 년이 지난 지금은 어엿이 한국어사전에도 올랐다."[153]

고종의 미국 짝사랑이 잉태한 결과

F. H. 해링튼은 "그(알렌)는 3000명의 노동자들에게 1년간 지불하는 비용이 10만 달러밖에 안 된다고 저임금을 자랑하였다. 한국인 노동자들을 떠들어대지 않고 조용하게 묶어두려고 광산지역에서는 술을 마시는 것을 금하였다"며 "노동자의 수당을 올리려고 노력하는 대신에 알렌은 미국인 투자가에게 더 많은 이익을 얻도록 하는 데 시간을 소비하였다"고 말했다.[154]

그러나 민경배는 해링튼이 앨런을 '냉소적 논조'로 '악평'을 하고 있다고 지적하면서 "선교사 웰스는 이 운산을 여행하고 나서 노무자들의 수익이 20센트에서 일당 2달러에 이르는 이들이 많음을 입증한 일이 있으며 그 회사의 운영이 노사(勞使) 피차에 (상호 이익)을 증진하고 있다는 말을 보고할 수 있었던 것"이라고 반박했다.155)

김정기는 앨런은 운산금광 이외에도 여러 이권에 개입해 미국의 이익을 대변했다고 했다. 김정기는 "그의 노력으로 경인철도의 부설권을 양도받았고(뒤에 일본에게 팖) 서울시내 전차가설권・수도가설권까지 챙겨갔다"며 다음과 같이 말했다.

"당시 서양 열강들의 이권침탈에 뒤지지 않는 양과 질이었다. 일본과 서양 열강들이 조선의 이권을 침탈하는 데 국가적인 지원이 따랐음을 감안할 때 알렌의 성과는 타의 추종을 불허하는 고독한 성공담이었다. 또한 고종의 미국 짝사랑이 잉태한 대표적 결과였다. 그는 복음 전파의 선교사와 제국주의 외교관의 절묘한 화합물이었다."156)

미국에 이어 다른 열강들도 광산 채굴권을 하나씩 챙겨갔다. 1896년 러시아는 경원・경설광산 채굴권, 1897년 독일은 강원도 당현금광 채굴권(광지확정은 1896년), 1898년 영국은 평남 은산금광 채굴권(광지 확정은 1900년), 1900년 일본은 직산금광 채굴권, 1901년 프랑스는 평북 창성금광 채굴권(광지 확정은 1907년), 1905년 이탈리아는 평북 후창금광 채굴권(광지 확정은 1907년) 등을 챙김으로써 한반도를 '노다지의 땅'으로 만들었다.157)

07

전신과 우편의 발달

1891년 북로전선 개설

한반도가 열강들의 이권 사냥터가 돼가고 있는 가운데 전신의 발달은 계속 이루어졌다. 남로전선이 가설된 지 3년 후인 1891년 6월엔 한성에서 원산에 이르는 북로전선이 개설되었다. 북로전선은 청과 일본의 요구로 만든 서로·남로전선과 달리 조선 정부가 외세를 배제하려는 의도에서 자체 자본과 기술로 시공한 것이다.[158]

진용옥은 1885년부터 1891년까지 6년에 거쳐 건설된 서로·남로·북로 등 3로전신선에 대해서는 여러 가지 평가와 시각이 있다며 다음과 같이 주장했다.

"첫 번째 시각은 식민지적 자기비하적 발상이다. 전신뿐 아니라 일제강점기 이전에 들어온 신문물은 우리 스스로 노력하여 도입된 것이 아니라 일제에 의해 시작되었거나 적어도 일본을 통해서만 유입되었다고 믿는 것이다. …… 두 번째의 시각은 신문물의 전래를 전적으로 외세침략이나 이권쟁탈의 한 결과로만 보려는 지나친 사대적 시각이다."[159]

진용옥은 "물론 청·일·러 3국이 한반도에서 각축했을 때 3로전신이 가설되었음으로 이들 국가의 국익과 연결되었다는 사실을 완전히 배제할 수는 없다"면서도 "전신 가설은 우리들의 내재적 노력이 주도적으로 작용하였다는 사실이 점차 명백하게 밝혀지고 있다"고 주장했다.[160]

반면 김인숙은 "조선 최초의 근대 우편제도가 설립되고 병기제조장인 기기창이 세워지고 전선이 조선의 구석구석으로 뻗어가며 뒤처진 근대의 길을 빠르게 쫓아간다. 하지만 국제우편을 가능하게 함으로써 세계화를 앞당길 수도 있었던 해저전선과 서로·북로전선은 일본과 청나라의 보다 본격적인 침탈의 도구가 되었다. 문명은 근대화를 앞당겼지만 무너져가는 나라 조선을 더 빠르게 근대적 식민지로 몰아가기도 했다. 난세란 그런 것이었다"고 했다.[161]

민중의 전신 시설 파괴

1893년 9월 전신과 우신을 합치면서 전보총국을 전우총국(電郵總局)으로 개편해 우편사업 재개를 위한 준비가 이루어졌지만 바로 다음해 청일전쟁이 발발하면서 수포로 돌아가고 말았다.[162]

앞서 지적한 바와 같이 전신 매체의 도입은 그렇잖아도 탐관오리들의 학정에 시달리던 백성들의 부담을 가중시키며 이루어졌다. 그래서 갑오농민전쟁의 과정에서 제기된 '폐정개혁안'에는 "전보(국)는 백성

들에게 많은 폐를 끼치고 있으니 이를 폐지해주기 바란다"는 내용까지 들어가게 되었다.[163]

게다가 일본은 청일전쟁을 치르면서 조선의 통신망을 장악하려는 시도를 하여 민심을 더욱 악화시켰다. 일본군은 1894년 서울에 침입하면서 조선 정부의 반대에 아랑곳하지 않고 7월 12일 경인 간 군용전신선, 8월 16일 경부 간 전신선을 개통시켰으며 조선의 기존 전신 시설도 점령하여 전쟁에 이용했다.[164]

이런 일도 있었다. 1894년 평안도 관찰사가 기독교 신자 한석진과 최창식을 체포해 사형시키려고 했다. 이 사실이 당시에 막 개통된 전보를 이용해 서울의 언더우드에게 전달되었다. 언더우드는 고종에게 탄원해 그들의 사형을 면하게 할 수 있었다.[165]

하지만 일반적으론 전신에 대한 백성들의 기존의 부정적인 인식은 더욱 깊어져 전신 시설을 파괴하는 일이 자주 발생했다. 1894년 9월엔 황해도 관찰사가 전신을 단절한 사람의 목을 베어 백성들에게 경종을 울리는 일까지 벌어지기도 했지만 전신에 대한 부정적인 인식과 그에 따른 파괴 행위는 후일 의병활동에까지 이어졌다.[166]

1895년 우편업무 재개

갑신정변으로 인해 좌절된 우편업무가 재개된 건 그로부터 10여 년이 지난 1895년부터였다. 6월 1일부터 우체사(郵遞司)를 두어 한성·인천 간 우편업무가 재개되었으며 8월엔 개성과 수원에 우체사가 개설되었고 1896년 6월까지는 전국을 연결하는 기간 선로가 대략 완비되었다.[167]

경성우정국. 갑신정변으로 좌절된 우편업무가 1895년부터 각 지역에 우체사를 두면서 재개되었다.

이사벨라 비숍(Isabella Bishop, 1831~1904)은 『한국과 그 이웃나라들』이라는 견문록에서 1895년 명성황후 시해 사건을 언급하면서 당시의 전신 상황에 대해 다음과 같이 말했다.

"우편사무가 개시되어 그 업무가 만족할 만하게 돌아가게 될 즈음 나는 북부 지방 여행을 위하여 11월 7일 서울을 떠났다. 평양에 도착할 무렵에는 이 중대한 쿠데타가 외국 대사들의 면전에서 성공적으로 수행되었다는 소식을 알리는 전보 한 장쯤은 받아볼 수 있겠구나라고 생각할 정도로 전보업무는 원활하게 이루어지고 있었다."[168]

그럼에도 전신·우편에 대한 저항은 한동안 계속되었다. 『독립신문』 1897년 7월 3일자에 "벙거지꾼(우편배달부)이 양반집 사랑방곬 규방에까지 들어가 우편물을 전달하려다 봉변을 당했다"는 사건기사가 실려 있는 것으로 미루어 신식 통신제도의 도입과정이 생각보다는 수

월치 않았다는 걸 알 수 있다.[169]

새로운 기술과 문물의 도입에 대한 저항이 강했던 건 조선인들의 보수성이나 배타성 때문은 아니었다. 당시 우편은 일제의 것이라는 의식이 강했다. 조정래는 『아리랑』에서 "일본이 우체국을 장악한 것은 곧 반도땅 전체가 그들의 손아귀에 잡혀버린 것을 뜻했다. 우체국을 통해 전국의 정보가 샅샅이 한성으로 집결되었던 것이다. 우체국이 파발마보다 편리한 신식제도인 줄만 알았지 그런 음흉한 조직인 줄은 까맣게 모른 채 황제와 정부는 또 경부철도 부설권까지 일본의 손에 넘겨주었던 것이다"라고 개탄했다.[170]

먼 훗날의 역사가 말해주듯이 한국인은 새것이라면 사족을 못 쓸 정도로 세계에서 가장 개방적이고 진취적인 면을 드러내게 된다. 개화기 시절의 저항은 새로운 기술과 문물의 도입이 늘 외세의 침탈과 더불어 이루어졌기 때문에 일어난 것이었다. 조선 스스로 그런 도입의 주체가 될 수 있게끔 조금만 더 일찍 눈을 뜨고 실천에 옮겼더라면 하는 아쉬움을 갖게 되는 이유가 바로 여기에 있다.

| 주석 |

제1장
1) 김수진, 「新한국교회사: (13) 의료선교사들의 활동」, 『국민일보』, 2001년 4월 18일, 18면.
2) 민경배, 『알렌의 선교와 근대한미외교』, 연세대학교 출판부, 1991, 121쪽.
3) 김정기, 「1882년 조미수호통상조약과 이권침탈」, 『역사비평』, 계간17호(1992년 여름, 30쪽
4) F. H. 해링튼, 이광린 역, 『개화기의 한미관계: 알렌박사의 활동을 중심으로』, 일조각, 1973, 32쪽.
5) 최준, 『한국신문사』, 일조각, 1987, 23쪽.
6) 안종묵, 「황성신문의 애국계몽운동에 관한 연구」, 한국외국어대학교 박사학위 논문, 1997년 8월, 69쪽; 차배근, 「한국 근대신문의 생성과정과 『독립신문』: 이식설에 관한 몇 가지 의문점을 중심으로」, 『언론과 사회』, 1996년 겨울, 7쪽.
7) 구선희, 「福澤諭吉의 대조선문화전략」, 조항래 편저, 『일제의 대한침략정책사연구: 일제침략 요인을 중심으로』, 현음사, 1996, 148쪽.
8) 최인진, 『한국신문사진사』, 열화당, 1992, 39쪽.
9) 이노우에 가쿠고로, 「한성지잔몽」, 한상일 역.해설, 『서울에 남겨둔 꿈: 19세기말 일본인이 본 조선』, 건국대학교 출판부, 1995, 41~42쪽.
10) 윤병철, 「조선조 말 개화세력의 형성과 커뮤니케이션 혁신」, 『한국언론학보』, 제46-1호 (2001년 겨울), 293쪽; 이중한 외, 『우리 출판 100년』, 현암사, 2001, 33쪽.
11) 김은신, 「김은신의 '이것이 한국최초' (10): 첫 출판사 '광인사'」, 『경향신문』, 1996년 5월 9일, 33면.
12) 김용구, 『세계관 충돌과 한말 외교사, 1866~1882』, 문학과지성사, 2001, 327~334쪽.
13) 최인진, 『한국사진사 1631~1945』, 눈빛, 1999, 15쪽.
14) 최인진, 『한국사진사 1631~1945』, 눈빛, 1999, 86, 92, 110, 138, 214쪽.
15) 주형일, 「사진매체의 수용을 통해 본 19세기 말 한국사회의 시각문화에 대한 연구」, 『한국언

론학보』, 제47권 6호(2003년 12월), 362쪽.
16) 최인진, 『한국사진사 1631~1945』, 눈빛, 1999, 104쪽.
17) 이훈성, 「명지대 '근대 서양인들의 사진·삽화 연구' 발표」, 『한국일보』, 2007년 5월 30일.
18) 김호일, 『다시 쓴 한국 개항 전후사』, 중앙대학교 출판부, 2004, 170쪽.
19) 한철호, 「시무개화파의 개혁구상과 정치활동」, 한국근현대사연구회, 『한국근대 개화사상과 개화운동』, 신서원, 1998, 61~62쪽.
20) 한철호, 「시무개화파의 개혁구상과 정치활동」, 한국근현대사연구회, 『한국근대 개화사상과 개화운동』, 신서원, 1998, 64~67쪽.
21) 하원호, 「개화사상과 개화운동의 역사적 변화」, 한국근현대사연구회, 『한국근대 개화사상과 개화운동』, 신서원, 1998, 13쪽.
22) 이완재, 『초기개화사상연구』, 민족문화사, 1989, 170~171쪽.
23) 신주백, 「'병합' 전 일본군의 조선주둔」, 『역사비평』, 통권54호(2001년 봄), 407쪽.
24) 강성학, 『시베리아 횡단열차와 사무라이: 러일전쟁의 외교와 군사전략』, 고려대학교 출판부, 1999, 121쪽.
25) 한홍구, 『대한민국사 04』, 한겨레신문사, 2006, 45쪽.
26) 한홍구, 『대한민국사 04』, 한겨레신문사, 2006, 45쪽; 김태웅, 『뿌리깊은 한국사 샘이깊은 이야기 6: 근대』, 솔, 2003, 110쪽; 김윤희·이욱·홍준화, 『조선의 최후』, 다른세상, 2004, 270~271쪽.
27) 김태웅, 『뿌리깊은 한국사 샘이깊은 이야기 6: 근대』, 솔, 2003, 105쪽.
28) 박은봉, 『개정판 한국사 100장면』, 실천문학사, 1997, 303~304쪽; 김은신, 『한 권으로 보는 한국 최초 101장면』, 가람기획, 1998, 302~303쪽.
29) 김태웅, 『뿌리깊은 한국사 샘이깊은 이야기 6: 근대』, 솔, 2003, 110쪽; 김윤희·이욱·홍준화, 『조선의 최후』, 다른세상, 2004, 270~271쪽.
30) 이영학, 「담배의 사회사: 조선후기에서 일제시기까지」, 『역사비평』, 계간12호(1991년 봄), 127쪽.
31) 노회찬, 『노회찬과 함께 읽는 조선왕조실록』, 일빛, 2004, 189~192쪽.
32) 오종록, 「담뱃대의 길이는 신분에 비례한다」, 한국역사연구회, 『조선시대 사람들은 어떻게 살았을까 1: 사회·경제생활 이야기』, 청년사, 1996, 262~264쪽; 이영학, 「담배의 사회사」, 역사문제연구소 엮음, 『사회사로 보는 우리 역사의 7가지 풍경』, 역사비평사, 1999, 345쪽.
33) 황계식, 「단약 먹으면 신선? 피를 마시면 회춘?: 황당무계 장수법」, 『세계일보』, 2005년 2월 18일, W5면.
34) 신형준, 「"조선, 중·일에 비해 독한 담배 '꽁초'까지 즐겼다"」, 『조선일보』, 2007년 4월 17일, A23면.
35) 고동환, 「시전상인의 시기적 변화」, 국사편찬위원회 편, 『거상, 전국 상권을 장악하다』, 두산동아, 2005, 118쪽.
36) 권보드래, 『한국 근대소설의 기원』, 소명출판, 2000, 291쪽.

37) 이영학, 「담배의 사회사: 조선후기에서 일제시기까지」, 『역사비평』, 계간12호(1991년 봄), 127쪽.
38) 이경훈, 『오빠의 탄생: 한국 근대문학의 풍속사』, 문학과지성사, 2003, 78쪽.
39) 이이화, 『한국사 이야기 19: 오백년 왕국의 종말』, 한길사, 2003, 305쪽.
40) 조정래, 『아리랑 1: 조정래 대하소설』, 해냄, 2001, 269쪽.
41) 지그프리트 겐테, 권영경 옮김, 『독일인 겐테가 본 신선한 나라 조선, 1901』, 책과함께, 2007, 210쪽.
42) 지그프리트 겐테, 권영경 옮김, 『독일인 겐테가 본 신선한 나라 조선, 1901』, 책과함께, 2007, 121~122쪽.
43) 김영자 편저, 『조선왕국 이야기: 100년전 유럽인이 유럽에 전한』, 서문당, 1997, 79~80쪽.

제2장
1) 이광린, 『한국개화사상연구』, 일조각, 1995, 240쪽.
2) 김수진, 「新한국교회사: (15 · 끝) 아펜젤러의 '살신성인'」, 『국민일보』, 2001년 5월 2일, 18면.
3) 김수진, 「新한국교회사: (15 · 끝) 아펜젤러의 '살신성인'」, 『국민일보』, 2001년 5월 2일, 18면.
4) 이지현, 「아! 아펜젤러, 기념교회 세웠다… 군산 내초도에, 순교 105년만에 건립」, 『국민일보』, 2007년 6월 9일.
5) 함태경, 「구한말~일제시대 반봉건 반외세 앞장: 한국학생선교운동의 여명기」, 『국민일보』, 2004년 4월 26일, 36면.
6) 조현범, 『문명과 야만: 타자의 시선으로 본 19세기 조선』, 책세상, 2002, 110쪽; 김수진, 「김수진 목사의 신 한국교회사 (12) 부활절의 새 나팔소리: 1885년 부활절에 한국선교 첫걸음」, 『국민일보』, 2001년 4월 12일, 18면.
7) 서정민, 『언더우드가 이야기: 한국과 가장 깊은 인연을 맺은 서양인 가문』, 살림, 2005, 46, 114쪽.
8) 서정민, 『언더우드가 이야기: 한국과 가장 깊은 인연을 맺은 서양인 가문』, 살림, 2005, 69쪽.
9) 김수진, 「김수진 목사의 신 한국교회사 (12) 부활절의 새 나팔소리: 1885년 부활절에 한국선교 첫걸음」, 『국민일보』, 2001년 4월 12일, 18면.
10) F. H. 해링튼, 이광린 역, 『개화기의 한미관계: 알렌박사의 활동을 중심으로』, 일조각, 1973, 72쪽.
11) 김성호, 「아펜젤러 선교 숨결 간직한 국내 첫 서양식 '하나님의 집': 정동제일교회 '벧엘 예배당'」, 『서울신문』, 2006년 5월 15일, 18면.
12) F. H. 해링튼, 이광린 역, 『개화기의 한미관계: 알렌박사의 활동을 중심으로』, 일조각, 1973, 72쪽; 이덕주, 『한국교회 처음 이야기』, 홍성사, 2006, 54쪽; 서정민, 『언더우드가 이야기: 한국과 가장 깊은 인연을 맺은 서양인 가문』, 살림, 2005, 115쪽.
13) 이덕주, 『한국교회 처음 이야기』, 홍성사, 2006, 66쪽.

14) 신영숙, 「신식 결혼식과 변화하는 결혼 양상」, 국사편찬위원회 편, 『혼인과 연애의 풍속도』, 두산동아, 2005, 199쪽.
15) 이만열, 『한국기독교와 민족의식: 한국기독교사연구논고』, 지식산업사, 1991, 383쪽.
16) 이중한 외, 『우리 출판 100년』, 현암사, 2001, 45~46쪽; 이덕주, 『한국교회 처음 이야기』, 홍성사, 2006, 54쪽.
17) 한국기독교역사연구소, 『한국 기독교의 역사 I』, 기독교문사, 1989, 201~202쪽.
18) 이강숙·김춘미·민경찬, 『우리 양악 100년』, 현암사, 2001, 16~21쪽.
19) 이소영, 「서양음악의 충격과 음악문화의 왜곡」, 『역사비평』, 통권45호(1998년 겨울), 126쪽.
20) 김인숙, 「무너져가는 나라가 기댈 것은 미래뿐… 고종, 학교설립 흔쾌히 허락: 광혜원·배재학당 등 설립… 민간의 근대화 움직임」, 『조선일보』, 2004년 4월 9일, A26면; 황상익, 「한말 서양의학의 도입과 민중의 반응」, 『역사비평』, 통권44호(1998년 가을), 281~282쪽.
21) 김수진, 「新한국교회사: (13) 의료선교사들의 활동」, 『국민일보』, 2001년 4월 18일, 18면; 김인숙, 「무너져가는 나라가 기댈 것은 미래뿐… 고종, 학교설립 흔쾌히 허락: 광혜원·배재학당 등 설립… 민간의 근대화 움직임」, 『조선일보』, 2004년 4월 9일, A26면.
22) 김수진, 「新한국교회사: (13) 의료선교사들의 활동」, 『국민일보』, 2001년 4월 18일, 18면.
23) 신동원, 「미국과 일본 보건의료의 조선 진출: 제중원과 우두법」, 『역사비평』, 통권56호(2001년 가을), 338쪽.
24) 김수진, 「新한국교회사: (13) 의료선교사들의 활동」, 『국민일보』, 2001년 4월 18일, 18면; 김인숙, 「무너져가는 나라가 기댈 것은 미래뿐… 고종, 학교설립 흔쾌히 허락: 광혜원·배재학당 등 설립… 민간의 근대화 움직임」, 『조선일보』, 2004년 4월 9일, A26면.
25) 김인숙, 「무너져가는 나라가 기댈 것은 미래뿐… 고종, 학교설립 흔쾌히 허락: 광혜원·배재학당 등 설립… 민간의 근대화 움직임」, 『조선일보』, 2004년 4월 9일, A26면; 신동원, 「미국과 일본 보건의료의 조선 진출: 제중원과 우두법」, 『역사비평』, 통권56호(2001년 가을), 341쪽.
26) F. H. 해링튼, 이광린 역, 『개화기의 한미관계: 알렌박사의 활동을 중심으로』, 일조각, 1973, 61쪽.
27) F. H. 해링튼, 이광린 역, 『개화기의 한미관계: 알렌박사의 활동을 중심으로』, 일조각, 1973, 61~62쪽.
28) 한국기독교역사연구소, 『한국 기독교의 역사 I』, 기독교문사, 1989, 227~228쪽.
29) F. H. 해링튼, 이광린 역, 『개화기의 한미관계: 알렌박사의 활동을 중심으로』, 일조각, 1973, 77~78쪽.
30) F. H. 해링튼, 이광린 역, 『개화기의 한미관계: 알렌박사의 활동을 중심으로』, 일조각, 1973, 79~80쪽.
31) 조현범, 『문명과 야만: 타자의 시선으로 본 19세기 조선』, 책세상, 2002, 179쪽.
32) 김인수, 「한국교회의 청교도주의: 한국교회사적 입장」, 한국교회사학연구원 편, 『한국기독교사상』, 연세대학교 출판부, 1998, 371~372쪽.
33) 김기홍, 「한국 교회와 근본주의: 세계교회사적 입장」, 한국교회사학연구원 편, 『한국기독교

사상』, 연세대학교 출판부, 1998, 15쪽.
34) 김수진, 「[新한국교회사] (14) 제중원 확장과 의료선교 활동」, 『국민일보』, 2001년 4월 25일, 18면.
35) 강돈구, 「한국 기독교는 민족주의적이었나: 한국 초기 기독교와 민족주의」, 『역사비평』, 계간27호(1994년 겨울), 321쪽.
36) 전재성 외, 「19C서 배우는 21C 국난 해법③ 외세 활용 어떻게 할 것인가: 미 · 일 · 중 모두 품는 '복합 외교' 펴라」, 『주간조선』, 2003년 6월 26일, 72~75면; 김혜승, 『한국 민족주의: 발생양식과 전개과정』, 비봉출판사, 1997, 167쪽.
37) 백성현 · 이한우, 『파란 눈에 비친 하얀 조선』, 새날, 1999, 146쪽.
38) 이규태, 『한국인의 의식구조 2: 한국인의 동질성이란?』, 신원문화사, 1983, 214쪽.
39) 노주석, 「러 외교문서로 밝혀진 구한말 비사 (8) 군사교육 지원의 전모」, 『대한매일』, 2002년 6월 3일, 25면; 야마베 겐타로, 안병무 역, 『한일합병사』, 범우사, 1991, 106쪽; 최준, 『한국신문사』, 일조각, 1987, 30~31쪽; 정용화, 『문명의 정치사상: 유길준과 근대 한국』, 문학과지성사, 2004, 83~84쪽.
40) 송정환, 『러시아의 조선침략사』, 범우사, 1990, 59쪽.
41) 최문형, 『한국을 둘러싼 제국주의 열강의 각축』, 지식산업사, 2001, 55~56쪽.
42) 정일성, 『후쿠자와 유키치: 탈아론을 어떻게 펼쳤는가』, 지식산업사, 2001, 143쪽.
43) 정일성, 『후쿠자와 유키치: 탈아론을 어떻게 펼쳤는가』, 지식산업사, 2001, 143~144쪽.
44) 강성학, 『시베리아 횡단열차와 사무라이: 러일전쟁의 외교와 군사전략』, 고려대학교 출판부, 1999, 124쪽.
45) 정용화, 『문명의 정치사상: 유길준과 근대 한국』, 문학과지성사, 2004, 205쪽.
46) 김인숙, 「26세 위안스카이 '골수까지 병든 조선'의 최고 권력자로: 청의 조선 장악-위안스카이의 등장」, 『조선일보』, 2004년 3월 26일, A29면.
47) 최문형, 『명성황후 시해의 진실을 밝힌다』, 지식산업사, 2006, 124~125쪽.
48) 박은숙, 『갑신정변연구: 조선의 근대적 개혁구상과 민중의 인식』, 역사비평사, 2005, 518쪽.
49) 정용화, 『문명의 정치사상: 유길준과 근대 한국』, 문학과지성사, 2004, 205쪽.
50) 이정식, 『구한말의 개혁 · 독립투사 서재필』, 서울대학교 출판부, 2003, 149~151쪽; 신복룡, 『이방인이 본 조선 다시읽기』, 풀빛, 2002, 78쪽.
51) 김인숙, 「26세 위안스카이 '골수까지 병든 조선'의 최고 권력자로: 청의 조선 장악-위안스카이의 등장」, 『조선일보』, 2004년 3월 26일, A29면.
52) 이덕주, 『조선은 왜 일본의 식민지가 되었는가』, 에디터, 2004, 133쪽.
53) 김인숙, 「26세 위안스카이 '골수까지 병든 조선'의 최고 권력자로: 청의 조선 장악-위안스카이의 등장」, 『조선일보』, 2004년 3월 26일, A29면.
54) 최문형, 『명성황후 시해의 진실을 밝힌다』, 지식산업사, 2006, 142쪽.
55) 김덕록, 『화장과 화장품: 향장의 이론과 실제』, 답게, 1997, 47~49쪽; 「화장」, 『조선일보』, 1968년 7월 7일, 4면.

56) 이경재, 『한양이야기』, 가람기획, 2003, 343~344쪽; 최문형, 『명성황후 시해의 진실을 밝힌다』, 지식산업사, 2006, 143쪽.
57) 김은신, 『한국최초 101장면』, 가람기획, 2003, 245~246쪽.
58) 최문형, 『명성황후 시해의 진실을 밝힌다』, 지식산업사, 2006, 143쪽.
59) 석화정, 「G. 렌슨: 『책략의 균형: 한반도와 만주에서의 국제쟁패, 1884~1899』」, 연세대학교 현대한국학연구소 편, 『해외한국학평론』, 창간호(2000년 봄), 194쪽.
60) 이광린, 『한국사강좌 5:근대편』, 일조각, 1997, 196쪽.
61) 최문형, 『한국을 둘러싼 제국주의 열강의 각축』, 지식산업사, 2001, 72쪽.
62) 백성현·이한우, 『파란 눈에 비친 하얀 조선』, 새날, 1999, 134쪽.
63) 이방원, 「급변하는 먹거리 문화」, 이배용 외, 『우리나라 여성들은 어떻게 살았을까 2: 개화기부터 해방기까지』, 청년사, 1999, 109~110쪽.
64) 이규태, 『한국학 에세이 1: 전통과 생활의 접목』, 신원문화사, 1995, 243~244쪽.
65) 강만길, 『분단시대의 역사인식: 강만길 사론집』, 창작과비평사, 1978, 102쪽.
66) 김태익, 「귀국과 시련(유길준과 개화의 꿈 5)」, 『조선일보』, 1994년 11월 15일, 6면.
67) 김태익, 「귀국과 시련(유길준과 개화의 꿈 5)」, 『조선일보』, 1994년 11월 15일, 6면.
68) 김학준, 『한말의 서양정치학 수용 연구: 유길준·안국선·이승만을 중심으로』, 서울대학교 출판부, 2000, 24~25쪽.
69) 유영익, 『갑오경장연구』, 일조각, 1997, 101~102쪽.
70) 강만길, 『분단시대의 역사인식: 강만길 사론집』, 창작과비평사, 1978, 104쪽.
71) 한기흥, 「고종의 '자강' … 노무현의 '자주' … 문제는 '현실': 한반도 1904 vs 2004 (3) 강대국 틈바구니 홀로서기」, 『동아일보』, 2004년 1월 8일, A8면.
72) 정용화, 『문명의 정치사상: 유길준과 근대 한국』, 문학과지성사, 2004, 83~84쪽.
73) 변태섭, 『한국사통론』, 삼영사, 1998, 392쪽; 한기흥, 「'조선 중립국화' 이루어졌다면…」, 『동아일보』, 2004년 1월 8일, A8면; 강만길, 『분단시대의 역사인식: 강만길 사론집』, 창작과비평사, 1978, 104쪽; 김호일, 『다시 쓴 한국 개항 전후사』, 중앙대학교 출판부, 2004, 184~185쪽.
74) 강만길, 『분단시대의 역사인식: 강만길 사론집』, 창작과비평사, 1978, 107쪽.
75) 강만길, 『분단시대의 역사인식: 강만길 사론집』, 창작과비평사, 1978, 115~116쪽.
76) 김학준, 『한말의 서양정치학 수용 연구: 유길준·안국선·이승만을 중심으로』, 서울대학교 출판부, 2000, 26쪽.
77) 김학준, 『한말의 서양정치학 수용 연구: 유길준·안국선·이승만을 중심으로』, 서울대학교 출판부, 2000, 35쪽.

제3장

1) 채백, 「통신매체의 도입과 한국 근대의 사회변화」, 박정규 외, 『한국근대사회의 변화와 언론』,

한국정신문화연구원, 1995, 155쪽.
2) 김정기, 「청의 원세개 파견과 조선군사정책」, 『역사비평』, 통권54호(2001년 봄), 397쪽.
3) 김정기, 「청의 원세개 파견과 조선군사정책」, 『역사비평』, 통권54호(2001년 봄), 400~402쪽.
4) 김정기, 「청의 원세개 파견과 조선군사정책」, 『역사비평』, 통권54호(2001년 봄), 400~402쪽; 채백, 「통신매체의 도입과 한국 근대의 사회변화」, 박정규 외, 『한국근대사회의 변화와 언론』, 한국정신문화연구원, 1995, 178쪽; 김정기, 「청의 조선정책(1876~1894)」, 한국역사연구회, 『1894년 농민전쟁연구 3: 농민전쟁의 정치사상적 배경』, 역사비평사, 1991, 60쪽.
5) 채백, 「통신매체의 도입과 한국 근대의 사회변화」, 박정규 외, 『한국근대사회의 변화와 언론』, 한국정신문화연구원, 1995, 155~156쪽; 박진희, 「서양과학기술과의 만남」, 국사편찬위원회 편, 『근현대과학기술과 삶의 변화』, 두산동아, 2005, 22쪽; 진용옥, 『봉화에서 텔레파시통신까지: 정보와 통신의 원형을 찾아서』, 지성사, 1996, 271, 288, 295쪽.
6) 연갑수, 「개항기 권력집단의 정세인식과 정책」, 한국역사연구회, 『1894년 농민전쟁연구 3: 농민전쟁의 정치사상적 배경』, 역사비평사, 1991, 138쪽.
7) 한철호, 「시무개화파의 개혁구상과 정치활동」, 한국근현대사연구회, 『한국근대 개화사상과 개화운동』, 신서원, 1998, 68쪽.
8) 최준, 『한국신문사』, 일조각, 1987, 24~25쪽.
9) 한철호, 「시무개화파의 개혁구상과 정치활동」, 한국근현대사연구회, 『한국근대 개화사상과 개화운동』, 신서원, 1998, 72쪽.
10) 한철호, 「시무개혁파의 개혁구상과 정치활동」, 한국근현대사회연구회, 『한국근대 개화사상과 개화운동』, 신서원, 1998, 102쪽.
11) 차배근 외, 『우리 신문 100년』, 현암사, 2001, 26~27쪽.
12) 김문용, 「동도서기론의 논리와 전개」, 한국근현대사회연구회, 『한국근대 개화사상과 개화운동』, 신서원, 1998, 230~231쪽.
13) 박노자, 『나를 배반한 역사』, 인물과사상사, 2003, 235쪽.
14) 마정미, 『광고로 읽는 한국 사회문화사』, 개마고원, 2004, 20~21쪽.
15) 조이현, 「한옥에서 아파트로」, 한국역사연구회, 『우리는 지난 100년 동안 어떻게 살았을까 1』, 역사비평사, 1998, 189쪽.
16) 정진석, 『한국언론사』, 나남, 1990, 281쪽.
17) 신인섭·서범석, 『한국광고사』, 나남, 1998, 29쪽.
18) 변신원, 「목면 수입, 여성 계층 따라 채찍 혹은 당근」, 『여성신문』, 2003년 8월 29일, 25면.
19) 임대식, 「이완용의 변신과정과 재산축적」, 『역사비평』, 계간22호(1993년 가을), 145쪽; 김호일, 『다시 쓴 한국 개항 전후사』, 중앙대학교 출판부, 2004, 314쪽.
20) 박광희, 「들뜬 김옥균 영어 한마디… "아차 실수"」, 『한국일보』, 2007년 5월 12일, 18면; 김인숙, 「무너져가는 나라가 기댈 것은 미래뿐… 고종, 학교설립 흔쾌히 허락: 광혜원·배재학당 등 설립… 민간의 근대화 움직임」, 『조선일보』, 2004년 4월 9일, A26면; 이해명, 『개화기 교육개혁 연구』, 을유문화사, 1991, 129쪽.

21) 이주영,「'한국 근·현대사' 교과서의 역사인식: 식민통치와 독립운동의 시대를 중심으로」, 역사학회 편,『한국 근·현대사 교과서의 '독립운동사' 서술과 쟁점』, 경인문화사, 2006, 20쪽.
22) 김수진,「新한국교회사: (15·끝) 아펜젤러의 '살신성인'」,『국민일보』, 2001년 5월 2일, 18면.
23) 손세일,「연재: 손세일의 비교 전기/ 한국 민족주의의 두 유형: 이승만과 김구」,『월간조선』, 2001년 11월호.
24) 김승태,「한국 개신교와 근대 사학」,『역사비평』, 통권70호(2005년 봄), 125쪽.
25) 한국기독교역사연구소,『한국 기독교의 역사 I』, 기독교문사, 1989, 197쪽.
26) 손세일,「연재: 손세일의 비교 전기/ 한국 민족주의의 두 유형: 이승만과 김구」,『월간조선』, 2001년 11월호.
27) 김수진,「新한국교회사: (15·끝) 아펜젤러의 '살신성인'」,『국민일보』, 2001년 5월 2일, 18면.
28) 손세일,「연재: 손세일의 비교 전기/ 한국 민족주의의 두 유형: 이승만과 김구」,『월간조선』, 2001년 11월호.
29) 이화100년사편찬위원회 편,『이화 100년사』, 이화여자대학교 출판부, 1994, 25, 56쪽.
30) 장명수,「스승을 그리워하다」,『한국일보』, 2007년 6월 1일.
31) 강재언, 정창렬 역,『한국의 개화사상』, 비봉출판사, 1989, 280쪽.
32) 장명수,「스승을 그리워하다」,『한국일보』, 2007년 6월 1일.
33) 이화100년사편찬위원회 편,『이화 100년사』, 이화여자대학교 출판부, 1994, 52쪽.
34) 이규태,『암탉이 울어야 집안이 잘된다 1: 여성이여, 이제는 깨어나라』, 신원문화사, 2000, 236~237쪽.
35) 이규태,『한국학 에세이 2: 한국의 재발견』, 신원문화사, 1995, 290~291쪽.
36) 장규식,『서울, 공간으로 본 역사』, 혜안, 2004, 141, 146쪽; 김승태,「한국 개신교와 근대 사학」,『역사비평』, 통권70호(2005년 봄), 125쪽; 함태경,「구한말~일제시대 반봉건 반외세 앞장: 한국학생선교운동의 여명기」,『국민일보』, 2004년 4월 26일, 36면; 서정민,「언더우드가 이야기: 한국과 가장 깊은 인연을 맺은 서양인 가문』, 살림, 2005, 70쪽.
37) 강재언, 정창렬 역,『한국의 개화사상』, 비봉출판사, 1989, 281쪽; 윤성렬,『도포입고 ABC 갓쓰고 맨손체조: 신문화의 발상지 배재학당 이야기』, 학민사, 2004, 56쪽.
38) 안종묵,「한국 근대신문·잡지의 발달 시기에 선교사들의 언론활동에 관한 연구」,『한국언론학보』, 48권 2호(2004년 4월), 9~10쪽.
39) 안종묵,「한국 근대신문·잡지의 발달 시기에 선교사들의 언론활동에 관한 연구」,『한국언론학보』, 48권 2호(2004년 4월), 10~13쪽.
40) 안종묵,「한국 근대신문·잡지의 발달 시기에 선교사들의 언론활동에 관한 연구」,『한국언론학보』, 48권 2호(2004년 4월), 10~11쪽.
41) 안종묵,「한국 근대신문·잡지의 발달 시기에 선교사들의 언론활동에 관한 연구」,『한국언론학보』, 48권 2호(2004년 4월), 11쪽.
42) 김정기,「1882년 조미수호통상조약과 이권침탈」,『역사비평』, 계간17호(1992년 여름), 31쪽; 민경배,『알렌의 선교와 근대한미외교』, 연세대학교 출판부, 1991, 227쪽; 김용구,『세계외

교사』, 서울대학교 출판부, 2006, 484~485쪽.
43) 류대영, 『초기 미국선교사 연구』, 한국기독교역사연구소, 2001, 87쪽.
44) F. H. 해링튼, 이광린 역, 『개화기의 한미관계: 알렌박사의 활동을 중심으로』, 일조각, 1973, 55쪽.
45) 윤승용, 「한국 근대 종교의 성립과 전개」, 한국사회사학회, 『사회와 역사 52』, 문학과지성사, 1997, 42쪽.
46) 류대영, 『초기 미국선교사 연구』, 한국기독교역사연구소, 2001, 87~88쪽.
47) 박진희, 「서양과학기술과의 만남」, 국사편찬위원회 편, 『근현대과학기술과 삶의 변화』, 두산동아, 2005, 12~13쪽.
48) 박진희, 「서양과학기술과의 만남」, 국사편찬위원회 편, 『근현대과학기술과 삶의 변화』, 두산동아, 2005, 13~14쪽.
49) 김인숙, 「무너져가는 나라가 기댈 것은 미래뿐…고종, 학교설립 흔쾌히 허락: 광혜원·배재학당 등 설립…민간의 근대화 움직임」, 『조선일보』, 2004년 4월 9일, A26면.
50) 노형석, 『모던의 유혹 모던의 눈물: 근대 한국을 거닐다』, 생각의나무, 2004, 52쪽; 이승원, 『소리가 만들어낸 근대의 풍경』, 살림, 2005, 80~81쪽.
51) 이기우, 「책갈피 속의 오늘/ 1959년 국산 라디오 첫선: '신기한 소리통'」, 『동아일보』, 2003년 12월 15일, A29면.
52) 이이화, 「한말-성냥과 석유를 처음 쓰던 시절」, 『역사비평』, 계간13호(1991년 여름), 91쪽.
53) 김기천, "「한성전기, 고종이 단독 출자": 『전기 100년사』 한전서 발간」, 『조선일보』, 1990년 2월 20일, 6면.
54) F. H. 해링튼, 이광린 역, 『개화기의 한미관계: 알렌박사의 활동을 중심으로』, 일조각, 1973, 88쪽.
55) 김인숙, 「26세 위안스카이 '골수까지 병든 조선'의 최고 권력자로: 청의 조선 장악-위안스카이의 등장」, 『조선일보』, 2004년 3월 26일, A29면; F. H. 해링튼, 이광린 역, 『개화기의 한미관계: 알렌박사의 활동을 중심으로』, 일조각, 1973, 246쪽; 이덕주, 『조선은 왜 일본의 식민지가 되었는가』, 에디터, 2004, 128쪽.
56) 전봉관, 『럭키경성: 근대조선을 뒤흔든 투기 열풍과 노블레스 오블리주』, 살림, 2007, 311쪽.
57) F. H. 해링튼, 이광린 역, 『개화기의 한미관계: 알렌박사의 활동을 중심으로』, 일조각, 1973, 240쪽.
58) F. H. 해링튼, 이광린 역, 『개화기의 한미관계: 알렌박사의 활동을 중심으로』, 일조각, 1973, 251쪽.
59) F. H. 해링튼, 이광린 역, 『개화기의 한미관계: 알렌박사의 활동을 중심으로』, 일조각, 1973, 248~250쪽.
60) F. H. 해링튼, 이광린 역, 『개화기의 한미관계: 알렌박사의 활동을 중심으로』, 일조각, 1973, 251쪽.
61) F. H. 해링튼, 이광린 역, 『개화기의 한미관계: 알렌박사의 활동을 중심으로』, 일조각, 1973,

253쪽.
62) 허우이제, 장지용 옮김, 『원세개』, 지호, 2003, 84쪽; 이덕주, 『조선은 왜 일본의 식민지가 되었는가』, 에디터, 2004, 132~133쪽.
63) 김태수, 『꽃가치 피어 매혹케 하라: 신문광고로 본 근대의 풍경』, 황소자리, 2005, 63~64쪽.
64) 전봉관, 『럭키경성: 근대조선을 들썩인 투기 열풍과 노블레스 오블리주』, 살림, 2007, 317~320쪽.
65) 전봉관, 『럭키경성: 근대조선을 들썩인 투기 열풍과 노블레스 오블리주』, 살림, 2007, 320~321쪽.
66) 전봉관, 『럭키경성: 근대조선을 들썩인 투기 열풍과 노블레스 오블리주』, 살림, 2007, 321~327쪽.
67) 이이화, 「이완용의 곡예: 친미·친로에서 친일로」, 『역사비평』, 계간17호(1992년 여름), 195쪽.
68) O. N. 데니, 신복룡·최수근 역주, 『청한론 (외): 한말 외국인 기록 8』, 집문당, 1999; 강재언, 『한국근대사』, 한울, 1990, 63~65쪽; 정용화, 『문명의 정치사상: 유길준과 근대 한국』, 문학과지성사, 2004, 209쪽.
69) 정용화, 『문명의 정치사상: 유길준과 근대 한국』, 문학과지성사, 2004, 221쪽; O. N. 데니, 신복룡·최수근 역주, 『청한론 (외): 한말 외국인 기록 8』, 집문당, 1999, 41쪽.
70) 김용구, 『세계외교사』, 서울대학교 출판부, 2006, 533쪽.
71) 이덕주, 『조선은 왜 일본의 식민지가 되었는가』, 에디터, 2004, 125~126쪽.
72) 정용화, 『문명의 정치사상: 유길준과 근대 한국』, 문학과지성사, 2004, 210쪽.

제4장
1) 김경택, 「한말 중인층의 개화활동과 친일개화론: 오세창의 활동을 중심으로」, 『역사비평』, 계간21호(1993년 여름), 253쪽.
2) 김명진, 「우리나라의 의학 발전과 보건 의료 체계」, 국사편찬위원회 편, 『근현대과학기술과 삶의 변화』, 두산동아, 2005, 302~303쪽; 이광린, 『개화기의 인물』, 연세대학교 출판부, 1993, 170쪽.
3) 이규태, 『한국인의 생활문화 2: 전통 생활문화의 재발견』, 신원문화사, 2000, 155~156쪽.
4) 황상익, 「한말 서양의학의 도입과 민중의 반응」, 『역사비평』, 통권44호(1998년 가을), 276쪽.
5) 황상익, 「한말 서양의학의 도입과 민중의 반응」, 『역사비평』, 통권44호(1998년 가을), 278쪽.
6) 이광린, 『개화기의 인물』, 연세대학교 출판부, 1993, 173~175쪽.
7) 신동원, 「20세기 전후 한국 사회의 위생, 의학과 근대성」, 장석만 외, 『한국 근대성 연구의 길을 묻다』, 돌베개, 2006, 119쪽.
8) 민경배, 『알렌의 선교와 근대한미외교』, 연세대학교 출판부, 1991, 215쪽.
9) 최인진, 『한국사진사 1631~1945』, 눈빛, 1999, 126쪽.
10) 이규태, 『한국학 에세이 1: 전통과 생활의 접목』, 신원문화사, 1995, 165~167쪽.

11) 신동원,「미국과 일본 보건의료의 조선 진출: 제중원과 우두법」,『역사비평』, 통권56호(2001년 가을), 340쪽.
12) 배항섭,「개항기(1876~1894) 민중들의 일본에 대한 인식과 대응」,『역사비평』, 계간27호 (1994년 겨울), 228쪽.
13) 한국기독교역사연구소,『한국 기독교의 역사 I』, 기독교문사, 1989, 247쪽.
14) 이덕주,『초기한국기독교사연구』, 한국기독교역사연구소, 1995, 128~129쪽; 민경배,『알렌의 선교와 근대한미외교』, 연세대학교 출판부, 1991, 230쪽.
15) 민경배,『알렌의 선교와 근대한미외교』, 연세대학교 출판부, 1991, 227~228쪽.
16) 이덕주,『초기한국기독교사연구』, 한국기독교역사연구소, 1995, 128~129쪽.
17) 민경배,『알렌의 선교와 근대한미외교』, 연세대학교 출판부, 1991, 242쪽.
18) 이덕주,『한국교회 처음 이야기』, 홍성사, 2006, 89~94쪽.
19) 신동원,「미국과 일본 보건의료의 조선 진출: 제중원과 우두법」,『역사비평』, 통권56호(2001년 가을), 340쪽; W. E. 그리피스, 신복룡 역주,『은자의 나라 한국: 한말 외국인 기록 3』, 집문당, 1999, 594쪽.
20) 신동원,「미국과 일본 보건의료의 조선 진출: 제중원과 우두법」,『역사비평』, 통권56호(2001년 가을), 340쪽.
21) L. H. 언더우드, 신복룡·최수근 역주,『상투의 나라: 한말 외국인 기록 15』, 집문당, 1999, 39쪽.
22) 황상익,「한말 서양의학의 도입과 민중의 반응」,『역사비평』, 통권44호(1998년 가을), 283~284쪽.
23) 윤덕한,『이완용 평전: 애국과 매국의 두 얼굴』, 중심, 1999, 97쪽.
24) 황상익,「한말 서양의학의 도입과 민중의 반응」,『역사비평』, 통권44호(1998년 가을), 284쪽.
25) 김민환,『한국언론사』, 사회비평사, 1996, 112쪽; 강재언,『한국의 근대사상』, 한길사, 1987, 117쪽.
26) 최준,『한국신문사』, 일조각, 1987, 30~31쪽.
27) 이태진,『고종시대의 재조명』, 태학사, 2000, 22쪽.
28) 김민환,『한국언론사』, 사회비평사, 1996, 112쪽.
29)「한성주보 16호 발견/ 중 복단대 교수 복사본 공개」,『동아일보』, 1994년 5월 10일, 31면.
30) 주형일,「사진매체의 수용을 통해 본 19세기 말 한국사회의 시각문화에 대한 연구」,『한국언론학보』, 제47권 6호(2003년 12월), 369~370쪽; 최인진,『한국사진사 1631~1945』, 눈빛, 1999, 225쪽.
31) 최열,「미술--서구화 지상주의의 환상」, 역사문제연구소 엮음,『전통과 서구의 충돌: '한국적 근대성'은 어떻게 형성되었는가』, 역사비평사, 2001, 93쪽.
32) 전경옥·변신원·박진석·김은정,『한국여성문화사: 한국여성근현대사 1 개화기~1945년』, 숙명여자대학교 아시아여성연구소, 2004, 156쪽.
33) 안영배,「1899년 대한제국과 1999년 대한민국/ '어설픈 근대화론이 조선 망쳤고, 서툰 세계

화가 국난 불렀다'」,『신동아』, 1999년 3월, 528~545쪽.
34) 백성현·이한우,『파란 눈에 비친 하얀 조선』, 새날, 1999, 358~360쪽.
35) 이덕주,『조선은 왜 일본의 식민지가 되었는가』, 에디터, 2004, 134쪽.
36) 이덕주,『조선은 왜 일본의 식민지가 되었는가』, 에디터, 2004, 134~135쪽.
37) 배항섭,「개항기(1876~1894) 민중들의 일본에 대한 인식과 대응」,『역사비평』, 계간27호 (1994년 겨울), 227쪽.
38) 나애자,「바다에서 찾는 우리의 과거와 미래」, 한국역사연구회,『우리는 지난 100년 동안 어떻게 살았을까 3』, 역사비평사, 1999, 258~259쪽.
39) 정일성,『이토 히로부미: 알려지지 않은 이야기들』, 지식산업사, 2002, 160쪽.
40) J. S. 게일, 신복룡 역주,『전환기의 조선: 한말 외국인 기록 5』, 집문당, 1999, 102~103쪽.
41) 송건호,『송건호전집 2: 민족통일을 위하여·2』, 한길사, 2002, 25쪽.
42) 이규태,『한국인의 의식구조 2: 한국인의 동질성이란?』, 신원문화사, 1983, 229쪽.
43) 박정신,『한국 기독교사 인식』, 혜안, 2004, 140쪽.
44) 박정신,『한국 기독교사 인식』, 혜안, 2004, 134쪽.
45) 박정신,『한국 기독교사 인식』, 혜안, 2004, 153쪽.
46) 김정기,「청의 조선 종주권문제와 내정간섭」,『역사비평』, 계간3호(1988년 겨울), 106쪽.
47) 김인숙,「26세 위안스카이 '골수까지 병든 조선'의 최고 권력자: 청의 조선 장악-위안스카이의 등장」,『조선일보』, 2004년 3월 26일, A29면.
48) 김정기,「청의 원세개 파견과 조선군사정책」,『역사비평』, 통권54호(2001년 봄), 402~403쪽.
49) 김정기,「청의 원세개 파견과 조선군사정책」,『역사비평』, 통권54호(2001년 봄), 403쪽.
50) 이덕주,『조선은 왜 일본의 식민지가 되었는가』, 에디터, 2004, 105쪽.
51) 김인숙,「26세 위안스카이 '골수까지 병든 조선'의 최고 권력자: 청의 조선 장악-위안스카이의 등장」,『조선일보』, 2004년 3월 26일, A29면.
52) 이덕주,『조선은 왜 일본의 식민지가 되었는가』, 에디터, 2004, 129쪽.
53) 허우이제, 장지용 옮김,『원세개』, 지호, 2003, 20쪽.
54) 민경배,『알렌의 선교와 근대한미외교』, 연세대학교 출판부, 1991, 159쪽.
55) F. H. 해링튼, 이광린 역,『개화기의 한미관계: 알렌박사의 활동을 중심으로』, 일조각, 1973, 57쪽.
56) 강성학,『시베리아 횡단열차와 사무라이: 러일전쟁의 외교와 군사전략』, 고려대학교 출판부, 1999, 455~456쪽.
57) F. H. 해링튼, 이광린 역,『개화기의 한미관계: 알렌박사의 활동을 중심으로』, 일조각, 1973, 257~258쪽.
58) 신복룡,『이방인이 본 조선 다시읽기』, 풀빛, 2002, 78~79쪽; 이덕주,『조선은 왜 일본의 식민지가 되었는가』, 에디터, 2004, 197쪽.

제5장

1) 김양식, 『새야 새야 파랑새야: 근대의 여명을 밝힌 '동학농민전쟁'』, 서해문집, 2005, 22~25쪽.
2) 김호일, 『다시 쓴 한국 개항 전후사』, 중앙대학교 출판부, 2004, 191~192쪽.
3) 손세일, 「연재: 손세일의 비교 전기/ 한국 민족주의의 두 유형: 이승만과 김구」, 『월간조선』, 2001년 10월호.
4) 박영학, 『동학운동의 공시구조』, 나남, 1990, 245쪽.
5) 이이화, 「전봉준과 동학농민전쟁 (1) 봉기-전주성 점령」, 『역사비평』, 계간7호(1989년 겨울), 206쪽; 이이화, 「서병학(농민전쟁 1백년 동학인물열전:1)」, 『한겨레』, 1993년 9월 14일, 9면; 김은정·문경민·김원용, 『동학농민혁명 100년: 혁명의 들불, 그 황톳길의 역사찾기』, 나남출판, 1995, 63쪽.
6) 신복룡, 『동학사상과 갑오농민혁명』, 평민사, 1985, 96쪽.
7) 송건호, 『송건호전집 1: 민족통일을 위하여·1』, 한길사, 2002, 310~311쪽.
8) 우윤, 『전봉준과 갑오농민전쟁』, 창작과비평사, 1993, 132~133쪽; 이이화, 「전봉준과 동학농민전쟁 (1) 봉기-전주성 점령」, 『역사비평』, 계간7호(1989년 겨울), 206쪽; 이이화, 「서병학(농민전쟁 1백년 동학인물열전:1)」, 『한겨레』, 1993년 9월 14일, 9면.
9) 이이화, 「서병학(농민전쟁 1백년 동학인물열전:1)」, 『한겨레』, 1993년 9월 14일, 9면.
10) 강창일, 『근대 일본의 조선침략과 대아시아주의: 우익 낭인의 행동과 사상을 중심으로』, 역사비평사, 2002, 42쪽.
11) 김정기, 「대원군 카리스마의 후광과 전봉준의 반응」, 『역사비평』, 통권66호(2004년 봄), 198쪽.
12) 이이화, 「서병학(농민전쟁 1백년 동학인물열전:1)」, 『한겨레』, 1993년 9월 14일, 9면; 이광린, 『한국사강좌 5:근대편』, 일조각, 1997, 281쪽.
13) 이이화, 「서병학(농민전쟁 1백년 동학인물열전:1)」, 『한겨레』, 1993년 9월 14일, 9면.
14) 이이화, 「서장옥(?~1900):2(농민전쟁 1백년/ 동학인물열전)」, 『한겨레』, 1993년 9월 21일, 9면; 이이화, 「김덕명 1845~1895(농민전쟁 1백년/ 동학인물열전)」, 『한겨레』, 1993년 10월 19일, 9면.
15) 김은정·문경민·김원용, 『동학농민혁명 100년: 혁명의 들불, 그 황톳길의 역사찾기』, 나남출판, 1995, 93쪽.
16) 박찬승, 「1892, 1893년 동학교도들의 '신원' 운동과 '척왜양' 운동」, 한국역사연구회, 『1894년 농민전쟁연구 3: 농민전쟁의 정치사상적 배경』, 역사비평사, 1991, 361쪽.
17) 신복룡, 『전봉준 평전』, 지식산업사, 1996, 194~195쪽.
18) 이이화, 「황하일 1845~?(농민전쟁 1백년/ 동학인물열전:21)」, 『한겨레』, 1994년 2월 1일, 9면.
19) 이이화, 「황하일 1845~?(농민전쟁 1백년/ 동학인물열전:21)」, 『한겨레』, 1994년 2월 1일, 9면; 이이화, 「손천민 1857~1900(농민전쟁 1백년/ 동학인물열전:22)」, 『한겨레』, 1994년 2월 8일, 9면; 신복룡, 『전봉준 평전』, 지식산업사, 1996, 215쪽.
20) 최제우, 김용옥 역주, 『도올심득 동경대전 1』, 통나무, 2004, 124쪽.
21) 김은정·문경민·김원용, 『동학농민혁명 100년: 혁명의 들불, 그 황톳길의 역사찾기』, 나남

출판, 1995, 135쪽.
22) 김은정·문경민·김원용, 『동학농민혁명 100년: 혁명의 들불, 그 황톳길의 역사찾기』, 나남출판, 1995, 144쪽.
23) 신복룡, 『전봉준 평전』, 지식산업사, 1996, 98쪽; 김은정·문경민·김원용, 『동학농민혁명 100년: 혁명의 들불, 그 황톳길의 역사찾기』, 나남출판, 1995, 144~145쪽.
24) 이한우, 「보부상의 현대적 의미」, 『전통과 현대』, 1997년 겨울, 92쪽.
25) 이이화, 「송대화(1858~1919)(농민전쟁 1백년/ 동학 인물열전:4)」, 『한겨레』, 1993년 10월 5일, 9면.
26) 이이화, 「송대화(1858~1919)(농민전쟁 1백년/ 동학 인물열전:4)」, 『한겨레』, 1993년 10월 5일, 9면.
27) 이이화, 「전봉준과 동학농민전쟁 (1) 봉기-전주성 점령」, 『역사비평』, 계간7호(1989년 겨울), 231쪽; 이이화, 「손화중(1861~1895):5(농민전쟁 1백년/ 동학 인물열전)」, 『한겨레』, 1993년 10월 12일, 9면.
28) 신복룡, 『전봉준 평전』, 지식산업사, 1996, 215쪽.
29) 홍순권, 『한말 호남지역 의병운동사 연구』, 서울대학교 출판부, 1994, 19~20쪽.
30) 역사문제연구소 민중생활사연구모임, 「황토현에서 우금치까지」, 『역사비평』, 계간6호(1989년 가을), 338쪽.
31) 이이화, 『이이화의 못 다한 한국사 이야기』, 푸른역사, 2000, 122~123쪽.
32) 황현, 김종익 옮김, 『번역 오하기문: 황현이 쓴 동학농민전쟁의 역사』, 역사비평사, 1995, 63쪽.
33) 김은정·문경민·김원용, 『동학농민혁명 100년: 혁명의 들불, 그 황톳길의 역사찾기』, 나남출판, 1995, 150쪽.
34) 이광린, 「개화기의 인물」, 연세대학교 출판부, 1993, 137쪽.
35) 이종호, 『김옥균: 신이 사랑한 혁명가』, 일지사, 2002, 177~178쪽.
36) 김충식, 「절해고도 오가사와라에 남긴 두 글자, '정관(靜觀)'!: 풍운아 김옥균 일본 망명 10년의 궤적」, 『신동아』, 2005년 12월, 296쪽.
37) 윤덕한, 『이완용평전: 애국과 매국의 두 얼굴』, 중심, 1999, 277쪽; 한상일, 『아시아 연대와 일본제국주의: 대륙낭인과 대륙팽창』, 오름, 2002, 181~182쪽.
38) 서사봉, 「상하이서 「혁명의 꿈」 쓰러지다(개혁풍운아 김옥균:1)」, 『한국일보』, 1993년 11월 23일, 11면.
39) 서사봉, 「상하이서 「혁명의 꿈」 쓰러지다(개혁풍운아 김옥균:1)」, 『한국일보』, 1993년 11월 23일, 11면.
40) 서사봉, 「개화파 열혈청년 "출세위해 변절"(개혁풍운아 김옥균:13)」, 『한국일보』, 1994년 2월 15일, 11면.
41) 조재곤, 「홍종우 재조명: 왜 김옥균을 살해하였는가」, 『역사비평』, 계간17호(1992년 여름), 272쪽.
42) 서사봉, 「당시 상해신보 「암살사건 보도내용」 발굴(개혁 풍운아 김옥균:2)」, 『한국일보』,

1993년 12월 1일, 11면.
43) 서사봉, 「당시 상해신보 「암살사건 보도내용」 발굴(개혁 풍운아 김옥균:2)」, 『한국일보』, 1993년 12월 1일, 11면.
44) 서사봉, 「당시 상해신보 「암살사건 보도내용」 발굴(개혁 풍운아 김옥균:2)」, 『한국일보』, 1993년 12월 1일, 11면.
45) 최영, 『근대 한국의 지식인과 그 사상』, 문학과지성사, 1997, 43쪽.
46) 서사봉, 「청 언론 "갑신정변은 모반" 왜곡·날조(개혁 풍운아 김옥균:3)」, 『한국일보』, 1993년 12월 7일, 11면.
47) 서사봉, 「상하이서 「혁명의 꿈」 쓰러지다(개혁풍운아 김옥균:1)」, 『한국일보』, 1993년 11월 23일, 11면; 신복룡, 「신복룡교수의 한국사 새로보기 (16) 김옥균의 생애: 김옥균은 실패한 이상주의자」, 『동아일보』, 2001년 7월 21일, A14면.
48) 서사봉, 「상하이서 「혁명의 꿈」 쓰러지다(개혁풍운아 김옥균:1)」, 『한국일보』, 1993년 11월 23일, 11면.
49) 이종호, 『김옥균: 신이 사랑한 혁명가』, 일지사, 2002, 212쪽.
50) 서사봉, 「조-청 긴밀협조 사건축소 뚜렷(개혁 풍운아 김옥균:4)」, 『한국일보』, 1993년 12월 14일, 11면; 정일성, 『후쿠자와 유키치: 탈아론을 어떻게 펼쳤는가』, 지식산업사, 2001, 161쪽.
51) 서사봉, 「조-청 긴밀협조 사건축소 뚜렷(개혁 풍운아 김옥균:4)」, 『한국일보』, 1993년 12월 14일, 11면.
52) 서사봉, 「조-청 긴밀협조 사건축소 뚜렷(개혁 풍운아 김옥균:4)」, 『한국일보』, 1993년 12월 14일, 11면.
53) 서사봉, 「개화파 열혈청년 "출세위해 변절"(개혁풍운아 김옥균:13)」, 『한국일보』, 1994년 2월 15일, 11면.
54) 서사봉, 「개화파 열혈청년 "출세위해 변절"(개혁풍운아 김옥균:13)」, 『한국일보』, 1994년 2월 15일, 11면.
55) 김충식, 「절해고도 오가사와라에 남긴 두 글자, '정관(靜觀)'!: 풍운아 김옥균 일본 망명 10년의 궤적」, 『신동아』, 2005년 12월, 291~293쪽.
56) 신기현, 「김옥균, 개화와 개혁의 풍운아」, 김재영 외, 『한국역사인물 뒤집어 읽기』, 인물과사상사, 2001, 241~242쪽.
57) 서사봉, 「일본망명:하(개혁 풍운아 김옥균:12)」, 『한국일보』, 1994년 2월 8일, 11면.
58) 강창일, 『근대 일본의 조선침략과 대아시아주의: 우익 낭인의 행동과 사상을 중심으로』, 역사비평사, 2002, 45쪽.
59) 신복룡, 『전봉준 평전』, 지식산업사, 1996, 232쪽.
60) 서사봉, 「개화파 열혈청년 "출세위해 변절"(개혁풍운아 김옥균:13)」, 『한국일보』, 1994년 2월 15일, 11면.
61) 서사봉, 「개화파 열혈청년 "출세위해 변절"(개혁풍운아 김옥균:13)」, 『한국일보』, 1994년 2월 15일, 11면.

62) 서사봉, 「개화파 열혈청년 "출세위해 변절"(개혁풍운아 김옥균:13)」, 『한국일보』, 1994년 2월 15일, 11면.
63) 이규태, 『한국인의 의식구조 1: 한국인은 누구인가?』, 신원문화사, 1983, 280~281쪽; 이규태, 『한국인의 의식구조 2: 한국인의 동질성이란?』, 신원문화사, 1983, 347~348쪽.
64) 김남중, 「나는 제국주의의 야심을 쏘았다(『그래서 나는 김옥균을 쏘았다』 서평)」, 『국민일보』, 2005년 11월 26일, 15면.
65) 조재곤, 「홍종우 재조명: 왜 김옥균을 살해하였는가」, 『역사비평』, 계간17호(1992년 여름), 278쪽.
66) 조재곤, 『그래서 나는 김옥균을 쏘았다』, 푸른역사, 2005, 260쪽.
67) 이태진, 「한국 근대의 수구・개화 구분과 일본 침략주의」, 『한국사 시민강좌』, 제33집, 일조각, 2003, 64~65쪽.
68) 조재곤, 『그래서 나는 김옥균을 쏘았다』, 푸른역사, 2005, 110~112쪽.
69) 이태진, 『고종시대의 재조명』, 태학사, 2000, 190쪽.
70) 허동현, 「역사비평 기획시리즈:조선 개화파 논의⟨1⟩: 김옥균, 그는 선구자인가 반역자인가」, 『교수신문』, 2007년 5월 28일.
71) 서사봉, 「10대초 율곡사상 몰두 "혁명의 싹"(개혁 풍운아 김옥균:14)」, 『한국일보』, 1994년 2월 22일, 11면.
72) 서사봉, 「10대초 율곡사상 몰두 "혁명의 싹"(개혁 풍운아 김옥균:14)」, 『한국일보』, 1994년 2월 22일, 11면.
73) 박용배, 「수령과 김옥균」, 『한국일보』, 1994년 2월 14일, 23면.
74) 김용구, 『세계외교사』, 서울대학교 출판부, 2006, 521쪽.
75) 서사봉, 「상하이서 「혁명의 꿈」 쓰러지다(개혁풍운아 김옥균:1)」, 『한국일보』, 1993년 11월 23일, 11면.
76) 신복룡, 「신복룡교수의 한국사 새로보기 (16) 김옥균의 생애: 김옥균은 실패한 이상주의자」, 『동아일보』, 2001년 7월 21일, A14면.
77) 하영선, 「김옥균 묘 앞에서」, 『중앙일보』, 2006년 6월 26일, 31면.
78) 허동현, 「역사비평 기획시리즈:조선 개화파 논의⟨1⟩: 김옥균, 그는 선구자인가 반역자인가」, 『교수신문』, 2007년 5월 28일.
79) 이이화, 「손화중(1861~1895):5(농민전쟁 1백년/ 동학 인물열전)」, 『한겨레』, 1993년 10월 12일, 9면.
80) 김정기, 「전봉준의 새 정치체제 구상」, 『역사비평』, 통권73호(2005년 겨울), 220쪽; 김은정・문경민・김원용, 『동학농민혁명 100년: 혁명의 들불, 그 황톳길의 역사찾기』, 나남출판, 1995, 161~162쪽.
81) 김정기, 「전봉준의 새 정치체제 구상」, 『역사비평』, 통권73호(2005년 겨울), 221쪽; 김은정・문경민・김원용, 『동학농민혁명 100년: 혁명의 들불, 그 황톳길의 역사찾기』, 나남출판, 1995, 169쪽.

82) 김호일, 『다시 쓴 한국 개항 전후사』, 중앙대학교 출판부, 2004, 199~200쪽.
83) 김정기, 「전봉준의 새 정치체제 구상」, 『역사비평』, 통권73호(2005년 겨울), 221쪽.
84) 이이화, 「최경선 1859~1895(농민전쟁 1백년/ 동학인물열전:8)」, 『한겨레』, 1993년 11월 2일, 9면; 우윤, 『전봉준과 갑오농민전쟁』, 창작과비평사, 1993, 174쪽.
85) 신복룡, 『전봉준 평전』, 지식산업사, 1996, 136~137쪽.
86) 정재권, 「30여년 농민전쟁 연구 최현식씨/ "일본 가서 자료 찾고 싶어"/ 젊은시절 전봉준에 매료… 전국 누벼(인터뷰)」, 『한겨레』, 1993년 11월 2일, 9면.
87) 김은정·문경민·김원용, 『동학농민혁명 100년: 혁명의 들불, 그 황톳길의 역사찾기』, 나남출판, 1995, 560쪽.
88) 김은정·문경민·김원용, 『동학농민혁명 100년: 혁명의 들불, 그 황톳길의 역사찾기』, 나남출판, 1995, 560쪽.
89) 박명규, 「역사적 경험의 재해석과 상징화: 동학농민전쟁의 기념물」, 한국사회사학회, 『사회와 역사』, 통권 제51집(1997년 봄), 58쪽.
90) 임장훈, 「"황토현 전적지, 동학혁명 중심지로"」, 『새전북신문』, 2007년 3월 29일, 8면.
91) 손승원, 「동학농민혁명 기념일자 학계·지역 견해 차」, 『전북일보』, 2007년 4월 17일, 13면.
92) 박임근, 「'동학농민혁명 기념일' 은 몇월 며칠?」, 『한겨레』, 2007년 4월 18일, 12면.
93) 김은정·문경민·김원용, 『동학농민혁명 100년: 혁명의 들불, 그 황톳길의 역사찾기』, 나남출판, 1995, 154~157쪽; 박명규, 『한국 근대국가 형성과 농민』, 문학과지성사, 1997, 203쪽.
94) 신용하, 『동학과 갑오농민전쟁연구』, 일조각, 1993, 98쪽.
95) 신복룡, 『전봉준 평전』, 지식산업사, 1996, 117쪽.
96) 임장훈, 「"황토현 전적지, 동학혁명 중심지로"」, 『새전북신문』, 2007년 3월 29일, 8면.
97) 박제철, 「동학기념일, 무장기포일인 3월 20일로 해야」: 이이화 동학농민혁명기념재단 이사장 고창군 특강」, 『새전북신문』, 2007년 4월 13일, 13면; 박임근, 「'동학농민혁명 기념일' 은 몇월 며칠?」, 『한겨레』, 2007년 4월 18일, 12면.
98) 박임근, 「'동학농민혁명 기념일' 은 몇월 며칠?」, 『한겨레』, 2007년 4월 18일, 12면.
99) 손승원, 「동학농민혁명 기념일자 학계·지역 견해 차」, 『전북일보』, 2007년 4월 17일, 13면.
100) 임장훈, 「동학기념일 제정 논란 점화」, 『새전북신문』, 2007년 4월 18일, 8면.
101) 이기화, 「동학농민혁명의 올바른 역사인식을 위해」, 『새전북신문』, 2007년 4월 18일, 11면.
102) 박제철, 「113년전 동학농민군 함성 그대로: 고창서 동학농민혁명기념행사」, 『새전북신문』, 2007년 4월 26일, 8면.
103) 장용석, 「1894년 백산봉기의 참뜻 기려」, 『새전북신문』, 2007년 4월 27일, 12면.
104) 임장훈, 「"무장기포일 주장 철회해야"」, 『새전북신문』, 2007년 5월 2일, 8면.
105) 강재언, 『한국의 근대사상』, 한길사, 1987, 144쪽.
106) 강창일, 『근대 일본의 조선침략과 대아시아주의: 우익 낭인의 행동과 사상을 중심으로』, 역사비평사, 2002, 52쪽.
107) 신복룡, 『전봉준 평전』, 지식산업사, 1996, 141쪽.

108) 김정기, 「전봉준의 새 정치체제 구상」, 『역사비평』, 통권73호(2005년 겨울), 223쪽.
109) 이이화, 「전봉준과 동학농민전쟁 (1) 봉기-전주성 점령」, 『역사비평』, 계간7호(1989년 겨울), 233쪽.
110) 김은정·문경민·김원용, 『동학농민혁명 100년: 혁명의 들불, 그 황톳길의 역사찾기』, 나남출판, 1995, 185~186쪽.
111) 김은정·문경민·김원용, 『동학농민혁명 100년: 혁명의 들불, 그 황톳길의 역사찾기』, 나남출판, 1995, 194쪽; 이영호, 「동학농민군 전주입성 113주년」, 『전북일보』, 2007년 5월 22일.
112) 정일성, 『후쿠자와 유키치: 탈아론을 어떻게 펼쳤는가』, 지식산업사, 2001, 163쪽.
113) 강창일, 『근대 일본의 조선침략과 대아시아주의: 우익 낭인의 행동과 사상을 중심으로』, 역사비평사, 2002, 52쪽; 주진오, 「갑오개혁의 새로운 이해」, 『역사비평』, 계간26호(1994년 가을), 27쪽.
114) 강창일, 『근대 일본의 조선침략과 대아시아주의: 우익 낭인의 행동과 사상을 중심으로』, 역사비평사, 2002, 52~53쪽.
115) 정재왈, 「"고종은 개화 추진한 개혁파"(『고종시대의 재조명』서평)」, 『중앙일보』, 2000년 8월 9일, 15면; 강근주, 「학술: "고종의 근대화 노력 복권돼야": 『고종시대의 재조명』펴낸 이태진 교수」, 『뉴스메이커』, 2000년 8월 31일, 44~45쪽.
116) 김은정·문경민·김원용, 『동학농민혁명 100년: 혁명의 들불, 그 황톳길의 역사찾기』, 나남출판, 1995, 197~202쪽.
117) 김삼웅, 『녹두 전봉준 평전』, 시대의창, 2007, 342~343쪽.
118) 이이화, 「김학진 1838~1917(농민전쟁1백년/ 동학인물열전:13)」, 『한겨레』, 1993년 12월 7일, 9면.
119) 최덕수, 「청일전쟁과 동아시아의 세력변동」, 『역사비평』, 계간26호(1994년 가을), 61쪽.
120) 주진오, 「갑오개혁의 새로운 이해」, 『역사비평』, 계간26호(1994년 가을), 27쪽.
121) 김삼웅, 『녹두 전봉준 평전』, 시대의창, 2007, 363쪽; 이이화, 『한국사 이야기 18: 민중의 함성 동학농민전쟁』, 한길사, 2003, 232쪽.
122) 김은정·문경민·김원용, 『동학농민혁명 100년: 혁명의 들불, 그 황톳길의 역사찾기』, 나남출판, 1995, 236~238쪽.
123) 김삼웅, 『녹두 전봉준 평전』, 시대의창, 2007, 365쪽; 이광린, 『한국사강좌 5:근대편』, 일조각, 1997, 297쪽.
124) 이이화, 「홍낙관 1850~?(농민전쟁 1백년/ 동학 인물열전:17)」, 『한겨레』, 1994년 1월 4일, 9면.
125) 이이화, 「홍낙관 1850~?(농민전쟁 1백년/ 동학 인물열전:17)」, 『한겨레』, 1994년 1월 4일, 9면; 손태도, 「1830년대 경기도에만 4만여명 동학군 김개남부대 주력 활약: 광대를 아십니까」, 『문화일보』, 2004년 7월 12일, 21면.
126) 이이화, 「전봉준 1855~1895(농민전쟁 1백년/ 동학 인물열전:29)」, 『한겨레』, 1994년 4월 5일, 9면.

127) 김지하, 『동학이야기』, 솔, 1994, 118~119쪽.
128) 이이화, 「김개남: 7(1853~1894)(농민전쟁 1백년/ 동학 인물열전)」, 『한겨레』, 1993년 10월 26일, 9면; 손태도, 「1830년대 경기도에만 4만여명 동학군 김개남부대 주력 활약: 광대를 아십니까」, 『문화일보』, 2004년 7월 12일, 21면.
129) 이이화, 「김개남: 7(1853~1894)(농민전쟁 1백년/ 동학 인물열전)」, 『한겨레』, 1993년 10월 26일, 9면.
130) 박임근, 「동학군 '전주입성 영광' 되살린다」, 『한겨레』, 2007년 5월 22일.
131) 이영호, 「동학농민군 전주입성 113주년」, 『전북일보』, 2007년 5월 22일.

제6장

1) 김인숙, 「경복궁 문 부수고 난입한 일(日)대대장 "전하를 지키러 왔습니다": 일본, 경복궁을 점령하다」, 『조선일보』, 2004년 5월 7일, A19면.
2) 강창일, 「일본 대륙낭인의 한반도 침략: 일본우익의 대아시아주의에 대한 이해를 위하여」, 『역사비평』, 계간28호(1995년 봄), 193쪽.
3) 강창일, 『근대 일본의 조선침략과 대아시아주의: 우익 낭인의 행동과 사상을 중심으로』, 역사비평사, 2002, 22쪽.
4) 강창일, 『근대 일본의 조선침략과 대아시아주의: 우익 낭인의 행동과 사상을 중심으로』, 역사비평사, 2002, 25~26쪽.
5) 강창일, 「일본 대륙낭인의 한반도 침략: 일본우익의 대아시아주의에 대한 이해를 위하여」, 『역사비평』, 계간28호(1995년 봄), 197쪽; 김은정·문경민·김원용, 『동학농민혁명 100년: 혁명의 들불, 그 황톳길의 역사찾기』, 나남출판, 1995, 269쪽.
6) 강창일, 「일본 대륙낭인의 한반도 침략: 일본우익의 대아시아주의에 대한 이해를 위하여」, 『역사비평』, 계간28호(1995년 봄), 197쪽.
7) 강창일, 『근대 일본의 조선침략과 대아시아주의: 우익 낭인의 행동과 사상을 중심으로』, 역사비평사, 2002, 79쪽.
8) 신복룡, 『전봉준 평전』, 지식산업사, 1996, 174쪽.
9) 복거일, 『죽은 자들을 위한 변호: 21세기의 친일문제』, 들린아침, 2003, 42~44쪽.
10) 이덕주, 『조선은 왜 일본의 식민지가 되었는가』, 에디터, 2004, 193~196쪽.
11) 김인숙, 「경복궁 문 부수고 난입한 일(日)대대장 "전하를 지키러 왔습니다": 일본, 경복궁을 점령하다」, 『조선일보』, 2004년 5월 7일, A19면.
12) 이덕주, 『조선은 왜 일본의 식민지가 되었는가』, 에디터, 2004, 196쪽.
13) 김인숙, 「경복궁 문 부수고 난입한 일(日)대대장 "전하를 지키러 왔습니다": 일본, 경복궁을 점령하다」, 『조선일보』, 2004년 5월 7일, A19면.
14) 김인숙, 「경복궁 문 부수고 난입한 일(日)대대장 "전하를 지키러 왔습니다": 일본, 경복궁을 점령하다」, 『조선일보』, 2004년 5월 7일, A19면; 나카츠카 아키라, 박맹수 옮김, 『1894년,

경복궁을 점령하라』, 푸른역사, 2002, 84쪽.
15) 유영익,『동학농민봉기와 갑오경장』, 일조각, 1998, 36쪽.
16) 정운현,『호외, 백년의 기억들: 강화도 조약에서 전두환 구속까지』, 삼인, 1997, 14~15쪽; 정운현,『서울시내 일제유산답사기』, 한울, 1995, 124쪽.
17) 김인숙,「아산 앞바다의 청(淸)북양함대 군함 두척 일(日)쾌속선 기습에 응사도 못하고 침몰: 조선땅에서 드디어 청일전쟁 터지다」,『조선일보』, 2004년 5월 14일, A22면.
18) 김인숙,「아산 앞바다의 청(淸)북양함대 군함 두척 일(日)쾌속선 기습에 응사도 못하고 침몰: 조선땅에서 드디어 청일전쟁 터지다」,『조선일보』, 2004년 5월 14일, A22면; 김은정·문경민·김원용,『동학농민혁명 100년: 혁명의 들불, 그 황톳길의 역사찾기』, 나남출판, 1995, 275쪽.
19) 김인숙,「아산 앞바다의 청(淸)북양함대 군함 두척 일(日) 쾌속선 기습에 응사도 못하고 침몰: 조선땅에서 드디어 청일전쟁 터지다」,『조선일보』, 2004년 5월 14일, A22면.
20) 김용구,『세계외교사』, 서울대학교 출판부, 2006, 330~331쪽.
21) 김용구,『세계외교사』, 서울대학교 출판부, 2006, 331쪽.
22) F. H. 해링튼, 이광린 역,『개화기의 한미관계: 알렌박사의 활동을 중심으로』, 일조각, 1973, 263쪽.
23) 김용구,『세계외교사』, 서울대학교 출판부, 2006, 331쪽.
24) 김용구,『세계외교사』, 서울대학교 출판부, 2006, 331쪽.
25) 최문형,『한국을 둘러싼 제국주의 열강의 각축』, 지식산업사, 2001, 96~98쪽.
26) 혜안 기획실 편,『제국 흥망의 연출자들: 인물로 보는 일본 1』, 혜안, 1994, 111쪽.
27) 김인숙,「아산 앞바다의 청(淸)북양함대 군함 두척 일(日)쾌속선 기습에 응사도 못하고 침몰: 조선땅에서 드디어 청일전쟁 터지다」,『조선일보』, 2004년 5월 14일, A22면.
28) 가토 요코, 박영준 옮김,『근대 일본의 전쟁 논리: 정한론에서 태평양전쟁까지』, 태학사, 2003, 111~112쪽.
29) 김인숙,「아산 앞바다의 청(淸)북양함대 군함 두척 일(日)쾌속선 기습에 응사도 못하고 침몰: 조선땅에서 드디어 청일전쟁 터지다」,『조선일보』, 2004년 5월 14일, A22면.
30) 김인숙,「아산 앞바다의 청(淸)북양함대 군함 두척 일(日)쾌속선 기습에 응사도 못하고 침몰: 조선땅에서 드디어 청일전쟁 터지다」,『조선일보』, 2004년 5월 14일, A22면.
31) 오영섭,「한말의 국내외 정세와 한국독립운동」, 역사학회 편,『한국 근·현대사 교과서의 '독립운동사' 서술과 쟁점』, 경인문화사, 2006, 50~54쪽; 김은정·문경민·김원용,『동학농민혁명 100년: 혁명의 들불, 그 황톳길의 역사찾기』, 나남출판, 1995, 277쪽; 오영섭,『고종황제와 한말의병』, 선인, 1007, 31쪽.
32) 이덕주,『조선은 왜 일본의 식민지가 되었는가』, 에디터, 2004, 198~199쪽.
33) 이이화,「전봉준과 동학농민전쟁 (2) 투쟁-반봉건 변혁운동과 집강소」,『역사비평』, 계간8호(1990년 봄), 338쪽; 김현철,「갑신정변서 밀려났던 일, 10년만에 조선을 손아귀에: 일본 청일전쟁 승리후 조선을 도모하다」,『조선일보』, 2004년 6월 4일, A25면.

34) 김현철, 「갑신정변서 밀려났던 일, 10년만에 조선을 손아귀에: 일본 청일전쟁 승리후 조선을 도모하다」, 『조선일보』, 2004년 6월 4일, A25면; 이덕주, 『조선은 왜 일본의 식민지가 되었는가』, 에디터, 2004, 205~206쪽.
35) 이덕주, 『조선은 왜 일본의 식민지가 되었는가』, 에디터, 2004, 202쪽.
36) 백성현・이한우, 『파란 눈에 비친 하얀 조선』, 새날, 1999, 352쪽.
37) 임종국, 반민족문제연구소 엮음, 『친일, 그 과거와 현재』, 아세아문화사, 1994, 20쪽; 홍성철, 『유곽의 역사』, 페이퍼로드, 2007, 28쪽.
38) 김현철, 「갑신정변서 밀려났던 일, 10년만에 조선을 손아귀에: 일본 청일전쟁 승리후 조선을 도모하다」, 『조선일보』, 2004년 6월 4일, A25면.
39) 하원호, 「갑오개혁-자주성과 친일성」, 『역사비평』, 계간14호(1991년 가을), 379쪽.
40) 최영, 『근대 한국의 지식인과 그 사상』, 문학과지성사, 1997, 46쪽.
41) 왕현종, 『한국 근대국가의 형성과 갑오개혁』, 역사비평사, 2003, 23쪽.
42) 하원호, 「갑오개혁-자주성과 친일성」, 『역사비평』, 계간14호(1991년 가을), 378쪽.
43) 유영익, 『갑오경장연구』, 일조각, 1997, 3쪽.
44) 허동현, 「서구사회 열망했던 개혁파, 외세 기댄 한계로 끝내 좌절: 갑오개혁의 과정과 성격」, 『조선일보』, 2004년 5월 28일, A21면.
45) 김인숙, 「20년전 척화비 세웠던 대원군, 개혁의 '간판' 됐지만…: 갑오개혁의 주역, 대원군・김홍집・박영효」, 『조선일보』, 2004년 5월 28일, A20면.
46) 김인숙, 「20년전 척화비 세웠던 대원군, 개혁의 '간판' 됐지만…: 갑오개혁의 주역, 대원군・김홍집・박영효」, 『조선일보』, 2004년 5월 28일, A20면.
47) 신용하, 『갑오개혁과 독립협회운동의 사회사』, 서울대학교 출판부, 2001, 115~116쪽.
48) 신용하, 『갑오개혁과 독립협회운동의 사회사』, 서울대학교 출판부, 2001, 156쪽; 신용하, 『동학과 갑오농민전쟁연구』, 일조각, 1993, 110쪽.
49) 유영익, 『동학농민봉기와 갑오경장』, 일조각, 1998, 150쪽.
50) 유영익, 『동학농민봉기와 갑오경장』, 일조각, 1998, 150쪽.
51) 안길정, 『관아를 통해서 본 조선시대 생활사 하(下)』, 사계절, 2000, 184~185쪽.
52) 정성희, 『조선의 성풍속: 여성과 성문화로 본 조선사회』, 가람기획, 1998, 125쪽.
53) 이이효재, 『조선조사회와 가족: 신분상승과 가부장제문화』, 한울아카데미, 2003, 318쪽.
54) 조은, 「모성・성・신분제: 『조선왕조실록』 '재가 금지' 담론의 재조명」, 한국사회사학회, 『사회와 역사』, 통권 제51집(1997년 봄), 109~141쪽.
55) 유영익, 『동학농민봉기와 갑오경장』, 일조각, 1998, 166쪽.
56) 전경옥・변신원・박진석・김은정, 『한국여성문화사: 한국여성근현대사 1 개화기~1945년』, 숙명여자대학교 아시아여성연구소, 2004, 211~213쪽.
57) 조은 「모성의 사회적・역사적 구성: 조선 전기 가부장적 지배구조의 형성과 '아들의 어머니'」, 『사회와 역사 55』, 문학과지성사, 1999, 80~83쪽.
58) 최영, 『근대 한국의 지식인과 그 사상』, 문학과지성사, 1997, 47~48쪽.

59) 이정식, 『구한말의 개혁·독립투사 서재필』, 서울대학교 출판부, 2003, 140쪽.
60) 허동현, 「서구사회 열망했던 개혁파, 외세 기댄 한계로 끝내 좌절: 갑오개혁의 과정과 성격」, 『조선일보』, 2004년 5월 28일, A21면.
61) 유영익, 『갑오경장연구』, 일조각, 1997, 107쪽.
62) 김태익, 「개화실천(유길준과 개화의 꿈 7)」, 『조선일보』, 1994년 11월 17일, 6면.
63) 유동준, 『유길준전』, 일조각, 1997, 204쪽.
64) 한철호, 「시무개혁파의 개혁구상과 정치활동」, 한국근현대사회연구회, 『한국근대 개화사상과 개화운동』, 신서원, 1998, 82쪽에서 재인용.
65) 김인숙, 「20년전 척화비 세웠던 대원군, 개혁의 '간판' 됐지만…: 갑오개혁의 주역, 대원군·김홍집·박영효」, 『조선일보』, 2004년 5월 28일, A20면.
66) 이이화, 「전봉준과 동학농민전쟁 (2) 투쟁–반봉건 변혁운동과 집강소」, 『역사비평』, 계간8호 (1990년 봄), 331쪽.
67) 유영익, 『동학농민봉기와 갑오경장』, 일조각, 1998, 51쪽.
68) 김인숙, 「20년전 척화비 세웠던 대원군, 개혁의 '간판' 됐지만…: 갑오개혁의 주역, 대원군·김홍집·박영효」, 『조선일보』, 2004년 5월 28일, A20면.
69) 김현철, 「갑신정변서 밀려났던 일, 10년만에 조선을 손아귀에: 일본 청일전쟁 승리후 조선을 도모하다」, 『조선일보』, 2004년 6월 4일, A25면.
70) 주진오, 「갑오개혁의 새로운 이해」, 『역사비평』, 계간26호(1994년 가을), 35쪽; 유영익, 『동학농민봉기와 갑오경장』, 일조각, 1998, 49쪽.
71) 유영익, 『동학농민봉기와 갑오경장』, 일조각, 1998, 43쪽.
72) 양상현, 「대원군파의 농민전쟁 인식과 동향」, 한국역사연구회, 『1894년 농민전쟁연구 5: 농민전쟁의 역사적 성격』, 역사비평사, 1991, 240~241쪽; 유영익, 『동학농민봉기와 갑오경장』, 일조각, 1998, 60쪽.
73) 허동현, 「서구사회 열망했던 개혁파, 외세 기댄 한계로 끝내 좌절: 갑오개혁의 과정과 성격」, 『조선일보』, 2004년 5월 28일, A21면.
74) 김현철, 「갑신정변서 밀려났던 일, 10년만에 조선을 손아귀에: 일본 청일전쟁 승리후 조선을 도모하다」, 『조선일보』, 2004년 6월 4일, A25면.
75) 김현철, 「갑신정변서 밀려났던 일, 10년만에 조선을 손아귀에: 일본 청일전쟁 승리후 조선을 도모하다」, 『조선일보』, 2004년 6월 4일, A25면.
76) 김현철, 「갑신정변서 밀려났던 일, 10년만에 조선을 손아귀에: 일본 청일전쟁 승리후 조선을 도모하다」, 『조선일보』, 2004년 6월 4일, A25면; 이광린, 『개화기의 인물』, 연세대학교 출판부, 1993, 79쪽.
77) 이선민, 「갑오개혁 평가는」, 『조선일보』, 2004년 5월 28일, A21면.
78) 정병준, 『우남 이승만연구: 한국 근대국가의 형성과 우파의 길』, 역사비평사, 2005, 51~62쪽.
79) 손세일, 「연재: 손세일의 비교 전기/ 한국 민족주의의 두 유형: 이승만과 김구」, 『월간조선』, 2001년 9월호.

80) 손세일, 「연재: 손세일의 비교 전기/ 한국 민족주의의 두 유형: 이승만과 김구」, 『월간조선』, 2001년 11월호; 서정주, 『우남 이승만전』, 화산문화기획, 1995, 96쪽.
81) 손세일, 「연재: 손세일의 비교 전기/ 한국 민족주의의 두 유형: 이승만과 김구」, 『월간조선』, 2001년 11월호.
82) 손세일, 「연재: 손세일의 비교 전기/ 한국 민족주의의 두 유형: 이승만과 김구」, 『월간조선』, 2001년 11월호; 김호일, 『다시 쓴 한국 개항 전후사』, 중앙대학교 출판부, 2004, 231쪽.
83) 손세일, 「연재: 손세일의 비교 전기/ 한국 민족주의의 두 유형: 이승만과 김구」, 『월간조선』, 2001년 11월호.
84) 김태웅, 『우리 학생들이 나아가누나: 소학교 풍경, 조선 후기에서 3·1운동까지』, 서해문집, 2006, 47~49쪽.
85) 강재언, 이규수 옮김, 『서양과 조선: 그 이문화 격투의 역사』, 학고재, 1998, 255, 258쪽.
86) 전우용, 「식민지 자본가의 초상」, 한국역사연구회, 『우리는 지난 100년 동안 어떻게 살았을까 2』, 역사비평사, 1998, 108쪽.
87) 이이화, 「김학진 1838~1917(농민전쟁1백년/ 동학인물열전:13)」, 『한겨레』, 1993년 12월 7일, 9면.
88) 이이화, 「김학진 1838~1917(농민전쟁1백년/ 동학인물열전:13)」, 『한겨레』, 1993년 12월 7일, 9면.
89) 이이화, 「김학진 1838~1917(농민전쟁1백년/ 동학인물열전:13)」, 『한겨레』, 1993년 12월 7일, 9면.
90) 이이화, 「김학진 1838~1917(농민선쟁1백년/ 동하인뭄열전:13)」, 『한겨레』, 1993년 12월 7일, 9면.
91) 이이화, 「김학진 1838~1917(농민전쟁1백년/ 동학인물열전:13)」, 『한겨레』, 1993년 12월 7일, 9면; 황현, 김종익 옮김, 『번역 오하기문: 황현이 쓴 동학농민전쟁의 역사』, 역사비평사, 1995, 199쪽.
92) 이이화, 「김학진 1838~1917(농민전쟁1백년/ 동학인물열전:13)」, 『한겨레』, 1993년 12월 7일, 9면.
93) 이이화, 「김학진 1838~1917(농민전쟁1백년/ 동학인물열전:13)」, 『한겨레』, 1993년 12월 7일, 9면.
94) 김호일, 『다시 쓴 한국 개항 전후사』, 중앙대학교 출판부, 2004, 209쪽.
95) 김은정·문경민·김원용, 『동학농민혁명 100년: 혁명의 들불, 그 황톳길의 역사찾기』, 나남출판, 1995, 294쪽.
96) 김현철, 「갑신정변서 밀려났던 일, 10년만에 조선을 손아귀에: 일본 청일전쟁 승리후 조선을 도모하다」, 『조선일보』, 2004년 6월 4일, A25면; 이광린, 『개화기의 인물』, 연세대학교 출판부, 1993, 81쪽.
97) 이이화, 「차치구 1851~1894(농민전쟁 1백년/ 동학인물열전)」, 『한겨레』, 1993년 12월 28일, 9면; 연갑수, 『대원군집권기 부국강병정책 연구』, 서울대학교 출판부, 2001, 230~239쪽.

98) 주진오, 「갑오개혁의 새로운 이해」, 『역사비평』, 계간26호(1994년 가을), 53쪽.
99) 주진오, 「갑오개혁의 새로운 이해」, 『역사비평』, 계간26호(1994년 가을), 53쪽.
100) 김은정·문경민·김원용, 『동학농민혁명 100년: 혁명의 들불, 그 황톳길의 역사찾기』, 나남출판, 1995, 294~295쪽.
101) 이이화, 「전봉준 1855~1895(농민전쟁 1백년/동학 인물열전:29)」, 『한겨레』, 1994년 4월 5일, 9면.
102) 김양식, 『근대한국의 사회변동과 농민전쟁』, 신서원, 1996, 337~338쪽.
103) 이광린, 『한국사강좌 5:근대편』, 일조각, 1997, 307쪽.
104) 이이화, 『한국사 이야기 19: 오백년 왕국의 종말』, 한길사, 2003, 32쪽.
105) 배항섭, 「'동학농민전쟁', 어떤 사회를 만들려고 했나」, 『역사비평』, 계간19호(1992년 겨울), 327쪽.
106) 이이화, 「황하일 1845~?(농민전쟁 1백년/ 동학인물열전:21)」, 『한겨레』, 1994년 2월 1일, 9면; 이이화, 「손천민 1857~1900(농민전쟁 1백년/ 동학인물열전:22)」, 『한겨레』, 1994년 2월 8일, 9면; 신복룡, 『전봉준 평전』, 지식산업사, 1996, 215쪽.
107) 이이화, 「손병희 1861~1922(농민전쟁 1백년/ 동학 인물열전:28)」, 『한겨레』, 1994년 3월 22일, 9면.
108) 김삼웅, 『녹두 전봉준 평전』, 시대의창, 2007, 405쪽.
109) 이이화, 「전봉준 1855~1895(농민전쟁 1백년/ 동학 인물열전:29)」, 『한겨레』, 1994년 4월 5일, 9면; 신복룡, 『전봉준 평전』, 지식산업사, 1996, 250~251쪽.
110) 이욱, 「보부상과 혜상공국·황국협회」, 국사편찬위원회 편, 『거상, 전국 상권을 장악하다』, 두산동아, 2005, 81쪽.
111) 이욱, 「보부상과 혜상공국·황국협회」, 국사편찬위원회 편, 『거상, 전국 상권을 장악하다』, 두산동아, 2005, 82~83쪽.
112) 이이화, 「손병희 1861~1922(농민전쟁 1백년/ 동학 인물열전:28)」, 『한겨레』, 1994년 3월 22일, 9면; 김은정·문경민·김원용, 『동학농민혁명 100년: 혁명의 들불, 그 황톳길의 역사찾기』, 나남출판, 1995, 333쪽; 신복룡, 『전봉준 평전』, 지식산업사, 1996, 255~256쪽.
113) 김삼웅, 『녹두 전봉준 평전』, 시대의창, 2007, 452쪽; 김은정·문경민·김원용, 『동학농민혁명 100년: 혁명의 들불, 그 황톳길의 역사찾기』, 나남출판, 1995, 321쪽; 김양식, 『새야 새야 파랑새야: 근대의 여명을 밝힌 '동학농민전쟁'』, 서해문집, 2005, 153~154쪽.
114) 김정기, 「전봉준의 새 정치체제 구상」, 『역사비평』, 통권73호(2005년 겨울), 221쪽; 김은정·문경민·김원용, 『동학농민혁명 100년: 혁명의 들불, 그 황톳길의 역사찾기』, 나남출판, 1995, 321쪽.
115) 양진석, 「1894년 충청도지역의 농민전쟁」, 한국역사연구회, 『1894년 농민전쟁연구 4: 농민전쟁의 전개과정』, 역사비평사, 1991, 271쪽; 김삼웅, 『녹두 전봉준 평전』, 시대의창, 2007, 431~432쪽.
116) 신복룡, 『전봉준 평전』, 지식산업사, 1996, 267쪽.

117) 김양식,『근대한국의 사회변동과 농민전쟁』, 신서원, 1996, 356~361쪽.
118) 이재준,「민족의 파랑새: 전봉준, 그 실패와 좌절의 아름다움」,『지성과 패기』, 1997년 6·7월, 35쪽.
119) 김은정·문경민·김원용,『동학농민혁명 100년: 혁명의 들불, 그 황톳길의 역사찾기』, 나남출판, 1995, 322쪽; 김정기,「전봉준의 새 정치체제 구상」,『역사비평』, 통권73호(2005년 겨울), 221쪽.
120) 왕현종,「역사비평 기획시리즈:동학농민운동: 농민운동, 현재의 새로움 더해져야 '의미'」,『교수신문』, 2007년 6월 4일.
121) 이이화,「이방언 1838~1895(농민전쟁 1백년/ 동학 인물열전:27)」,『한겨레』, 1994년 3월 15일, 9면.
122) 이이화,「전봉준 1855~1895(농민전쟁 1백년/ 동학 인물열전:29)」,『한겨레』, 1994년 4월 5일, 9면; 김삼웅,『녹두 전봉준 평전』, 시대의창, 2007, 476~479쪽.
123) 이이화,「김개남:7(1853~1894)(농민전쟁 1백년/ 동학 인물열전)」,『한겨레』, 1993년 10월 26일, 9면.
124) 김은정·문경민·김원용,『동학농민혁명 100년: 혁명의 들불, 그 황톳길의 역사찾기』, 나남출판, 1995, 362쪽.
125) 이이화,「김개남:7(1853~1894)(농민전쟁 1백년/ 동학 인물열전)」,『한겨레』, 1993년 10월 26일, 9면.
126) 신정일,『한국사, 그 변혁을 꿈꾼 사람들』, 이학사, 2002, 318쪽.
127) 김양식,『새야 새야 파랑새야: 근내의 여명을 밝힌 '동하농민전쟁'』, 서해문집, 2005, 161, 190쪽.
128) 김삼웅,『녹두 전봉준 평전』, 시대의창, 2007, 441쪽.
129) 김양식,『새야 새야 파랑새야: 근대의 여명을 밝힌 '동학농민전쟁'』, 서해문집, 2005, 169쪽.
130) 임송학,「"일군이 동학군 5만명 학살": 전주 학술대회 참가 이노우에 교수 밝혀」,『대한매일』, 2001년 5월 31일, 29면.
131) 정성수,「"일제 식민통치 시발점은 동학군이 관·일 연합군과 싸운 우금치전투": 도올, 천도교 지일기념일 행사서 주장」,『세계일보』, 2006년 8월 15일, 19면.
132) 김은정·문경민·김원용,『동학농민혁명 100년: 혁명의 들불, 그 황톳길의 역사찾기』, 나남출판, 1995, 330쪽.
133) 김은정·문경민·김원용,『동학농민혁명 100년: 혁명의 들불, 그 황톳길의 역사찾기』, 나남출판, 1995, 330쪽~331.
134) 정인식,「'우금치 성역화추진회' 진영일 회장/'1만5천여평에 기념관 등 조성'/동학정신 모독한 현재의 위령탑 철거 마땅(인터뷰)」,『한겨레』, 1994년 3월 8일, 9면.
135) 이광린,『한국개화사상연구』, 일조각, 1995, 154~155쪽.
136) 주진오,「갑오개혁의 새로운 이해」,『역사비평』, 계간26호(1994년 가을), 35쪽.
137) 최영,『근대 한국의 지식인과 그 사상』, 문학과지성사, 1997, 49쪽; 이덕주,『조선은 왜 일

본의 식민지가 되었는가』, 에디터, 2004, 217쪽.
138) 유영익,『갑오경장연구』, 일조각, 1997, 48~49쪽.
139) 윤덕한,『이완용 평전: 애국과 매국의 두 얼굴』, 중심, 1999, 111쪽.
140) 이광린,『개화기의 인물』, 연세대학교 출판부, 1993, 142쪽.
141) 허동현,「서구사회 열망했던 개혁파, 외세 기댄 한계로 끝내 좌절: 갑오개혁의 과정과 성격」,『조선일보』, 2004년 5월 28일, A21면.
142) F. H. 해링튼, 이광린 역,『개화기의 한미관계: 알렌박사의 활동을 중심으로』, 일조각, 1973, 274쪽.
143) 유영익,『갑오경장연구』, 일조각, 1997, 49~50쪽.

제7장
1) 김호일,『다시 쓴 한국 개항 전후사』, 중앙대학교 출판부, 2004, 228쪽.
2) 최영,『근대 한국의 지식인과 그 사상』, 문학과지성사, 1997, 49~50쪽; 허동현,「서구사회 열망했던 개혁파, 외세 기댄 한계로 끝내 좌절: 갑오개혁의 과정과 성격」,『조선일보』, 2004년 5월 28일, A21면.
3) 송우혜,「홍범 14조로 '전하' 서 '폐하' 가 된 고종… 그러나 두려웠다: 40인이 메는 가마대신 4인가마를 탄 대군주」,『조선일보』, 2004년 7월 21일, A20면.
4) 송우혜,「홍범 14조로 '전하' 서 '폐하' 가 된 고종… 그러나 두려웠다: 40인이 메는 가마대신 4인가마를 탄 대군주」,『조선일보』, 2004년 7월 21일, A20면.
5) 신주백,「'병합' 전 일본군의 조선주둔」,『역사비평』, 통권54호(2001년 봄), 407쪽.
6) 송우혜,「홍범 14조로 '전하' 서 '폐하' 가 된 고종… 그러나 두려웠다: 40인이 메는 가마대신 4인가마를 탄 대군주」,『조선일보』, 2004년 7월 21일, A20면.
7) 송우혜,「홍범 14조로 '전하' 서 '폐하' 가 된 고종… 그러나 두려웠다: 40인이 메는 가마대신 4인가마를 탄 대군주」,『조선일보』, 2004년 7월 21일, A20면.
8) 이광린,『한국사강좌 5:근대편』, 일조각, 1997, 345쪽.
9) 김학준,『가인 김병로 평전: 민족주의적 법률가, 정치가의 생애』, 민음사, 2001, 61~64쪽.
10) 고명수,『나의 꽃밭에 님의 꽃이 피었습니다: 민족의 청년 한용운』, 한길사, 2000, 59쪽.
11) 박경훈,「근대불교사의 성격과 전개」, 불교신문사 편,『한국 불교사의 재조명』, 불교시대사, 1994, 359쪽.
12) 임혜봉,「불교계의 친일인맥」,『역사비평』, 계간22호(1993년 가을), 84~85쪽.
13) 임혜봉,『한권으로 보는 불교사 100장면』, 가람기획, 1994, 280쪽.
14) 박경훈,「근대불교사의 성격과 전개」, 불교신문사 편,『한국 불교사의 재조명』, 불교시대사, 1994, 359~360쪽.
15) 고명수,『나의 꽃밭에 님의 꽃이 피었습니다: 민족의 청년 한용운』, 한길사, 2000, 59쪽.
16) 강돈구,『한국 근대종교와 민족주의』, 집문당, 1992, 181쪽.

17) 허동현・박노자, 『우리 역사 최전선: 박노자・허동현 교수의 한국 근대 100년 논쟁』, 푸른역사, 2003, 160쪽.
18) 유영렬, 『개화기의 윤치호연구』, 한길사, 1985, 55~58쪽.
19) 박노자, 『나를 배반한 역사』, 인물과사상사, 2003, 131쪽.
20) 유영렬, 『개화기의 윤치호연구』, 한길사, 1985, 61~62쪽.
21) 양현혜, 『윤치호와 김교신: 근대조선에 있어서 민족적 아이덴티티와 기독교』, 한울, 1994, 40쪽.
22) 유영렬, 『개화기의 윤치호연구』, 한길사, 1985, 81~82쪽.
23) 유영렬, 『개화기의 윤치호연구』, 한길사, 1985, 89쪽.
24) 유영렬, 『개화기의 윤치호연구』, 한길사, 1985, 234~235쪽.
25) 유영렬, 『개화기의 윤치호연구』, 한길사, 1985, 175~176쪽.
26) 유영렬, 『개화기의 윤치호연구』, 한길사, 1985, 175~176쪽.
27) 박노자, 『나를 배반한 역사』, 인물과사상사, 2003, 132쪽.
28) 박노자, 『나를 배반한 역사』, 인물과사상사, 2003, 135~137쪽.
29) 유영렬, 『개화기의 윤치호연구』, 한길사, 1985, 98쪽.
30) 양현혜, 『윤치호와 김교신: 근대조선에 있어서 민족적 아이덴티티와 기독교』, 한울, 1994, 64~66쪽.
31) 양현혜, 『윤치호와 김교신: 근대조선에 있어서 민족적 아이덴티티와 기독교』, 한울, 1994, 제2쇄 1996, 64~66쪽.
32) 박용규, 「구한말 일본의 침략적 언론활동: 『한성신보』(1895~1906)를 중심으로」, 『한국언론학보』, 제43-1호(1998년 가을), 161쪽.
33) 김기철, 「110년만의 사죄: 명성황후 시해범 후손들 어제 서울에」, 『조선일보』, 2005년 5월 10일, A1면.
34) 정승욱, 「"왕비 거처서 여인 끌고 나와 팔 잘라"」, 『세계일보』, 2006년 8월 16일, 4면.
35) 최준, 『한국신문사논고』, 일조각, 1995, 220, 296~297쪽.
36) 한철호, 『친미개화파연구』, 국학자료원, 1998, 173쪽.
37) 최준, 『한국신문사논고』, 일조각, 1995, 219, 290, 299쪽.
38) 권영민, 「『한성신보』와 최초의 신문 연재소설」, 『문학사상』, 1997년 5월, 140~153쪽.
39) 한원영, 『한국신문 한세기: 개화기편』, 푸른사상, 2002, 661쪽.
40) 최명애, 「신소설 효시는 '엿장사': 설성경 교수 일(日)소장 '한문잡록' 서 발굴」, 『경향신문』, 2005년 5월 24일, 10면.
41) 최준, 『한국신문사논고』, 일조각, 1995, 219, 290, 299쪽.
42) 이이화, 「전봉준 1855~1895/농민전쟁 1백년/ 동학 인물열전:29)」, 『한겨레』, 1994년 4월 5일, 9면; 황현, 김종익 옮김, 『번역 오하기문: 황현이 쓴 동학농민전쟁의 역사』, 역사비평사, 1995, 318쪽.
43) 김정기, 「전봉준의 새 정치체제 구상」, 『역사비평』, 통권73호(2005년 겨울), 215쪽.

44) 송우혜, 「무력한 정부는 간데없고… 100만 동학농민 다시 죽창 들다」, 『조선일보』, 2004년 7월 14일, A24면.
45) 김정기, 「전봉준의 새 정치체제 구상」, 『역사비평』, 통권73호(2005년 겨울), 214쪽; 김정기, 「전봉준이 꿈꾸던 '묘흔 세상' 은」, 『경향신문』, 2007년 4월 24일, 31면.
46) 김정기, 「전봉준의 새 정치체제 구상」, 『역사비평』, 통권73호(2005년 겨울), 216쪽.
47) 송우혜, 「무력한 정부는 간데없고… 100만 동학농민 다시 죽창 들다」, 『조선일보』, 2004년 7월 14일, A24면.
48) 조동일, 『한국문학통사 4: 중세에서 근대로의 이행기문학 제2기, 1860~1918년』, 지식산업사, 2005, 22쪽; 송우혜, 「무력한 정부는 간데없고…100만 동학농민 다시 죽창 들다」, 『조선일보』, 2004년 7월 14일, A24면; 김삼웅, 『한국사를 뒤흔든 위서』, 인물과사상사, 2004, 187~192쪽.
49) 조동일, 『한국문학통사 4: 중세에서 근대로의 이행기문학 제2기, 1860~1918년』, 지식산업사, 2005, 22쪽; 김삼웅, 『한국사를 뒤흔든 위서』, 인물과사상사, 2004, 193~194쪽.
50) 박기수, 「새야 새야 파랑새야…」, 『주간동아』, 2005년 5월 24일, 92면.
51) 정일성, 『후쿠자와 유키치: 탈아론을 어떻게 펼쳤는가』, 지식산업사, 2001, 204~205쪽.
52) 한영우, 『명성황후와 대한제국』, 효형출판, 2001, 33~34쪽; 이광린, 『개화기의 인물』, 연세대학교 출판부, 1993, 82쪽.
53) 이승원, 『학교의 탄생: 100년전 학교의 풍경으로 본 근대의 일상』, 휴머니스트, 2005, 136쪽; 손세일, 「연재: 손세일의 비교 전기/ 한국 민족주의의 두 유형: 이승만과 김구」, 『월간조선』, 2002년 1월호.
54) 샤를 바라·샤이에 롱, 성귀수 옮김, 『조선기행: 백여년 전에 조선을 다녀간 두 외국인의 여행기』, 눈빛, 2006, 176쪽.
55) 박윤재, 「파리를 잡아오세요」, 한국역사연구회, 『우리는 지난 100년 동안 어떻게 살았을까 1』, 역사비평사, 1998, 34쪽.
56) 이배용, 「가마타고 나귀타고--의사 박에스더」, 이배용 외, 『우리나라 여성들은 어떻게 살았을까 2: 개화기부터 해방기까지』, 청년사, 1999, 215쪽.
57) 박명규, 「역사적 경험의 재해석과 상징화: 동학농민전쟁의 기념물」, 한국사회사학회, 『사회와 역사』, 통권 제51집(1997년 봄), 45~49쪽.
58) 박명규, 「역사적 경험의 재해석과 상징화: 동학농민전쟁의 기념물」, 한국사회사학회, 『사회와 역사』, 통권 제51집(1997년 봄), 54~56쪽.
59) 박임근, 「난 혁명 운동 농민혁명: 갑오농민전쟁 교과서 표기변천」, 『한겨레』, 2004년 5월 12일, 12면.
60) 이이화, 「역사를 왜곡한 김용옥의 시나리오 '개벽'」, 『역사비평』, 계간15호(1991년 겨울), 395~396쪽.
61) 이이화, 「동학농민전쟁 백주년을 되돌아보며」, 『역사비평』, 계간28호(1995년 봄), 360쪽.
62) 박임근, 「동학혁명 '사면 복권'」, 『한겨레』, 2004년 2월 11일, 11면.

63) 이이화, 「2차봉기는 일제에 저항한 아(亞)최초사건: 근대국가 지향한 동학농민전쟁」, 『경향신문』, 2004년 5월 27일, S5면.
64) 박기수, 「새야 새야 파랑새야…」, 『주간동아』, 2005년 5월 24일, 92면.
65) 유영익, 『동학농민봉기와 갑오경장』, 일조각, 1998, 5쪽.
66) 유영익, 『동학농민봉기와 갑오경장』, 일조각, 1998, 206~207쪽.
67) 유영익, 『동학농민봉기와 갑오경장』, 일조각, 1998, 207~208쪽.
68) 배영대, "「동학, 진보혁명 아닌 보수운동」: 연세대 유영익 석좌교수 기존 통설 문제점 짚어", 『중앙일보』, 2007년 2월 24일, 16면.
69) 유영익, 「'올바른 역사교육과 바람직한 역사교과서'를 위한 제언」, 역사학회 편, 『한국 근·현대사 교과서의 '독립운동사' 서술과 쟁점』, 경인문화사, 2006, 7~8쪽.
70) 하원호, 「역사는 배반하지 않는다: 박노자의 '한국근대 인식' 비판」, 『역사비평』, 통권64호(2003년 가을), 377~388쪽; 박노자, 「하원호 교수의 박노자 비판에 대한 단상」, 월간 『인물과 사상』, 2003년 10월, 177~191쪽; 박노자, 「내가 동학을 사랑하는 방법: '하원호의 비판'에 대한 또 하나의 답」, 『당대비평』, 제25호(2004년 봄), 68~83쪽; 조일준, 「"동학을 공산혁명가처럼 묘사하지 마라"」, 『한겨레』, 2004년 3월 5일.
71) 하원호, 「박노자의 '동학 사랑법'에 답함」, 『한겨레』, 2004년 3월 9일, 21면.
72) 허동현, 「조여드는 일제… 권력 다투는 수구·개화파… 신음하는 농민: 1894년 국내정치 상황」, 『조선일보』, 2004년 4월 23일, A23면.
73) 허동현, 「'사회 혁명'이냐 '보수적 의거'냐: 동학 농민항쟁을 보는 눈」, 『조선일보』, 2004년 4월 23일, A23면.
74) 배항섭, 「역사비평 기획시리즈:동학농민혁명 연구의 새로운 방향: 투쟁하는 민중사 보다 민중 실상 보여주는 연구를」, 『교수신문』, 2007년 6월 18일.
75) 최제우, 김용옥 역주, 『도올심득 동경대전 1』, 통나무, 2004, 8~9쪽.
76) 유영익, 『동학농민봉기와 갑오경장』, 일조각, 1998, 193~194쪽.
77) 유영익, 『동학농민봉기와 갑오경장』, 일조각, 1998, 192~193쪽.
78) 배항섭, 「전봉준과 대원군의 '밀약설' 고찰」, 『역사비평』, 계간39호(1997년 겨울), 139~172쪽.
79) 남상훈, 「전봉준 동학운동 "대원군을 이용했다": 소장역사학자 배항섭씨 밝혀」, 『세계일보』, 1997년 11월 17일, 19면.
80) 신복룡, 『한국의 정치사상가: 전기정치학을 위한 시론』, 집문당, 1999, 97쪽; 신복룡, 『한국사 새로 보기: 아무도 의심하지 않았던 역사의 진실』, 풀빛, 2001, 175쪽.
81) 신복룡, 『전봉준 평전』, 지식산업사, 1996, 220쪽.
82) 유영익, 『동학농민봉기와 갑오경장』, 일조각, 1998, 190쪽; 유영익, 「동학농민운동의 기본성격」, 『한국사 시민강좌』, 제40집, 일조각, 2007, 203~204쪽.

제8장

1) 정일성, 『이토 히로부미: 알려지지 않은 이야기들』, 지식산업사, 2002, 78쪽.
2) 최덕수, 「청일전쟁과 동아시아의 세력변동」, 『역사비평』, 계간26호(1994년 가을), 64쪽.
3) 송우혜, 「새 연재소설 2/ 마지막 황태자」, 『신동아』, 1998년 4월호.
4) 정용화, 『문명의 정치사상: 유길준과 근대 한국』, 문학과지성사, 2004, 231쪽.
5) 앙드레 슈미드, 정여울 옮김, 『제국 그 사이의 한국 1895~1919』, 휴머니스트, 2007, 263쪽.
6) 최덕수, 「청일전쟁과 동아시아의 세력변동」, 『역사비평』, 계간26호(1994년 가을), 65쪽.
7) 강성학, 『시베리아 횡단열차와 사무라이: 러일전쟁의 외교와 군사전략』, 고려대학교 출판부, 1999, 302쪽.
8) 한상일, 『아시아 연대와 일본제국주의: 대륙낭인과 대륙팽창』, 오름, 2002, 92~93쪽.
9) 임종국, 『밤의 일제 침략사』, 한빛문화사, 2004, 53쪽.
10) 한상일, 『아시아 연대와 일본제국주의: 대륙낭인과 대륙팽창』, 오름, 2002, 93쪽.
11) 이덕주, 『조선은 왜 일본의 식민지가 되었는가』, 에디터, 2004, 211, 230쪽.
12) 이광린, 『개화기의 인물』, 연세대학교 출판부, 1993, 82쪽.
13) 한철호, 『친미개화파연구』, 국학자료원, 1998, 95쪽.
14) 왕현종, 『한국 근대국가의 형성과 갑오개혁』, 역사비평사, 2003, 169쪽; 윤덕한, 『이완용 평전: 애국과 매국의 두 얼굴』, 중심, 1999, 117~120쪽.
15) 류대영, 『개화기 조선과 미국 선교사: 제국주의 침략, 개화자강, 그리고 미국 선교사』, 한국기독교역사연구소, 2004, 346쪽; 민경배, 『알렌의 선교와 근대한미외교』, 연세대학교 출판부, 1991, 207~208쪽.
16) 이규태, 『한국학 에세이 2: 한국의 재발견』, 신원문화사, 1995, 143~144쪽.
17) 이광린, 『한국개화사상연구』, 일조각, 1995, 155~156쪽.
18) 한철호, 『친미개화파연구』, 국학자료원, 1998, 100~104쪽.
19) 신동준, 「한국사 인물탐험/ 갑신정변의 주역에서 일본의 귀족된 박영효: '양반 타파'를 외친 철종의 사위 고종 제거-대통령을 꿈꾸다!」, 『월간조선』, 2007년 7월, 503쪽.
20) 강재언, 『한국의 근대사상』, 한길사, 1987, 159쪽; 이광린, 『개화기의 인물』, 연세대학교 출판부, 1993, 153쪽.
21) 유영익, 『동학농민봉기와 갑오경장』, 일조각, 1998, 98~99쪽.
22) 유영익, 『동학농민봉기와 갑오경장』, 일조각, 1998, 109쪽.
23) 강창일, 『근대 일본의 조선침략과 대아시아주의: 우익 낭인의 행동과 사상을 중심으로』, 역사비평사, 2002, 115쪽.
24) 한철호, 『친미개화파연구』, 국학자료원, 1998, 100~104쪽; 이광린, 『개화기의 인물』, 연세대학교 출판부, 1993, 84쪽.
25) F. H. 해링튼, 이광린 역, 『개화기의 한미관계: 알렌박사의 활동을 중심으로』, 일조각, 1973, 277쪽.
26) 송우혜, 「"조선 장악의 가장 큰 장애물, 명성황후를 제거하라": 여우사냥-일의 조선 황후 시

해작전」, 『조선일보』, 2004년 7월 28일, A18면.
27) 정운현, 「친일의 군상:18/ 명성왕후 시해 가담 우범선(정직한 역사되찾기)」, 『서울신문』, 1998년 12월 21일, 6면.
28) 정운현, 「친일의 군상:18/ 명성왕후 시해 가담 우범선(정직한 역사되찾기)」, 『서울신문』, 1998년 12월 21일, 6면.
29) 정운현, 「친일의 군상:18/명성왕후 시해 가담 우범선(정직한 역사되찾기)」, 『서울신문』, 1998년 12월 21일, 6면.
30) 이규태, 『한국인의 의식구조 2: 한국인의 동질성이란?』, 신원문화사, 1983, 343~344쪽.
31) 민경배, 『알렌의 선교와 근대한미외교』, 연세대학교 출판부, 1991, 353쪽.
32) 이민원, 「일본, 100년 전부터 역사 왜곡: 황후 시해사건, 위증·날조·은폐로 일관…범죄 사실 인정 안해」, 『시사저널』, 2001년 10월 25일, 96면.
33) 최문형, 『명성황후 시해의 진실을 밝힌다』, 지식산업사, 2006).
34) 이덕주, 『조선은 왜 일본의 식민지가 되었는가』, 에디터, 2004, 242쪽.
35) 윤덕한, 『이완용 평전: 애국과 매국의 두 얼굴』, 중심, 1999, 133~136쪽.
36) 윤덕한, 『이완용 평전: 애국과 매국의 두 얼굴』, 중심, 1999, 137~139쪽.
37) 한영우, 『명성황후와 대한제국』, 효형출판, 2001, 52쪽.
38) 서영희, 「명성황후 연구」, 『역사비평』, 통권57호(2001년 겨울), 113쪽.
39) 한영우, 『명성황후, 제국을 일으키다』, 효형출판, 2006, 62~63쪽; 강창일, 『근대 일본의 조선침략과 대아시아주의: 우익 낭인의 행동과 사상을 중심으로』, 역사비평사, 2002, 131쪽.
40) 강창일, 『근대 일본의 조선침략과 대아시아주의: 우익 낭인의 행동과 사상을 중심으로』, 역사비평사, 2002, 132쪽; 김호일, 『다시 쓴 한국 개항 전후사』, 중앙대학교 출판부, 2004, 240쪽.
41) 강창일, 『근대 일본의 조선침략과 대아시아주의: 우익 낭인의 행동과 사상을 중심으로』, 역사비평사, 2002, 132쪽.
42) 심경호, 「영재 이건창(새로 쓰는 선비론:19)」, 『동아일보』, 1998년 2월 20일, 30면.
43) 이이화, 「이완용의 곡예: 친미·친로에서 친일로」, 『역사비평』, 계간17호(1992년 여름), 196쪽.
44) 김호일, 『다시 쓴 한국 개항 전후사』, 중앙대학교 출판부, 2004, 248쪽.
45) 홍순권, 「을미의병운동을 재평가한다」, 『역사비평』, 계간29호(1995년 여름), 166쪽; 강창일, 『근대 일본의 조선침략과 대아시아주의: 우익 낭인의 행동과 사상을 중심으로』, 역사비평사, 2002, 132쪽.
46) 김기철, 「110년만의 사죄: 명성황후 시해범 후손들 어제 서울에」, 『조선일보』, 2005년 5월 10일, A1면.
47) 김상태 편역, 『윤치호 일기 1916~1943: 한 지식인의 내면세계를 통해 본 식민지시기』, 역사비평사, 2001, 585쪽.
48) 유동준, 『유길준전』, 일조각, 1997, 205쪽.
49) 정용화, 『문명의 정치사상: 유길준과 근대 한국』, 문학과지성사, 2004, 93쪽.

50) 정운현, 「친일의 군상:18/명성왕후 시해 가담 우범선(정직한 역사되찾기)」, 『서울신문』, 1998년 12월 21일, 6면.
51) 정지환, 「"명성황후, 시해 전 '능욕' 당했다"/한일월드컵과 107년전 '을미사변' : [단독발굴] '에조 보고서' 일본서 입수 국내 첫 공개」, 『오마이뉴스』, 2002년 6월 3일; 김승일, 「규슈 역사기행 (3) 명성황후 관음상: 시해주범 사죄 위해 불상 조성」, 『부산일보』, 2002년 7월 31일, 6면.
52) 장병욱, 「"국모는 시해 뒤 능욕당했다": 명성황후 시해사건, 소설가 김진명씨 일본 '에조보고서' 근거 시간(屍姦) 주장」, 『주간한국』, 2002년 7월 18일, 56~57면.
53) 정운현, 「친일의 군상:18/ 명성왕후 시해 가담 우범선(정직한 역사되찾기)」, 『서울신문』, 1998년 12월 21일, 6면.
54) 정운현, 「친일의 군상:18/명성왕후 시해 가담 우범선(정직한 역사되찾기)」, 『서울신문』, 1998년 12월 21일, 6면.
55) 이태진, 「명성황후 세도가가 아니라 애국자였다」, 『주간조선』, 1997년 10월 2일, 98~99면.
56) 이문열, 「"부정적 이미지는 모두 조작이다: 인간 명성황후」, 『주간조선』, 1997년 12월 4일, 99면.
57) 김원우, 「"작가의 상상력이 만든 이미지일 뿐" : 과연 '여걸' 이었나」, 『주간조선』, 1997년 12월 4일, 104~105면.
58) 김은남, 「역사는 여걸의 복권 요구한다: 명성황후에 얽힌 진실 추적/발군의 외교력 지닌 '고종의 방패'」, 『시사저널』, 2001년 10월 25일, 88~91면.
59) 한영우, 『명성황후와 대한제국』, 효형출판, 2001, 4쪽.
60) 서기원, 「민비는 망국의 길 재촉한 역사의 죄인: 명성황후 우상화를 우려한다」, 『월간조선』, 2005년 7월, 362~369쪽.
61) 김기철, 「110년만의 사죄: 명성황후 시해범 후손들 어제 서울에」, 『조선일보』, 2005년 5월 10일, A1면.
62) 이철희, 「"할아버지의 나쁜짓 눈물로 용서빕니다": 시해범 후손 홍릉 찾아」, 『동아일보』, 2005년 5월 11일, A10면.
63) 강수진, 「"백성이여 일어나라… 관객이여 즐기시라": 100만 관객 돌파 앞둔 뮤지컬 '명성황후' 제작 윤호진 대표」, 『동아일보』, 2007년 1월 26일, A29면.
64) 이광표, 「명성황후 시해현장 '건청궁' 100년 만에 복원」, 『동아일보』, 2007년 5월 11일, A13면.
65) 신복룡, 『한국사 새로 보기: 아무도 의심하지 않았던 역사의 진실』, 풀빛, 2001, 196~197쪽.
66) 월간중앙 특별취재팀, 「사후 110년 명성황후 진짜 사진 가린다: 본지 새 사진 3장 발굴…기존 사진 중 '정답' 있을 공산 높아」, 『월간중앙』, 2005년 5월, 273쪽.
67) 김은남, 「역사는 여걸의 복권 요구한다: 명성황후에 얽힌 진실 추적/발군의 외교력 지닌 '고종의 방패'」, 『시사저널』, 2001년 10월 25일, 88면.
68) 신복룡, 『한말개화사상연구』, 평민서당, 1987, 144쪽.
69) 윤덕한, 『이완용 평전: 애국과 매국의 두 얼굴』, 중심, 1999, 142쪽.

70) 송우혜,「새 연재소설 4/ 마지막 황태자」,『신동아』, 1998년 6월호.
71) 송우혜,「새 연재소설 2/ 마지막 황태자」,『신동아』, 1998년 4월호.
72) 송우혜,「새 연재소설 2/ 마지막 황태자」,『신동아』, 1998년 4월호.
73) 송우혜,「새 연재소설 2/ 마지막 황태자」,『신동아』, 1998년 4월호.
74) 손세일,「연재: 손세일의 비교 전기/ 한국 민족주의의 두 유형: 이승만과 김구」,『월간조선』, 2001년 11월호; 김정기,「1882년 조미수호통상조약과 이권침탈」,『역사비평』, 계간17호(1992년 여름), 31쪽.
75) 송우혜,「새 연재소설 4/ 마지막 황태자」,『신동아』, 1998년 6월호; 손세일,「연재: 손세일의 비교 전기/ 한국 민족주의의 두 유형: 이승만과 김구」,『월간조선』, 2001년 11월호.
76) 손세일,「연재: 손세일의 비교 전기/ 한국 민족주의의 두 유형: 이승만과 김구」,『월간조선』, 2001년 11월호.
77) 송우혜,「고종의 친위쿠데타 실패하자 일본은 회심의 미소: 을미사변의 후폭풍… '춘생문 사건'과 단발령, 을미의병」,『조선일보』, 2004년 8월 4일, A18면.
78) 송우혜,「새 연재소설 4/ 마지막 황태자」,『신동아』, 1998년 6월호.
79) 송우혜,「고종의 친위쿠데타 실패하자 일본은 회심의 미소: 을미사변의 후폭풍… '춘생문 사건'과 단발령, 을미의병」,『조선일보』, 2004년 8월 4일, A18면.
80) 정승욱,「"왕비 거처서 여인 끌고 나와 팔 잘라"」,『세계일보』, 2006년 8월 16일, 4면.
81) 강창일,『근대 일본의 조선침략과 대아시아주의: 우익 낭인의 행동과 사상을 중심으로』, 역사비평사, 2002, 104쪽.
82) 이태진,『고종시대의 재조명』, 대학사, 2000, 55쪽.
83) 박성수,「서재필에 대한 재평가」, 서암 조항래교수화갑기념논총간행위원회,『한국사학논총』, 아세아문화사, 1992, 511쪽.
84) 윤병희,「키워드로푸는역사: 유길준 한국인 최초 미국 유학」,『중앙일보』, 2007년 8월 18일.
85) 이정식,『구한말의 개혁·독립투사 서재필』, 서울대학교 출판부, 2003, 162쪽.
86) 김원모,『한미수교사: 조선보빙사의 미국사행편(1883)』, 철학과현실사, 1999, 231쪽.
87) 박노자,『우리가 몰랐던 동아시아』, 한겨레출판, 2007, 106~107쪽.
88) 박노자,『우리가 몰랐던 동아시아』, 한겨레출판, 2007, 301쪽.
89) 김원모,『한미수교사: 조선보빙사의 미국사행편(1883)』, 철학과현실사, 1999, 231쪽.
90) 김원모,『한미수교사: 조선보빙사의 미국사행편(1883)』, 철학과현실사, 1999, 233~238쪽; 강범석,『잃어버린 혁명 갑신정변 연구』, 솔, 2006, 109쪽.
91) 이광린,『한국개화사상연구』, 일조각, 1995, 113쪽.
92) 이정식,『구한말의 개혁·독립투사 서재필』, 서울대학교 출판부, 2003, 171쪽.
93) 김을한,『한국신문사화』, 탐구당, 1975, 27~29쪽.
94) 정진석,『한국언론사연구』, 일조각, 1995, 348쪽.
95) 채백,「『독립신문』의 성격에 관한 일연구: 한국 최초의 민간지라는 평가에 대한 재검토를 중심으로」,『한국사회와 언론 1: '포스트' 시대의 비판언론학』, 한울, 1992, 297쪽.

96) 이정식, 『구한말의 개혁 · 독립투사 서재필』, 서울대학교 출판부, 2003, 172~176쪽.
97) 손세일, 「연재: 손세일의 비교 전기/ 한국 민족주의의 두 유형: 이승만과 김구」, 『월간조선』, 2001년 11월호.
98) 이정식, 권기붕 옮김, 『초대 대통령 이승만의 청년시절』, 동아일보사, 2002, 44쪽.
99) 손세일, 「연재: 손세일의 비교 전기/ 한국 민족주의의 두 유형: 이승만과 김구」, 『월간조선』, 2001년 11월호.
100) 송우혜, 「고종의 친위쿠데타 실패하자 일본은 회심의 미소: 을미사변의 후폭풍…' 춘생문사건' 과 단발령, 을미의병」, 『조선일보』, 2004년 8월 4일, A18면.
101) 박천홍, 『매혹의 질주, 근대의 횡단: 철도로 돌아본 근대의 풍경』, 산처럼, 2003, 321쪽.
102) 니시카와 나가오, 윤대석 옮김, 『국민이라는 괴물』, 소명출판, 2002, 67~68쪽.
103) 김도형, 『대한제국기의 정치사상연구』, 지식산업사, 1994, 249쪽.
104) 신동원, 「양력과 음력」, 『역사비평』, 통권73호(2005년 겨울), 125쪽.
105) 박천홍, 『매혹의 질주, 근대의 횡단: 철도로 돌아본 근대의 풍경』, 산처럼, 2003, 321쪽; 박태호, 「『독립신문』에서 근대적 시간-기계의 작동양상」, 이화여대 한국문화연구원, 『근대계몽기 지식 개념의 수용과 그 변용』, 소명출판, 2004, 265쪽.
106) 송우혜, 「고종의 친위쿠데타 실패하자 일본은 회심의 미소: 을미사변의 후폭풍…' 춘생문사건' 과 단발령, 을미의병」, 『조선일보』, 2004년 8월 4일, A18면.
107) 최덕교 편저, 『한국잡지백년 1』, 현암사, 2004, 64쪽.
108) 조동걸, 『한국근대사의 서가』, 나남출판, 1997, 108쪽.
109) 조동걸, 『한국근대사의 서가』, 나남출판, 1997, 109~110쪽.
110) 오영섭, 『화서학파의 사상과 민족운동』, 국학자료원, 1999, 231~232, 343쪽.
111) 임종국, 민족문제연구소 엮음, 『한국인의 생활과 풍속(상)』, 아세아문화사, 1995, 241쪽.
112) 오영섭, 『화서학파의 사상과 민족운동』, 국학자료원, 1999, 230~234쪽.
113) 오영섭, 『화서학파의 사상과 민족운동』, 국학자료원, 1999, 235~236쪽.
114) 오영섭, 『화서학파의 사상과 민족운동』, 국학자료원, 1999, 307~308쪽.
115) 이이화, 『오백년 왕국의 종말: 한국사 이야기 19』, 한길사, 2003, 64쪽.
116) 장석만, 「수염 깎기와 남성성의 혼동: 한국적 근대는 어떻게 만들어졌나」, 『역사비평』, 통권 59호(2002년 여름), 390쪽.
117) 김도훈, 「의관에서 패션으로」, 한국역사연구회, 『우리는 지난 100년 동안 어떻게 살았을까 1』, 역사비평사, 1998, 158~159쪽.
118) 박성수, 『이야기 독립운동사: 121 가지 사건으로 보는 한국근대사』, 교문사, 1996, 45쪽; 김호일, 『다시 쓴 한국 개항 전후사』, 중앙대학교 출판부, 2004, 245쪽.
119) 김태수, 『꽃가치 피어 매혹케 하라: 신문광고로 본 근대의 풍경』, 황소자리, 2005, 333~334쪽.
120) 송우혜, 「고종의 친위쿠데타 실패하자 일본은 회심의 미소: 을미사변의 후폭풍… '춘생문사건' 과 단발령, 을미의병」, 『조선일보』, 2004년 8월 4일, A18면.

121) 이승원,『학교의 탄생: 100년전 학교의 풍경으로 본 근대의 일상』, 휴머니스트, 2005, 131쪽.
122) 김삼웅,『왜곡과 진실의 역사』, 동방미디어, 1999, 230~237쪽.
123) 김도형,『대한제국기의 정치사상연구』, 지식산업사, 1994, 249쪽.
124) 이이화,『오백년 왕국의 종말: 한국사 이야기 19』, 한길사, 2003, 65쪽.
125) 이규태,『한국인의 민속문화 3: 우리 민속문화의 정체성』, 신원문화사, 2000, 138~139쪽; 박정규,「전통언론매체와 사회변화」, 박정규 외,『한국근대사회의 변화와 언론』, 한국정신문화연구원, 1995, 31쪽.
126) 송우혜,「고종의 친위쿠데타 실패하자 일본은 회심의 미소: 을미사변의 후폭풍… '춘생문 사건'과 단발령, 을미의병」,『조선일보』, 2004년 8월 4일, A18면.
127) 이덕주,『조선은 왜 일본의 식민지가 되었는가』, 에디터, 2004, 248쪽.
128) 송우혜,「고종의 친위쿠데타 실패하자 일본은 회심의 미소: 을미사변의 후폭풍… '춘생문 사건'과 단발령, 을미의병」,『조선일보』, 2004년 8월 4일, A18면.
129) 손세일,「연재: 손세일의 비교 전기/ 한국 민족주의의 두 유형: 이승만과 김구」,『월간조선』, 2001년 11월호.
130) L. H. 언더우드, 신복룡·최수근 역주,『상투의 나라: 한말 외국인 기록 15』, 집문당, 1999, 203쪽.
131) 김도훈,「의관에서 패션으로」, 한국역사연구회,『우리는 지난 100년 동안 어떻게 살았을까 1』, 역사비평사, 1998, 158~159쪽.
132) 이승원,『학교의 탄생: 100년전 학교의 풍경으로 본 근대의 일상』, 휴머니스트, 2005, 330~331쪽; 류대영,『개화기 조신과 미국 선교사: 제국주의 침략, 개화자강, 그리고 미국 선교사』, 한국기독교역사연구소, 2004, 306쪽; 한원영,『한국신문 한세기: 개화기편』, 푸른사상, 2002, 60~61쪽.
133) 이이화,『빼앗긴 들에 부는 근대화 바람: 한국사 이야기 22』, 한길사, 2004, 196쪽; 김원모,『한미수교사: 조선보빙사의 미국사행편(1883)』, 철학과현실사, 1999, 104쪽.
134) 손세일,「연재: 손세일의 비교 전기/ 한국 민족주의의 두 유형: 이승만과 김구」,『월간조선』, 2001년 11월호; 로버트 올리버, 황정일 옮김,『이승만: 신화에 가린 인물』, 건국대학교 출판부, 2002, 38~39쪽.
135) 손세일,「연재: 손세일의 비교 전기/ 한국 민족주의의 두 유형: 이승만과 김구」,『월간조선』, 2001년 11월호.
136) 윤성렬,『도포입고 ABC 갓쓰고 맨손체조: 신문화의 발상지 배재학당 이야기』, 학민사, 2004, 39쪽.
137) 김구, 도진순 주해,『백범일지: 백범 김구 자서전』, 돌베개, 2002, 90쪽.
138) 김태수,『꽃가치 피어 매혹케 하라: 신문광고로 본 근대의 풍경』, 황소자리, 2005, 334~335쪽.
139) 임종국, 민족문제연구소 엮음,『한국인의 생활과 풍속(상)』, 아세아문화사, 1995, 257~258쪽.

140) G. W. 길모어, 신복룡 역주, 『서울풍물지: 한말 외국인 기록 17』, 집문당, 1999, 104~106쪽; W. E. 그리피스, 신복룡 역주, 『은자의 나라 한국: 한말 외국인 기록 3』, 집문당, 1999, 352~355쪽; 백성현·이한우, 『파란 눈에 비친 하얀 조선』, 새날, 1999, 20~29쪽.
141) 이규태, 『한국인의 민속문화 3: 우리 민속문화의 정체성』, 신원문화사, 2000, 27~28쪽.
142) 백성현·이한우, 『파란 눈에 비친 하얀 조선』, 새날, 1999, 25~26쪽.
143) 백성현·이한우, 『파란 눈에 비친 하얀 조선』, 새날, 1999, 386~397쪽.
144) 유석재, 「상투 튼 '잉글리시 티처'를 아십니까?」, 『조선일보』, 2007년 5월 12일, D1면.
145) 이승원, 『학교의 탄생: 100년전 학교의 풍경으로 본 근대의 일상』, 휴머니스트, 2005, 223~225쪽.
146) 송우혜, 「금광·철도·벌목권…열강의 '이권 사냥터'가 된 조선: 열강의 이권침탈」, 『조선일보』, 2004년 8월 18일, A18면.
147) 김기정, 『미국의 동아시아 개입의 역사적 원형과 20세기 초 한미관계 연구』, 문학과지성사, 2003, 254~255쪽.
148) 주진오, 「미국제국주의의 조선침략과 친미파」, 『역사비평』, 계간3호(1988년 겨울), 79쪽.
149) 김정기, 「1882년 조미수호통상조약과 이권침탈」, 『역사비평』, 계간17호(1992년 여름), 30쪽.
150) F. H. 해링튼, 이광린 역, 『개화기의 한미관계: 알렌박사의 활동을 중심으로』, 일조각, 1973, 171쪽.
151) F. H. 해링튼, 이광린 역, 『개화기의 한미관계: 알렌박사의 활동을 중심으로』, 일조각, 1973, 175쪽.
152) F. H. 해링튼, 이광린 역, 『개화기의 한미관계: 알렌박사의 활동을 중심으로』, 일조각, 1973, 175~176쪽.
153) 송우혜, 「금광·철도·벌목권… 열강의 '이권 사냥터'가 된 조선: 열강의 이권침탈」, 『조선일보』, 2004년 8월 18일, A18면.
154) F. H. 해링튼, 이광린 역, 『개화기의 한미관계: 알렌박사의 활동을 중심으로』, 일조각, 1973, 173~174쪽.
155) 민경배, 『알렌의 선교와 근대한미외교』, 연세대학교 출판부, 1991, 333쪽.
156) 김정기, 「1882년 조미수호통상조약과 이권침탈」, 『역사비평』, 계간17호(1992년 여름), 30~31쪽
157) 이배용, 「열강의 이권침탈과 조선의 대응」, 『한국사 시민강좌』, 제7집, 일조각, 1990, 105쪽.
158) 채백, 「통신매체의 도입과 한국 근대의 사회변화」, 박정규 외, 『한국근대사회의 변화와 언론』, 한국정신문화연구원, 1995, 168쪽; 박진희, 「서양과학기술과의 만남」, 국사편찬위원회 편, 『근현대과학기술과 삶의 변화』, 두산동아, 2005, 22~23쪽; 김명진, 「자동차와 도로망의 발전」, 국사편찬위원회 편, 『근현대과학기술과 삶의 변화』, 두산동아, 2005, 266쪽.
159) 진용옥, 『봉화에서 텔레파시통신까지: 정보와 통신의 원형을 찾아서』, 지성사, 1996, 275~276쪽.
160) 진용옥, 『봉화에서 텔레파시통신까지: 정보와 통신의 원형을 찾아서』, 지성사, 1996, 276쪽.

161) 김인숙, 「무너져가는 나라가 기댈 것은 미래뿐… 고종, 학교설립 흔쾌히 허락: 광혜원·배재학당 등 설립… 민간의 근대화 움직임」, 『조선일보』, 2004년 4월 9일, A26면.
162) 채백, 「통신매체의 도입과 한국 근대의 사회변화」, 박정규 외, 『한국근대사회의 변화와 언론』, 한국정신문화연구원, 1995, 155~156쪽.
163) 채백, 「통신매체의 도입과 한국 근대의 사회변화」, 박정규 외, 『한국근대사회의 변화와 언론』, 한국정신문화연구원, 1995, 178쪽.
164) 채백, 「통신매체의 도입과 한국 근대의 사회변화」, 박정규 외, 『한국근대사회의 변화와 언론』, 한국정신문화연구원, 1995, 156~157쪽.
165) 노치준, 「한말의 근대화와 기독교」, 『역사비평』, 계간27호(1994년 겨울), 308쪽.
166) 채백, 「통신매체의 도입과 한국 근대의 사회변화」, 박정규 외, 『한국근대사회의 변화와 언론』, 한국정신문화연구원, 1995, 178~179쪽.
167) 채백, 「통신매체의 도입과 한국 근대의 사회변화」, 박정규 외, 『한국근대사회의 변화와 언론』, 한국정신문화연구원, 1995, 154쪽.
168) 채백, 「통신매체의 도입과 한국 근대의 사회변화」, 박정규 외, 『한국근대사회의 변화와 언론』, 한국정신문화연구원, 1995, 169쪽에서 재인용.
169) 이승현, 「전화 1882년 청서 김윤식 첫 도입: 정도 600년」, 『세계일보』, 1994년 10월 2일, 20면.
170) 조정래, 『아리랑 1: 조정래 대하소설』, 해냄, 2001, 43쪽.